Wo sind die

BUDDEN-BROOKS?

Und andere juristische Anekdoten aus der Weltliteratur

von

Jürgen Seul

2011

Verlag
Dr. Otto Schmidt
Köln

Bibliografische Information
der Deutschen Nationalbibliothek

Die Deutsche Nationalbibliothek verzeichnet diese Publikation in der Deutschen Nationalbibliografie; detaillierte bibliografische Daten sind im Internet über http://dnb.d-nb.de abrufbar.

Verlag Dr. Otto Schmidt KG
Gustav-Heinemann-Ufer 58, 50968 Köln
Tel. 02 21/9 37 38-01, Fax 02 21/9 37 38-943
info@otto-schmidt.de
www.otto-schmidt.de

ISBN 978-3-504-01014-0

Das verwendete Papier ist aus chlorfrei gebleichten Rohstoffen hergestellt, holz- und säurefrei, alterungsbeständig und umweltfreundlich.

Einbandgestaltung: Jan P. Lichtenford, Mettmann
Satz: Schäper, Bonn
Druck und Verarbeitung: Kösel, Krugzell
Printed in Germany

VORWORT

Honoré de Balzac war nicht nur ein großer Romancier, sondern auch ein leidenschaftlicher Mensch. Nachdem er sich über seinen Verleger Louis Mame maßlos aufgeregt hatte, vernichtete er am 8. August 1833 sein gerade fertig gestelltes Manuskript des Romans „Der Landarzt". Der Verleger reichte umgehend Klage gegen seinen Starautor ein und forderte die Herausgabe des vertraglich zugesicherten Manuskripts. Über seine schwache rechtliche Position muss sich Balzac im Klaren gewesen sein, hatte er doch eine zweieinhalbjährige juristische Ausbildung an der Sorbonne und parallel in einer Anwaltskanzlei absolviert. Der Prozess endete erwartungsgemäß mit einer Niederlage Balzacs. Der Schriftsteller wurde dazu verurteilt, den Roman neu zu schreiben und seinem Verleger zur Veröffentlichung zu übergeben. Noch im selben Jahr erschien der Roman.

Diese ebenso amüsante wie kuriose Episode ist nur eine von unzähligen aus der Welt der Literatur, die verdeutlicht, wie oft es die Literatur mit dem Recht zu tun hat und umgekehrt.

Die enge Verflechtung beginnt schon damit, dass eine schier endlose Zahl bekannter Schriftsteller Rechtswissenschaften studiert oder im Laufe des Lebens als Richter, Anwalt oder in einem sonstigen juristischen Beruf gearbeitet hat. Aus der Feder dieser so genannten Dichterjuristen stammen nicht nur Romane mit juristischem Bezug wie etwa Franz Kafkas „Der Prozess", sondern auch bedeutende Werke ohne jegliche Spuren der Jurisprudenz. Auch Balzac und viele seiner Romane und Erzählungen der „Comédie humaine" (dt. „Die menschliche Komödie") sind hierfür ein Beispiel.

Aber Dichterjuristen sind nicht nur Literaten, sie sind eben auch in juristischen Berufen tätig, sie klagen und werden verklagt, sie treten gelegentlich als Zeugen auf oder geben auch posthumen Anlass zu einem gerichtlichen Tätigwerden – wofür im vorliegenden Buch exemplarische Fälle von Johann Wolfgang von Goethe, E.T.A. Hoffmann, Friedrich von Schiller und Ludwig Thoma stehen sollen.

Daneben führen persönliche Schicksale und gesellschaftliche Gegebenheiten auch immer wieder dazu, dass Schriftsteller in Konflikte mit der Justiz geraten. Geschieht dies auf dem Höhepunkt des literarischen

Ruhmes, ist das allgemeine Aufsehen groß – so geschehen bei Oscar Wilde. In vielen anderen Fällen lässt sich oft von Glück sagen, dass die Betroffenen nicht von ihrem literarischen Weg abkamen, wie bei Karl May, Jack London, Hans Fallada und Walter Kempowski.

Auch Bücher selber standen schon immer im Mittelpunkt juristischer Auseinandersetzungen. Es sind vor allem persönliche, politische, religiöse und moralische Gründe, die zu Unterlassungs- oder Strafverfahren führen. Manches Urteil wird durch staatliche Institutionen korrigiert, manche juristische Beurteilung durch bloßen Zeitablauf geändert. Und gelegentlich führen die Unbilden der Zeit auch zum gänzlichen Verlust von Buchmanuskripten. Zum Thema „Verbotene Bücher" finden sich in der Literaturgeschichte ungewöhnliche Episoden über Thomas Mann, Klaus Mann, Arno Schmidt und Charles Baudelaire.

Ein großes Thema für die Schriftsteller aller Zeiten ist auch die Suche nach Stoffen und das Verarbeiten realer Erlebnisse. Sehr oft lassen sich Sujets im wirklichen Leben entdecken und anschließend in erfolgreiche Bücher verwandeln. Oftmals dauert es jedoch nicht lange, bis findige Zeitgenossen glauben, ebenfalls von diesen Ideen profitieren zu können. Die Justiz muss sich daher fortwährend mit den Problemen des Raubdrucks und des Plagiats beschäftigen – je erfolgreicher ein Schriftsteller und ein Buch ist, desto häufiger.

Und dann gibt es noch die Kritiker. Auch ihnen setzt die Justiz Grenzen. Gelegentlich zu Recht. Mit welchen Motiven, Tricks und gelegentlich auch berechtigten Kritiken sich Schriftsteller herumplagen müssen und auf welche Weise das Recht dabei ins Spiel kommen kann, zeigen die Justizgeschichten um Theodor Fontane, Heinrich Böll, Mark Twain und Bertolt Brecht.

Alle nachfolgenden Geschichten sollen in erster Linie unterhalten. Es wird kein Diskurs über das Urheberrecht abgehalten und der Leser soll auch nicht in die Geheimnisse des Zivil- oder Strafprozessrechtes eingeweiht werden. Man muss auch kein Jurist sein, um den einzelnen Geschichten folgen zu können – auch wenn die angeblich so trockene Materie des Rechts die Hauptrolle spielt. Im Mittelpunkt stehen die Schriftsteller und ihre Bücher. Ihre juristischen Schicksale sollen berühren.

Ahrweiler, im September 2010 | Jürgen Seul

INHALT

DICHTERJURISTEN

DICHTERJURISTEN

Von Goethe weiß man es, von Storm und Heine ebenso. Die Liste jener Schöngeister der Literatur, die entweder in voller Absicht, eines Familienzwanges wegen oder nur aus einer intellektuellen Verwirrung heraus Juristen wurden, ist sehr lang. Während die einen Vertreter der Gilde eine durchaus entspannte Balance zwischen den Welten fanden – wie der Anwalt John Grisham oder der Jura-Professor Bernhard Schlink etwa – sahen sich andere im Jammertal einer persönlichen Fehlentscheidung angelangt. Gustave Flaubert zum Beispiel haderte mit der Juristerei und bekannte schon nach den ersten Studienmonaten: „Die Rechtswissenschaften bringen mich um, verblöden und lähmen mich, es ist mir unmöglich, dafür zu arbeiten. Wenn ich drei Stunden meine Nase in das Gesetzbuch gesteckt habe, während derer ich nichts begriffen habe, ist es mir unmöglich, noch weiter fortzufahren: ich würde sonst Selbstmord begehen (was sehr betrüblich wäre, denn ich berechtige zu den schönsten Hoffnungen). [...] Wie dem auch sei, ich scheiße auf die Rechtswissenschaften."[1]

Derlei unfeine Empfindungen hätte sein Landsmann Jules Verne gegenüber seinem Vater Pierre, Anwalt in Nantes, vermutlich nie zu äußern gewagt. Der theaterbesessene Student Jules Verne widmete sich im fernen Paris jedoch mehr dem Schreiben von Bühnenstücken als der Jurisprudenz, die er ohne jede Leidenschaft, aber auf das familiäre Geheiß hin studierte. Listig wusste er die väterlichen Hoffnungen auf eine Juristenkarriere als Anwalt so lange hinzuhalten, bis er sich ein Einkommen als Literat erschreiben konnte – ohne jemals mit der Robe aufgetreten zu sein.

Wieder andere Dichterjuristen ergaben sich mehr oder weniger in ihr Schicksal. Theodor Storm etwa machte so etwas wie eine Richterkarriere, in deren Verlauf er auch zum Mitunterzeichner zweier Todesurteile wurde, die zum Seelenheil des „Immensee"-Dichters auf dem Gnadenwege aufgehoben wurden. „Es ist das Studium, das man ohne besondere Neigung studieren kann, auch mein Vater war ja Jurist"[2], erläuterte Storm später lakonisch. Sein Prager Juristenkollege Franz Kafka ging ohne nennenswerte Gefühlsregungen zunächst einer Tätigkeit bei der privaten Versicherungsgesellschaft „Assicurazioni Generali" und später bei der „Arbeiter-Unfall-Versicherungs-Anstalt für das Königreich Böhmen" nach. Er betrachtete seine Arbeit selber als reinen Broterwerb. Seine Verwandlung fand des Nachts statt, in der er seine poetischen Gebilde auf das Papier bannte und darüber vergaß, dass er sich tagsüber mit der Regulierung betrieblicher Gefahrenklassen zu beschäftigen hatte.

Viele juristische Stoffe – vor allem die Alltagsfälle von Richter und Anwälten – fanden zwangsläufig ihren Weg in die Literatur, da die Autoren zu ihnen in einer besonderen beruflichen Beziehung standen und spezielle Kenntnisse besaßen.

Umgekehrt wird allerdings oftmals übersehen, dass auch die Kafkas, Storms und Goethes – im Grunde wie jeder andere Dichterkollege und Zeitgenosse auch – mit Konflikten und Vorgängen konfrontiert und in die juristische Verantwortung genommen wurden.

Wie handeln Dichterjuristen in ihren beruflichen Rollen und im juristischen Alltagsgeschehen? Der entstaubte Blick auf gerichtliche Gutachten, Akten, Urteile und Beschlüsse sei vorliegend einmal erlaubt. Während sich Theodor Storm als Mitglied eines Richtergremiums der Frage nach der Todesstrafe nicht entziehen konnte, so musste sich auch Johann Wolfgang von Goethe als einer von drei Beratern seines Weimarer Herzogs dem Thema stellen. Es wurde ein Gutachten von ihm erwartet und angesichts der Stellung im Staat, die der Dichterfürst besaß, kam seiner Meinung auch eine besondere Bedeutung zu. Doch Goethe wäre nicht Goethe gewesen, hätte er sich des Problems nicht auch sehr geschickt angenommen und es letztlich in seinem berühmtesten Stück „Faust I" auch literarisch verarbeitet. Auffällig und geschickt zugleich verhielt sich der Richter E.T.A. Hoffmann. Auch er war wie Goethe ein Multitalent, das durch seine phantastischen Erzählungen für Skandale sorgte, aber auch als ein hervorragender Jurist von sich Reden machte. Als Berliner Richter verstand er es, seine Auffassungen von Recht und Ordnung deutlich zum Ausdruck zu bringen und damit König, Minister und einige Staatsopportunisten zu echauffieren. Hoffmann zeigte auf eine wohltuende Weise die seltene Zivilcourage eines preußischen Beamten. Er band in Karriere gefährdender Weise auch die ganze Klaviatur seiner literarischen Phantasie in seine unerschütterliche Haltung mit ein. Seine Erzählung vom „Meister Floh" ließ dabei das Fell seiner Vorgesetzten mächtig jucken und es bedurfte schon der ganzen Aufbietung staatlicher Macht und Willkür, um diesen Dichterjuristen in die Schranken zu weisen.

Das Recht steht selbstverständlich nicht nur für staatliche Sanktionen und Disziplinierung, nein, gelegentlich gewährt es auch Dichterjuristen besondere Ehren – so geschehen bei Friedrich Schiller. Der deutsche Freiheitsdichter schlechthin war nun auch nicht gerade ein begeisterter Jurist und er besaß zum eigenen Glück noch andere Talente, die ihn unsterblich werden ließen. Immerhin bescherte ihm sein Freiheitsstück „Die Räuber“ eine juristische Anerkennung im benachbarten Frankreich, die nicht vielen deutschen Persönlichkeiten bis heute zuteil wurde. Im Zeitraum zwischen der Erstürmung der Bastille und dem Guillotinieren der halben Nationalversammlung verliehen ihm die Franzosen die französische Staatsbürgerschaft – ein Justizakt, über den Schiller schmunzelte, auf den er aber auch stolz war.

Wenig Erfreuliches musste der phantasievolle Jules Verne erleben, als er eines Tages auf dem Heimweg von seinem eigenen Neffen niedergeschossen und am Bein verletzt wurde. Der Dichterjurist als Opfer sozusagen. Verne wurde auch Zeuge im anschließenden Verfahren gegen den geistig verwirrten Täter. Mit viel menschlicher Nachsicht und juristischer Vorsicht agierte der Schriftsteller, um schlimmeres Unheil vom Täter abzuwenden, der den Rest seiner Tage in diversen Heilanstalten zubringen musste. So schmerzhaft und unerfreulich der familiäre Vorfall auch war, so hatte der Schöpfer von „In 80 Tagen um die Erde“ wenigstens noch das Glück besessen, mit dem Leben davongekommen zu sein.

Es liegt in der Natur der Sache, dass Dichterwerke oftmals als Quelle für Zitate verwendet werden. Nun können Zitate als intellektuelles Fleißkärtchen des Zitierenden fungieren, sie können jedoch auch – je nach Intention und Einsatzort – durchaus schon einmal jemanden beleidigen. Der bayerische Heimatdichter Ludwig Thoma langweilte sich drei Jahre lang als Rechtsanwalt, bevor er sich an die „Lausbubengeschichten“ machte. Was er aber neben dem Schreiben humorvoller Geschichten auch gut konnte, war das Beleidigen seiner Zeitgenossen. Er ging dabei nicht sonderlich zimperlich zur Sache. Politiker und kirchliche Würdenträger hatten es ihm als Angriffsziele besonders angetan, und so war auch öfter einmal vom „Pastoren-Kaninchentriebe“[3] und ähnlichem die Rede. Thoma kannte die juristische Gefahrenzone, in der er verbal so freizügig operierte, aber sie war ihm gleichgültig. Er sah sich als unerschrockener Kämpe gegen die Korruption und Scheinmoral seiner Zeit, was ihm regelmäßig gerichtliche Konflikte eintrug. Seine Popularität sorgt bis in die jüngste Vergangenheit dafür, dass seine literarischen Äußerungen für rhetorische Auseinandersetzungen benutzt werden. Manchmal löst noch heute ein Thoma-Zitat ein juristisches Verfahren aus.

JOHANN WOLFGANG VON GOETHE
WIE VIEL WIRKLICHKEIT STECKT IN GOETHES „FAUST"?

Wenn man den Tod abschaffen könnte, dagegen hätten wir nichts;
die Todesstrafen abzuschaffen wird schwerhalten.
Geschieht es, so rufen wir sie gelegentlich wieder zurück.

Johann Wolfgang von Goethe[4]

Die Todesstrafe steht seit der Zeit der Aufklärung bis heute im Kreuzfeuer der Kritik. Der westafrikanische Staat Burundi schaffte laut der Menschenrechtsorganisation Amnesty International als 95. und bislang letzter Staat die Todesstrafe im November 2009 ab. Für eine Vielzahl anderer, auch moderner westlicher Staaten wie den USA zählt sie noch heute zum praktizierten Repertoire strafrechtlicher Sanktionen.

Für den Dichter und Juristen Johann Wolfgang von Goethe gehörte die Todesstrafe zum festen gesetzlichen Brauch, zu dem er sich zeitlebens positiv bekannte. Die Frage, warum Goethe die Todesstrafe befürwortete und wo die weltanschaulichen Quellen dafür zu suchen sind, lässt sich nur schwer beantworten. Mit Sicherheit darf man Goethe jedoch nicht vorwerfen, dass er über die Anwendung der Todesstrafe leichtfertig geurteilt hat. Eine maßgebliche Quelle seiner Einstellung zur Todesstrafe dürfte in seinem Staatsverständnis liegen, das u.a. in „Wilhelm Meisters Wanderjahre oder die Entsagenden"[5] zum Ausdruck kommt. Darin spricht sich Goethe für einen starken Staat aus, einem unnachgiebigen „Ordnungshüter", der mit drastischen Mitteln, notwendigenfalls auch mit der Todesstrafe Ordnung durchsetzt.[6]

Goethes Einstellung zur Todesstrafe blieb nicht alleine eine theoretische und akademische Frage; sie beruhte vielmehr auf praktischen Erkenntnissen und Erfahrungen als Jurist.

Es war eine lange Familientradition, die den am 28. August 1749 in Frankfurt am Main geborenen Goethe dazu veranlasste, die juristische Laufbahn einzuschlagen. Sein Vater war ein so eingefleischter Jurist, dass er seinen Sohn bereits als Kind juristische Rechtsfragen und Antworten auswendig lernen ließ. Der 16jährige immatrikulierte sich daher folgsam am 19. Oktober 1765 für das Rechtsstudium an der Universität Leipzig. Der viel Begabte widmete sich aber sehr bald neben der Jurisprudenz auch anderen Themen wie der Lyrik, Geschichte, Literatur und den schönen Künsten.

Ein Blutsturz zwang den jungen Goethe nach dreijährigem Studium ohne Abschluss und zur großen väterlichen Enttäuschung nach Hause zurückzukehren.

Der Vater sorgte jedoch dafür, dass sein Sohn alsbald sein Jurastudium an der damals französischen Universität Straßburg fortsetzte. Das Straßburger Jurastudium war weniger wissenschaftlich und mehr Praxis bezogen ausgerichtet, was Goethe eher zusagte und ihn sogar eine Leidenschaft für das Fach entwickeln ließ: „Die Jurisprudenz fängt an, mir sehr zu gefallen. So ist es doch mit allem wie mit dem Merseburger Biere, das erste Mal schauert man, und hat man's eine Woche getrunken, so kann man's nicht mehr lassen."[7]

Problemlos bestand der junge Rechtskandidat dann auch im September 1770 das juristische Vorexamen mit der Auszeichnung „insigni cum laude" – einer dem heutigen „befriedigend" entsprechenden Note.

Der Vater wünschte nun auch einen ordentlichen Abschluss durch Promotion. Goethe selber tendierte mehr zu dem einfacheren Weg der Disputation, die nicht zum Doktorgrad, sondern zum Lizentiat führte. Doch der Vater bestand auf einer richtigen Doktorarbeit, weil er sie als Grundlage der juristischen Karriere ansah, die er für seinen Sohn plante.

Im Bewusstsein, dass seine Rechtskenntnisse vermutlich für eine Doktorarbeit nicht ausreichen würden, wählte der junge Goethe ein kirchenrechtliches Thema. Die Dissertation wurde jedoch von der Straßburger Fakultät abgelehnt. Bemerkenswert liest sich die Einlassung des Theologen Elias Stöber[8] zu der vorgelegten Goethe-Arbeit: „Der Herr Goethe hat eine Rolle hier gespielt, die ihn als einen überwitzigen Halbgelehrten und als einen wahnsinnigen Religionsverächter hier eben nicht nur verdächtig, sondern ziemlich bekannt gemacht hat. Er muß, wie man durchgängig von ihm glaubt, in seinem Obergebäude einen Sparren zuviel oder zuwenig haben. Ohne davon augenscheinlich überzeugt zu werden, darf man nur seine vorgehabte Inauguraldissertation ‚De legislatoribus' betrachten, welche selbst die juristische Fakultät ex capite religionis et prudentiae unterdrückt hat, weil sie hier nicht hätte gedruckt werden können, ohne daß die Professoren sich hätten gefallen lassen müssen, mit Urteil und Recht abgesetzt zu werden."

Goethe hat auch in den späteren Jahren nie den Dr. jur. erworben, wenn er auch gelegentlich – allerdings zu Unrecht – äußerte, der Grad des Lizentiaten der Rechte der Universität Straßburg stehe dort der Promotion gleich.

Anstelle der Promotion erwarb Goethe die Würde eines Lizentiaten der Rechte durch eine öffentliche Disputation über 56 lateinische Thesen, von denen eine – die These 53 – lautete: „Die Todesstrafe soll nicht abgeschafft werden.“[9]

Nach Zulassung durch den Magistrat zu Frankfurt wurde Goethe vom 3. September 1771 an Anwalt in seiner Heimatstadt – was er bis zu seinem Weggang nach Weimar, Anfang November 1775, auch blieb. Anders als heute benötigte man damals für die anwaltliche Zulassung kein Referendariat mit abschließendem zweiten Staatsexamen. Jedoch war eine freiwillige praktische Ausbildungszeit möglich. Zu diesem Zweck ließ sich Goethe in seinem zweiten Anwaltsjahr als Praktikant (Referendar) beim Reichskammergericht in Wetzlar immatrikulieren. Dort wurden die jungen Rechtspraktikanten, die den Reichsprozess kennen lernen wollten, von einem Assessor oder Procurator oder einem erfahrenen Advocaten eingewiesen.[10]

Zu dem vermutlich wichtigsten Ereignis während seiner vierjährigen Anwaltszeit entwickelte sich für Goethe ein Fall, an dem er persönlich zwar nicht beteiligt war, der jedoch sein ganzes Interesse einnahm. Es handelte sich um den Fall der Kindsmörderin Susanna Margaretha Brandt aus dem Jahr 1771. Er ging dabei um den „Gretchen“-Prozess, wie das Verfahren in Anspielung auf die literarische Verarbeitung in Goethes Meisterwerk „Faust I“ später genannt wurde, obwohl er bei genauer Betrachtung der Goetheschen Lebensgeschichte eigentlich „nur“ der erste „Gretchen“-Prozess war.

Die Dienstmagd Susanna Margaretha Brandt hatte ihre Schwangerschaft gegenüber der Gastwirtin, bei der sie in Lohn und Logis stand, abgestritten und ihr Kind nach der Geburt getötet und im Stall vergraben. Anschließend war sie zunächst geflüchtet, dann zurückgekehrt und zum Tode verurteilt worden. Der tragische Fall zeigte auf exemplarische Weise die Folgen gesellschaftlicher Missstände auf. Uneheliche Schwangerschaften führten zu oftmals unauflöslichen Konflikten bei den betroffenen Frauen, die sich gravierenden gesellschaftlichen Diskriminierungen ausgeliefert sahen. Die Wahl zwischen einem Leben in Schande und der Tötung des neugeborenen Kindes führte in jener Zeit zu einer nicht selten vorkommenden Kindtötung.

An der Verlesung des Urteils im „Fall Brandt“ nahm auch ein Onkel Goethes, Senator Dr. Johann Jost Textor, als Ratsherr und Schöffe teil. Goethes Kanzlist Johann Wilhelm Liebhold fertigte Teilabschriften der Prozessprotokolle.

Schon dieser Fall muss als eine Inspirationsquelle für den Dichter gesehen werden, als er nur kurze Zeit später an der frühesten Fassung von „Faust I“, dem so genannten „Urfaust“ arbeitete. Dieser literarische Vorläufer des weltberühmten Werks entstand in den Jahren zwischen 1772 und 1775. Heute lässt sich Goethes Arbeitsprozess daran nicht mehr rekonstruieren, doch es erscheint augenscheinlich, dass die Verurteilung und Hinrichtung der Kindesmörderin Susanna Margaretha Brandt eine große Rolle gespielt hat. Vermutlich verfolgte Goethe den gesamten Prozess, da nach seinem Tod in seinem Haus Abschriften von Prozessakten gefunden wurden. Vieles spricht also dafür, dass das Schicksal der Kindsmörderin dem „Faust“-Dichter als Inspiration für die Gretchenfigur und einen wesentlichen Motivstrang des Stücks diente.

Das Stück sei kurz rekapituliert: Heinrich Faust, ein Wissenschaftler auf der Suche nach unbedingter Erkenntnis, dem Sinn und dem Glück des Lebens, verbindet sich dafür mit dem Teufel, sprich: Mephisto. Ein von Mephisto besorgter Zaubertrank bewirkt, dass sich Faust besinnungslos in Margaretha, genannt Gretchen – ein sehr junges und naives Mädchen – verliebt. Seine Liebe zu ihr erscheint echt; dennoch richtet er das Mädchen zugrunde, indem er es verführt, schwängert und sitzen lässt. Es kommt zur Katastrophe, als Gretchen das Kind tötet und dafür zum Tode verurteilt wird.

Es ist bemerkenswert, wie einfühlsam, erschütternd und herzzerreißend Goethe die seelischen Nöte beschreibt, in die Gretchen durch die ungewollte Schwangerschaft gerät:

„Wohin ich immer gehe,
Wie weh, wie weh, wie wehe
Wird mir im Busen hier!
Ich bin ach kaum alleine,
Ich wein, ich wein, ich weine,
Das Herz zerbricht in mir.“[11]

Ebenso mitfühlend zeigt sich der Dichterjurist Goethe auch bei der Schilderung über die Wirkung der verhängten Todesstrafe bei Gretchen:

„Bin doch noch so jung, so jung!
Und soll schon sterben.
Schön war ich auch, und das war mein Verderben.
Nah war der Freund, nun ist er weit;
Zerrissen liegt der Kranz, die Blumen zerstreut.“[12]

Und obwohl in diesen Passagen deutlich die humanistischen Züge zu erkennen sind, beweist sich 12 Jahre nach dem „Brandt“-Prozess bzw. 8 Jahre nach Entstehung der „Urfaust“-Fassung dennoch wieder Goethes unerschütterliches Bekenntnis zur Todesstrafe, speziell bei einem Kindsmordfall. Es ist wenig zu spüren von der Humanität des Dichters Goethe; vielmehr zeigt sich der „Paragrafen-Jurist“ Goethe, der sich durchaus im Rahmen juristischer Grundsätze bewegend agiert und seinen Beitrag zum Tod einer unglücklichen jungen Frau leistet.

Inzwischen hatte Goethe seine Frankfurter Anwaltstätigkeit aufgegeben und war nach Weimar gegangen. Mit 26 Jahren war der hochbegabte junge Mann dort 1776 zum Geheimen Legationsrat mit Sitz und Stimme im dreiköpfigen Geheimen Consilio ernannt worden. Dieses Gremium beriet den jungen Herzog Carl August bei seinen Regierungsgeschäften. Die Räte referierten, votierten und erarbeiteten Beschlussvorlagen zu Fragen aus, die der Herzog besprochen und oft auch beantwortet wissen wollte.

Anfang 1779 hatte Goethe neben seiner Mitwirkung in diesem Gremium die Direktion der Kriegs- und Wegebaukommission übernommen. Im gleichen Jahr war ihm der Titel Geheimer Rat und damit der Rang eines Ministers verliehen worden. Jahre später hatte Goethe auch das Präsidium der Kammer übernommen.

Der Aufgabenumfang war groß; teilweise behagte er Goethe auch nicht sonderlich, wie z.B. aus einem Brief[13] an Frau von Stein vom 9. September 1780 hervorgeht:

„Heute morgen haben wir alle Mörder, Diebe und Hehler vorführen lassen und sie alle gefragt und konfrontiert. Ich wollte anfangs nicht mit, denn ich fliehe das Unreine – es ist ein groß Studium der Menschheit und der Physiognomik, wo man gern die Hand auf den Mund legt und Gott die Ehre gibt […].“

Trotz dieses gelegentlichen Widerwillens kam Goethe – den manche Zeitgenossen zu Beginn seiner Amtsaufnahme für einen arbeitsscheuen schöngeistigen Günstling des Herzogs gehalten hatten – seinen Pflichten gewissenhaft nach. Er nahm regelmäßig an den ein bis zweimal stattfindenden Sitzungen des Geheimen Consiliums teil.

In dieser Rolle musste sich Goethe 1783 mit dem Fall der Johanna Catharina Höhn beschäftigen. Am 11. April 1783 hatte die ledige Magd aus dem Dorf Tannrode ihren neugeborenen Sohn getötet. Vom Jenaer Schöffenstuhl war sie wegen Tötung ihres außerehelichen Kindes zum Tode verurteilt worden. Die Strafe entsprach dem Strafrahmen des Kindsmord-Artikels 131 der Peinlichen Gerichtsordnung Kaiser Karls V. Das Urteil bedurfte der Bestätigung durch Herzog Carl August. Der Herzog enthielt sich einer eigenen Meinung und bat die Räte seines Consiliums um ihre gutachterlichen Stellungnahmen.

Zwei Jahre zuvor hatte das Staatsoberhaupt im Fall der ledigen Dienstmagd Dorothea Altwein bereits ein Todesurteil in eine lebenslange Zuchthausstrafe abgeändert. Dorothea Altwein hatte ihr neugeborenes Kind auf den Boden fallen gelassen, zweimal mit dem Kopf an die Zimmerecke geschlagen und sodann in einen Waschzuber geworfen und dadurch getötet. Sie sollte für diese Tat laut Richterspruch mit der Todesart des Säckens bestraft werden.

Es handelte sich dabei um eine aus dem römischen Recht stammende Grausamkeit, bei der der Verurteilte zusammen mit Hund, Hahn, Katze und Schlange in einen Sack eingenäht und ins Wasser geworfen wurde, so dass er ertrank. Das Säcken kam regelmäßig bei Verwandtenmorden zur Anwendung.

Carl August hatte auf eine Abänderung dieser besonders perfiden Todesstrafe auf lebenslanges Zuchthaus entschieden. Und das hatte seinen besonderen Grund gehabt:

Nicht nur in Weimar, sondern in vielen Teilen Europas wurde seit einiger Zeit im Zuge der Aufklärung ein neuer Umgang mit Kindsmörderinnen gefordert. Die Entscheidung des Herzogs entsprach damit dem allgemeinen spätaufklärerischen Zeitgeist und beruht u.a. auf der Kenntnisnahme einer ins Deutsche übersetzte zeitgenössische Schrift von Cesare Beccaria. Dieser hatte in seiner Abhandlung „Dei delitti e delle pene" von 1764 eine kritische Haltung zur Todesstrafe eingenommen. Beccaria stellte in der Frage der Bestrafung von Tätern allein auf die Frage ab, welcher Schaden der Gesellschaft durch eine Straftat zugefügt werde. Strafen sollten generalpräventiv abschrecken. Außerdem betrachtete Beccaria das Strafrecht als letztes Mittel des Staates, das erst dann zur Anwendung kommen sollte, wenn andere mögliche Vorkehrungen versagt hätten. Ein solches Strafrechtssystem konnte auf die Todesstrafe verzichten, erst recht beim Kindsmord, für den nicht zuletzt gesellschaftliche Missstände, die Schande der ledigen Mutter sowie die rechtliche und gesellschaftliche Diskriminierung der Bastarde verantwortlich gemacht wurden. Beccaria erkannte bei Abtreibenden und Kindsmörderinnen einen unauflöslichen Konflikt zwischen einem Leben in Schande und der Tötung des Kindes.[14]

Der Herzog tendierte daher auch im Fall Höhn zu einer kritischen Hinterfragung der Todesstrafe – andernfalls hätte er sie sofort bestätigt.

Goethe und seine beiden Kollegen Christian Friedrich Schnauß und Jakob Friedrich Freiherr von Fritsch hatten sich nun mit diesem zeitgenössischen Modethema des Kindmords zu befassen. Von jedem der drei Geheimen Räte des Herzogs war eine eigene Stellungnahme gefordert.

Freiherr von Fritsch befürwortete die Todesstrafe, ohne allerdings mit seiner Stellungnahme den konkreten Fall Höhn anzusprechen. In seiner 30jährigen Dienstzeit habe er erst vier Kindsmorde erlebt, und auch im Ausland höre man selten davon. Dies zeuge für ihn von der abschreckenden Wirksamkeit der Todesstrafe, weshalb er auch keinen hinlänglichen Grund dafür sah, von der Todesstrafe abzugehen. Er hielt sich damit stillschweigend an den strafrechtlichen Rahmen der damals geltenden Rechtsordnung.

Der Kollege Schnauß riet mangels rechtfertigender Entschuldigungsgründe zur Durchführung der Todesstrafe im konkreten Fall. Auch er zeigte sich als ein Hardliner in dieser Frage.

Der dritte Geheime Rat, Goethe, tat sich besonders schwer. Letztlich kam jedoch auch er zu dem Ergebnis: „Da das Resultat meines untertänigst eingereichten Aufsatzes mit beiden vorliegenden Votis völlig übereinstimmt, so kann ich um so weniger zweifeln selbigen in allen Stücken beizutreten, und zu erklären, daß auch nach meiner Meinung rätlicher sein möchte, die Todesstrafe beizubehalten."[15]

Auffällig ist, dass Goethe wie auch sein Kollege von Fritsch in seinen Ausführungen keinen Bezug zum konkreten „Fall Höhn" nahm, sondern sich ausschließlich mit der Frage auseinandersetzte, ob die Todesstrafe generell beibehalten werden sollte. Überliefert ist allerdings Goethes schriftliche Bestätigung im Geheimen Consilium vom 4. November 1783, dass das vom Jenaer Schöppenstuhl vorgeschlagene und vom Herzog letztlich bestätigte Todesurteil als den „Rechten gemäß"[16] ergangen anzusehen sei.

Vielfach wird immer wieder kolportiert, dass der Dichterfürst Todesurteile ausgesprochen oder persönlich mit veranlasst habe. Das war wie gesehen nicht der Fall gewesen und wäre ihm mangels Richterstellung auch überhaupt nicht möglich gewesen. Er hatte lediglich als einer der drei wichtigsten Berater des jungen Herzogs seine Stellungnahme abgegeben.

Neues Licht auf diese Debatte um Goethes Beteiligung am Todesurteil gegen Johanna Höhn warf ein jüngst erst publiziertes Dokument. Entdeckt und vorgelegt hat es der Londoner Germanist Daniel Wilson[17], der seit Jahren das kritikarme harmonische Bild des klassischen Weimar auf der Grundlage von Archivalien hinterfragt.

Dabei entpuppte sich das jüngst aufgefundene Dokument aus dem Nachlass des Weimarer Verlegers Friedrich Justin Bertuch als eine kleine Sensation: Es handelt sich um eine detaillierte zeitgenössische Vorankündigung, wie die Todesstrafe an der verurteilten Johanna Höhn zu vollziehen sei. Ähnliche Regiebücher für das frühneuzeitliche Theater des Schreckens liegen zwar in Archiven, publiziert wurden sie aber bisher nicht.

Wilsons Fund offenbart der Nachwelt eine im Voraus präzise festgelegte Inszenierung des Hinrichtungsprozederes, die bis zur Sitzordnung und den Gebärden des beteiligten Richters und der Schöffen nichts dem Zufall überlässt. Sogar das Geständnis der Verurteilten musste noch einmal erfolgen, was jedoch als Unsicherheitsfaktor galt. Die Regieanweisung bemerkt dazu lapidar: „Wenn nun wie zu verhoffen, die arme Sünderin jede Frage einzeln mit einen Ja! beantwortet, so fährt hie rauf der Herr Actuarius also fort."[18]

Der Plan für den 28. November 1783 sah vor, auf dem Markt in Weimar eine lange schwarze Tafel mit vierzehn schwarzen Stühlen aufzustellen. Neben dem Richter und dem Schriftführer nahmen daran vier Schultheißen und acht Geschworene Platz. An der Stirnseite des Tisches lagen Schwert und Stab für die Urteilsverkündung bereit. Zunächst legitimierte sich das Gericht, indem es sich der Mitwirkung der Beteiligten im Namen des endlos gepriesenen Herzogs versicherte. Der Richter erklärte mit erhobenem Schwert und Stab: „Ich gebiete Recht und verbiete Unrecht."[19]

Dann traten der Ankläger und die von einem Geistlichen geführte Sünderin hervor, die dreifache Anklage wurde von einem Schöffen als formal korrekt bestätigt. Die Befragung der Delinquentin diente sodann dem öffentlichen Geständnis der Tat, das erneut verlesen und vom Zerbrechen des weißen Stabes in drei Teile gefolgt wurde.

Schließlich bat der Scharfrichter darum, das Urteil verkünden und vollstrecken zu dürfen. Anschließend wurden zur symbolischen Aufhebung des Gerichts „Stühle und Tische umgeworfen".

Am 28. November 1783 wurde Johanna Katharina Höhn dann nach Ablauf des beschriebenen Prozederes „durch das Schwert zu Tode gebracht"[20].

Nach der erfolgten Exekution fragte der Henker: „Habe ich recht gerichtet?", worauf der Richter ihn entlastete: „Du hast gethan, was Urtheil und Recht mit sich gebracht."[21]

Die exakte Planung und Choreographie eines solchen Strafverfahrens sollte den maximalen Effekt an Abschreckung und Belehrung beim Publikum garantieren. Zudem wollte man die Autorität und Rechtmäßigkeit des Verfahrens demonstrieren. Zur Verhinderung von Ausschreitungen, die vor allem bei misslungenen Exekutionen drohten, versammelte man in Weimar mehr als hundert Mann Miliz und Husaren. Vieles spricht heute dafür, dass in der Bevölkerung Widerstand gegen diese Hinrichtung bestand. Die zeitgenössische Kritik an der Todesstrafe hatte eben nicht nur das Staatsoberhaupt Carl August rege wahrgenommen und zu seinem Nachfragen an Goethe und dessen Kollegen bewegt, sondern war auch von Teilen der Bevölkerung mitgetragen worden.

Nicht jeder Bürger sah die Beibehaltung der Todesstrafe als eine selbstverständliche Entscheidung an. Ein Brief des Weimarer Privatsekretärs Johann Christoph Bode[22] vom Tag vor der Hinrichtung, dem 27. November 1783, verdeutlicht das: „Morgen gehe ich nach Erfurth, um einer hiesigen Köpferey einer Kindermörderin aus zu weichen, indem es mir nicht als eine Strafe, sondern als ein Staatsmord vorkommt."

Durch einen in Weimar aufbewahrten, gleichfalls unveröffentlichten Brief des Jenaer Medizinprofessors Justus Christian Loder nach der Hinrichtung lässt sich im Übrigen der Weg des geköpften Leichnams in den Seziersaal verfolgen: „Gestern habe ich wieder eine neue Arbeit durch den Körper der Kindermörderin bekommen; ich wünschte aber nur, sie wäre in ihrem Gefängniß nicht so gut genährt worden, so wäre sie zu meinen Demonstrationen brauchbarer."[23]

Zwischen Gretchen und Johanna Höhn liegt eine tiefe Kluft, die auch Goethes Werk von seinen übrigen Tätigkeiten trennt.

E.T.A. HOFFMANN
EIN MEISTERFLOH IM PELZ DER JUSTIZ

> Daß es zuweilen etwas exzentrisch in meinem Gehirnkasten zugeht, darüber freue ich mich eben nicht beim Besinnen – dies Exzentrische setzt mich offenbar herunter in den Augen aller, die um mich sind – und Leute, die alles in Nummern teilen und apothekerartig behandeln, möchten mir manchmal ihren orthodoxen Krummholz um den Hals werfen.
>
> E.T.A. Hoffmann[24]

Er war Jurist, Schriftsteller, Komponist, Kapellmeister, Musikkritiker, Zeichner und Karikaturist in einem – ein Multitalent im Zeitalter der Romantik und der Unabhängigkeitskriege. In Anlehnung an den von ihm bewunderten Mozart nahm er einen weiteren Vornamen an und nannte sich Ernst Theodor Amadeus Hoffmann. Neben der Vielzahl seiner Hochbegabungen – die ihn dem Zeitgenossen und Dichterfürsten Goethe ähneln ließ – fiel Hoffmann vor allem durch seinen Mut und seine Integrität auf. Mit seinem Witz und seiner Genialität erfand er Geschichten, um der Geschichte zu entkommen, legte er sich mit den politischen Mächten seiner Zeit an und pflegte er Einspruch zu erheben gegen die Macht des Politischen.

1776, als Goethe nach Weimar berufen wurde, kam Hoffmann in Königsberg als Sohn eines Hofgerichtsrates zur Welt. Während er als junger Mann an der Universität Königsberg dem Studium der Rechte nachging, widmete er sich in Mußestunden dem Schreiben, Musizieren, Komponieren und Zeichnen. Die vielfältigen künstlerischen Ambitionen gediehen ebenso wie seine juristische Ausbildung, die am 27. März 1800 erfolgreich mit der Ablegung des dritten Staatsexamens beendet wurde.

Anschließend wurde Hoffmann als Regierungsrat (heute Landgerichtsrat) in Plock im heutigen Polen tätig. Vier Jahre später trat er seinen Dienst in Warschau an, das seit 1795 – der letzten Teilung Polens – zu Preußen gehörte. Doch die preußische Herrlichkeit endete schon 1806, nachdem Napoleon die Lösung Warschaus von Preußen dekretierte. Die preußischen Behörden wurden aufgelöst. Dieser Vorgang führte dazu, dass der nun arbeitslose Regierungsrat Hoffmann der Juristerei zunächst den Rücken kehrte, um als Musikdirektor nach Bamberg zu gehen. Sein musikalisches Talent, das sich während der letzten Jahre durch die Aufführung von Singspielen gezeigt hatte, wollte er nun zum Broterwerb nutzen.

Doch sein Debüt als Musikdirektor im Oktober 1808 scheiterte, weshalb Hoffmann die Stelle schon nach zwei Monaten wieder verlor. In der Folgezeit schlug er sich als Direktionsgehilfe, Theaterkomponist, Kulissenmaler und Kartenverkäufer durch und erteilte Musikunterricht. Seine Theaterkompositionen waren zwar nicht einträglich, aber dafür erhielt Hoffmann das Angebot des Verlegers der Leipziger Allgemeinen musikalischen Zeitung, Musikkritiken für das Blatt zu schreiben, nachdem er dort 1809 seine Erzählung „Ritter Gluck“ veröffentlichen konnte. In dieser Zeit entwickelte er auch die fiktive Figur des Kapellmeisters Johannes Kreisler, sein literarisches Alter Ego, der in der Zeitschrift seine Sicht der zu besprechenden musikalischen Werke darstellte.

Neben den Musikkritiken arbeitete Hoffmann in dieser wirtschaftlich für ihn schwierigen Zeit an weiteren belletristischen Arbeiten wie „Der Magnetiseur“, „Der goldene Topf“ und „Die Elixiere des Teufels“. Die Erzählungen sollten die literarische Grundlage für Hoffmanns Ruf als Dichter bilden. Das ganze 19. Jahrhundert hindurch galten seine Werke als Ausgeburten einer bizarren Exzentrik, als krankhaft, jugendgefährdend und unordentlich. Der Dichter galt nicht nur als eine zweitrangige, sondern sogar als nicht einzuordnende und daher abstoßende Erscheinung in der deutschen Literatur. Erst zu Beginn des 20. Jahrhunderts wurde der Wert seines Werkes erkannt. Gleiches gilt im Übrigen für seine musikalischen Werke. Immer aber war klar, dass Hoffmann eine der schillerndsten Figuren der Weltliteratur war.

Obwohl er sich schon zu Lebzeiten als gleichermaßen umstrittener wie auch erfolgreicher Schriftsteller zu etablieren begann, besann sich Hoffmann sehr bald wieder auf seine juristischen Qualitäten und suchte um neuerliche Aufnahme in den Staatsdienst nach. Es dürfte nicht zuletzt der Vermittlung von Hoffmanns Jugendfreund und Studienkollegen Theodor Gottlieb von Hippel – der inzwischen Staatsrat und persönlicher Referent des preußischen Staatskanzlers Hardenberg geworden war – zu danken gewesen sein, dass Hoffmann tatsächlich wieder als Richter eingestellt wurde. Ab 1. Oktober 1814 wurde er am Kammergericht in Berlin als so genannter „Hülfsarbeiter“ und ab 1. Januar 1816 als etatmäßiger Kammergerichtsrat tätig.

In jener Zeit setzte das Doppelleben des Vielbegabten ein. Während er die Nachtstunden mit Schreiben, Komponieren und Zeichnen, aber auch mit heftigen Trinkgelagen im Kreise von Dichtern und Schauspielern verbrachte, führte er tagsüber das ordentliche Leben eines Kammergerichtsrates, der seit 1821 sogar dem höchsten Gericht – dem Oberappellations-Senat – angehörte.

In Hoffmanns Brust wohnten ganz offenbar zwei Seelen. Der Dichterjurist verstand es glänzend, während der täglich Dienstzeit den inneren Abenteurer, die Dämonen zurückzudrängen. Zeitgenössische Zeugnisse bestätigen, dass Hoffmann gegenüber Vorgesetzten und Kollegen ein ganz besonders bürgerlich-frommes Gehabe an den Tag legte, wobei er seine dienstliche Tätigkeit in untadeliger und tüchtiger Weise ausführte. Das war keine Heuchelei, sondern Selbstschutz. Die dienstliche Tüchtigkeit fiel Hoffmann aufgrund seines juristischen Talents nicht schwer. Zudem verfügte er über so etwas wie die juristische Phantasie, eine Eigenart, über die strenge Karrierejuristen meist nicht verfügen.[25]

Im Herbst 1819 war Hoffmann voller literarischer Pläne, als die Politik in Person des preußischen Königs Friedrich Wilhelm III. eingriff und ihn aufgrund einer Kabinettsorder zum Mitglied einer „Immediat-Untersuchungskommission zur Ermittlung hochverräterischer Verbindungen und anderer gefährlicher Umtriebe“ bestimmte. Die Installierung einer solchen Kommission entsprang dem Zeitgeist: Nach dem erfolgreichen Ende der Befreiungskriege gegen die napoleonische Herrschaft versuchten viele deutsche Fürsten – wie auch der preußische König – an die vorrevolutionäre und vornapoleonische Zeit anzuknüpfen. Das hatte den Unmut und die Empörung über die Wiederkehr des Alten und über das frostige Ende des politischen Frühlings bei den Gebildeten – vor allem bei den Studenten, Professoren, Literaten, Ärzten – hervorgerufen.

Der preußische Staat sah sich von Demagogen bedroht. Als Demagogen verstand er alle Burschenschaftler, Turner, Patrioten, Demokraten; kurzum alle jene, die sich in der einen oder anderen Weise unzufrieden mit den politisch restaurativen Verhältnissen zeigten, wie sie der Wiener Kongress, der Deutsche Bund und die Heilige Allianz zuletzt hervorgebracht hatten.

Den willkommenen Anlass zum repressiven Losschlagen hatte die Ermordung August von Kotzebues durch den Burschenschaftler Karl Ludwig Sand am 23. März 1819 geboten. Weil Kotzebue regelmäßig Berichte über die deutsche Literatur und öffentliche Meinung nach St. Petersburg geschickt hatte, hatte er sich bei den Burschenschaftlern einen Ruf als russischer Spion erworben. Sein Spott über die Deutschtümelei und Demokratie hatte ihn zum „Fürstenknecht“ gestempelt. Als vermeintlicher Verräter des Vaterlandes war er von Sand erstochen worden.

Daraufhin setzte sich die staatliche Maschinerie auch in Preußen in Bewegung. Im Sommer 1819 wurde in Mainz eine Zentraluntersuchungskommission eingerichtet, die, unter österreichischer und preußischer Führung, die Verfolgungs- und Disziplinierungskampagne in den Bundesländern koordinieren sollte. In Preußen waren der Minister Fürst Wittgenstein und der Polizeidirektor Karl Albert von Kamptz die treibenden Kräfte. Eine alles erstickende Pressezensur, Unterdrückung und Verfolgung jeder freiheitlichen Meinung war die Folge. In Preußen regierten die Polizeispitzel. Es entstand eine reaktionäre Atmosphäre, deren Hintergründe und Abläufe von einem wachen Geist wie dem Hoffmanns kritisch wahrgenommen wurde. Und ausgerechnet er war zum Handlanger dieser Politik der Unterdrückung bestimmt worden.

„Gerade in jener Zeit wurde ich zum Mitkommissarius bei der zur Untersuchung der sogenannten demagogischen Umtriebe niedergesetzten Immediat-Kommission ernannt, und wie Du mich kennst, magst Du Dir wohl meine Stimmung denken, als sich vor meinen Augen ein ganzes Gewebe heilloser Willkür, frecher Nichtachtung aller Gesetze, persönlicher Animosität, entwickelte! – Dir darf ich nicht erst versichern, daß ich ebenso wie jeder rechtliche vom wahren Patriotismus beseelte Mann überzeugt war und bin, daß dem hirngespenstigen Treiben einiger junger Strudelköpfe Schranken gesetzt werden mußten, um so mehr, als jenes Treiben auf die entsetzlichste Weise ins Leben zu treten begann [...] Hier war es an der Zeit, auf gesetzlichem Wege mit aller Strenge zu strafen und zu steuern. Aber stattdessen traten Maßregeln ein, die nicht nur gegen die Tat, sondern gegen Gesinnungen gerichtet waren.“[26]

Der Immediat-Kommission kam eine doppelte Aufgabe zu: Sie sollte Ermittlungen über das angebliche Netz der Verschwörung anstellen, und sie sollte in der Funktion eines Haftrichters tätig werden, d.h. sie sollte darüber entscheiden, ob das jeweilige Belastungsmaterial ausreichte, den unter Verdacht Festgenommenen in der Haft zu belassen. Die Kabinettsorder hatte dabei die Kommission ausdrücklich angehalten, mit völliger Gerechtigkeit und Vermeidung aller Übertretung rechtlicher Formen zu handeln. Tatsächlich hielt die aus Mitgliedern des Kammergerichts zusammengesetzte Kommission sich so gewissenhaft an rechtsstaatliche Grundsätze, dass es schließlich zum Konflikt mit den politisch maßgeblichen Kreisen kommen musste. Besonders Hoffmann machte sich mit seinen Voten, die in den meisten Fällen die Freilassung der Inhaftierten anordnete, höchst unbeliebt. Er verfuhr dabei streng nach dem Grundsatz, dass nur Taten, nicht bloße Gesinnungen Gegenstand einer Kriminaluntersuchung sein konnten.[27]

Ein erster schwerer Konflikt zwischen Hoffmann und den politisch Mächtigen ereignete sich im November 1919. Mit einem beträchtlichen Aufwand an scharfsinniger juristischer Logik zerriss er das Netz der Anschuldigungen gegen den verhafteten Philologen Ludwig Roediger. In seinem Votum vom 20. November 1819 kam Hoffmann zu dem Ergebnis, dass Roediger aus der Haft zu entlassen sei. Beim Innen- und Polizeiministerium, wo Roediger als Rädelsführer galt, zeigte man sich empört. Der König erließ eine Kabinettsorder, die eine Ministerial-Kommission einsetzte, wodurch die unliebsamen Entscheidungen der Immediat-Kommission blockiert werden konnte. Polizeidirektor Kamptz wurde die Seele dieser übergeordneten Kommission, der auch der Staatskanzler Hardenberg und die Minister Kircheisen und Schuckmann angehörten. Auf Veranlassung dieser neu geschaffenen Ministerial-Kommission wurde Roediger erneut verhaftet. Und wiederum plädierte Hoffmann unbeirrt für dessen Entlassung. Diesmal hatte er damit sogar Erfolg: Am 5. Januar 1820 wurde Roediger unter Vorbehalt auf freien Fuß gesetzt.

Die persönlichen Fronten zwischen Kamptz und Hoffmann waren nun klar. Und der nächste Konflikt wartete nicht lange auf die Kontrahenten.

Ähnlich couragiert wie den „Fall Roediger“ behandelte Hoffmann den Fall des noch heute bekannten „Turnvater“ Jahn, des Begründers der organisierten Turnbewegung in Deutschland.

Friedrich Ludwig Jahn war am 13. Juli 1819 unter der Anschuldigung der Anstiftung und fortdauernden Teilnahme an einem geheimen und hochverräterischen Bündnis – der deutsche Bund genannt – festgenommen worden. Der Festgenommene stritt die gegen ihn erhobenen Vorwürfe jedoch ab.

In seinem umfangreichen Votum vom 15. Februar 1820 bestätigte Hoffmann die Angaben Jahns in den meisten Punkten und verwandte viel Mühe darauf, die gegen Jahn vorgebrachten Denunziationen als haltlos zu demaskieren. In seinem Votum forderte er auch folgerichtig die Freilassung Jahns.

Die Ministerial-Kommission um Kamptz beharrte dagegen auf der Inhaftierung. Der Konflikt eskalierte und endete schließlich damit, dass Hoffmann seine Kollegen für die Androhung gewinnen konnte, dass sie alle von ihrem Posten innerhalb der Immediat-Kommission zurücktreten würden, wenn Jahn nicht freikäme.

Das preußische Justizministerium gelangte schließlich zu der halbsalomonischen Entscheidung, dass Jahn künftig in Colberg zu leben habe, wo er in einer Art Verbannung unter Aufsicht seine 2 000 Reichstaler Pension verzehren dürfe.

Mit der Verbannung nach Colberg war der „Fall Jahn" jedoch nicht zu Ende. Jahn reichte am 19. November 1819 gegen Kamptz eine Beleidigungsklage ein, weil dieser in einem Artikel der Vossischen Zeitung die Vorwürfe gegen Jahn als Hochverräter als erwiesene Tatsachen bezeichnet hatte.

Und erneut musste sich Hoffmann mit der Angelegenheit befassen. Er entschied, die Klage zuzulassen, was wiederum u.a. den Angeklagten Kamptz selber kraft seines Einflusses dazu bewegte, das Justizministerium zur Einstellung der Klage zu veranlassen. Der inkriminierte Artikel habe eine Amtshandlung dargestellt und sei daher nicht dem Urteil von Gerichtsbehörden unterworfen. Gegen diese Haltung protestierte wiederum – unter Federführung Hoffmanns – das Kammergericht. Es stellte sich auf den Standpunkt, dass es dem Gesetz widerspreche, wenn ein Verbrechen öffentlich bekannt gemacht werde, dessen Angeklagter weder überführt noch geständig sei.[28]

Nun griff auch Staatskanzler Hardenberg ein. Er befahl am 3. Februar 1820 die Abweisung der Klage gegen Kamptz. Und erneut widersetzten sich Hoffmann und seine Richterkollegen der Willkür von oben.

In einem von Hoffmann[29] am 14. Februar 1820 verfassten Schreiben des Kammergerichts heißt es: „Die von dem p. Jahn eingereichte Injurienklage mussten wir rechtlich für begründet achten […], weil auch die höchsten Staatsbeamte nicht außer dem Gesetz gestellt, vielmehr demselben wie jeder andere Staatsbürger unterworfen sind. Wir bemerken hierbei ehrerbietigst, daß wir […] uns frei von jeder ungeziemenden Anmaßung fühlen, wenn wir diejenige Pflicht, nämlich: jedermann ohne Ansehen der Person und Unterschied des Standes nach Vorschrift der Gesetze, und nach unsrer besten Kenntnis und Überzeugung unparteiische rücksichtslose Justiz zu administrieren […] zu erfüllen streben, und auf der Überzeugung beharren, daß nur Se. Majestät der König unmittelbar die Macht haben, aus höhern Staatsgründen den Gang des Rechts zu hemmen."

Und nun meldete sich diese höhere von Gott eingesetzte Macht in Person des Königs Friedrich Wilhelm III. von Preußen höchst selbst und ordnete am 13. März 1820 an, dass die Klage Jahns abzuweisen sei. Gleichzeitig tadelte der Herrscher das Verhalten des Kammergerichts um E.T.A. Hoffmann – eine groteske Situation, hatten sich die Richter doch im Grunde an die rechtsstaatlichen Prinzipien gehalten, die der Herrscher gerade von seinen Beamten stets verlangte.

Mit seinen für die Beschuldigten wie Roediger und Jahn meist günstigen Voten, mit seinem Verhalten im Fall der Beleidigungsklage Jahns hatte sich Hoffmann endgültig den Hass des Polizeidirektors Kamptz zugezogen.

Zu Hoffmanns Glück standen sein unmittelbarer Vorgesetzter, Kammergerichtsvizepräsident Friedrich Karl Adolf von Trützschler und Falkenstein, wie auch große Teile der Berliner Gesellschaft hinter dem aufrechten und couragierten Dichterjuristen, der mit seinen schriftstellerischen Werken und seiner dienstlichen Tätigkeit zu einer nationalen Berühmtheit geworden war. In Wien schrieb Ludwig van Beethoven[30] in sein Konservationsheft: „Hoffmann – du bist kein Hofmann."

Im Sommer 1821 schied Hoffmann aus der Immediat-Kommission aus. Seinem Verleger Friedrich Wilmans in Frankfurt am Main kündigte er an, ein Märchen schreiben zu wollen. Eine Nervenerkrankung behinderte das Arbeiten an dem Werk. Erst Anfang November des Jahres konnte er seinem Verleger die ersten beiden Kapitel des Manuskripts schicken. Die letzten Kapitel musste Hoffmann diktieren, da sein Krankheitszustand immer mehr zu einer Lähmung des Körpers und zu fortschreitendem Kräfteverfall führte. Am 1. März 1822 schickte er das letzte Kapitel an seinen Freund Julius Eduard Hitzig zur Durchsicht. Die letzten Kapitel an den Verleger folgten in vier Lieferungen noch im gleichen Monat.

Der Inhalt von „Meister Floh – Ein Märchen in sieben Abenteuern zweier Freunde" war bereits vorher durch eine persönliche Indiskretion Hoffmanns im Kreise seiner nächtlichen Trinkfreunde auch bei den Berliner Polizeibehörden durchgesickert.

Pikanterweise schildert Hoffmann im vierten und fünften Kapitel des Märchens, wie der Protagonist seines Märchens, Peregrinus Tyß – ein frauenscheuer Träumer –, in den Verdacht gerät, eine Frau entführt zu haben. Weil aber völlig ungewiss ist, ob überhaupt eine Frau verschwunden ist, hält der Rat der Stadt Peregrinus Tyß für unschuldig. Da taucht eine Gestalt auf, die sich mit „Geheimer Rat Knarrpanti" vorstellt. Er ist Experte in Sachen entführerischer Umtriebe und bereit, den Entführungsfall aufzuklären. Auf den Vorhalt, dass eine Tat doch erst begangen sein müsse, bevor man den Täter ermitteln könne, erwidert er selbstgewiss, dass, sei erst der Verbrecher ausgemittelt, sich das begangene Verbrechen von selbst finde. Man müsse nur in Erfahrung bringen, was im Kopf des Täters vorginge. Denn das Denken sei an und vor sich selbst schon eine gefährliche Operation und würde bei gefährlichen Menschen eben desto gefährlicher. Knarrpanti nimmt die Ermittlungen in die Hand und legt bald sehr belastendes Beweismaterial vor: Das Tagebuch des Peregrinus Tyß, in welchem dieser nach einem Besuch der Mozartschen Oper „Die Entführung aus dem Serail" seine enthusiasmierten Eindrücke hierüber notiert hat. Knarrpanti hat die inkriminierenden Aussagen über die herrliche Entführung säuberlich zusammengefasst und sieht Tyß hierdurch überführt.

Hoffmann karikierte hier mit seiner Knarrpanti-Episode niemand anderen als seinen ehemaligen polizeilichen Gegenspieler Kamptz. Dieser witterte eine Gelegenheit, mit dem aufsässigen Kammergerichtsrat abrechnen zu können, und setzte nun am 17. Januar 1822 den Polizeiagenten Dr. Georg Klindsworth nach Frankfurt zu Hoffmanns Verleger in Bewegung. So konnte das Unheil seinen Lauf nehmen.

In Frankfurt angelangt, setzte sich Klindworth mit dem dortigen preußischen Gesandten in Verbindung, der den Bürgermeister unter Druck setzte, woraufhin beim Verleger Willmanns die Probedruckbogen des „Meister Floh" und fünf Briefe Hoffmanns beschlagnahmt wurden. Hoffmann selber, der von der bevorstehenden Polizeiaktion erfahren hatte, hatte in einem der beschlagnahmten Briefe noch gebeten, die ihn belastenden Passagen aus dem gelieferten Manuskript zu entfernen – was jedoch nicht geschah. Solche Wünsche mussten natürlich verdächtig wirken.

Das beschlagnahmte Material wurde nach Berlin geschickt, wo es einer eingehenden Prüfung u.a. durch Kamptz unterzogen wurde. Der im „Meister Floh" Karikierte selber verfasste am 31. Januar 1822 ein ausführliches Gutachten[31], das folgendermaßen schließt:

„Es liegt daher vor, daß der Kammergerichtsrat Hoffmann 1) die Absicht gehabt und, soweit an ihm lag, erreicht hat, eine von des Königs

Majestät angeordnete Maßregel, zu deren Mitwirkung er selbst durch das allerhöchste Vertrauen mit berufen worden, öffentlich als lächerlich und als das Werk der niedrigsten persönlichen Motive darzustellen [...]; 2) dazu Stellen aus den ihm nur auf offizialen Wege bekannt gewordenen Akten [...] benutzt hat, so wie endlich 3) ein Mitglied der Ministerialkommission selbst als einen pflichtwidrigen kassationsfähigen Beamten dargestellt hat."

Geschickterweise hatte Kamptz auch den König selber als von Hoffmann literarisch angegriffen dargestellt. Diese taktische Finesse zahlte sich für den rachelüsternen Polizeidirektor sogleich aus. Friedrich Wilhelm III. ordnete durch persönliche Order gegenüber Kanzler Hardenberg die Vernehmung Hoffmanns an. Dieser war zu dieser Zeit bereits bettlägerig, was die Durchführung dieser behördlichen Maßnahme erschwerte.

Hoffmanns einflussreicher Freund von Hippel erkannte die Gefahr und bat nun den Schwiegersohn Hardenbergs, Fürst Pückler – einen Verehrer Hoffmanns –, um wohlwollende Intervention. Doch der Literaturfreund lehnte die brisante Fürsprache ab.

Obwohl Hoffmann aufgrund seiner schweren Erkrankung vernehmungsunfähig war, drängte Hardenberg auf eine Vernehmung des verdächtigen Autors. Sie erfolgte dann am 22. Februar 1822 durch seinen Vorgesetzten.

Hoffmann erklärte, dass sein Märchen vom „Meister Floh" nur die Laune seiner außerdienstlichen Muße und frei erfunden sei. Aus der Logik des Märchens ergebe sich, dass der Dichter eine solche Figur wie Knarrpanti habe auftreten lassen müssen, um der künstlerischen Ausgewogenheit willen. Ähnlichkeiten mit lebenden Personen seien unbeabsichtigt. Wer sie sucht, würde immer fündig werden, dagegen sei kein Autor geschützt, das sei schon vielen passiert. Wenn sich Polizeidirektor von Kamptz in dem Herrn Knarrpanti wieder zu erkennen glaube, so müsse er, Hoffmann, sich höchlichst wundern, und man müsse sich da dann wohl weitere Gedanken machen.[32]

Aus dem Protokoll[33] der Vernehmung ergab sich ein gleichermaßen groteskes wie positives Charakterbild des „Kammergerichts-Rath Hoffmann, der sich durch vorzügliche gründliche Arbeiten, in den allerwichtigsten Criminal-Sachen eben so sehr, als durch Ernst und würdiges Betragen in seinen Amtshandlungen ausgezeichnet hat, auch nicht einmal eine Spur seines comischen Schriftstellertalents blicken ließ."

Das freundliche Zeugnis über Hoffmann ließ sich nicht aus der Welt schaffen und barg für die ermittelnden Behörden ein Problem. Bereits Wochen vorher, am 4. Februar 1822, hatte Minister Friedrich von Schuckmann[34] gegenüber Karl August von Hardenberg inhaltlich völlig entgegengesetzt bekannt, dass man Hoffmann als einen „pflichtvergessenen, höchst unzuverlässigen und selbst gefährlichen Staatsbeamten habe kennen lernen können. Wenn man mit diesem Vergehen des Kammergerichtsrats Hoffmann sein bisheriges Benehmen in der Untersuchungs-Kommission [...] vergleicht und dabei auf sein früheres Betragen – indem er schon als Regierungsrat zu Posen auf das ganze Kollegium, dessen Mitglied er war, ein Pasquill gemacht haben soll – sowie auf seine schriftstellerische Tätigkeit Rücksicht nimmt; so kann über die offizielle und moralische Unwürdigkeit dieses Mannes ein Zweifel kaum obwalten."

Von einer möglichen Strafversetzung des Kammergerichts-Raths in die Provinz ist die Rede.

Die Widersprüchlichkeiten auf behördlicher Seite, verbunden mit der Gefahr einer öffentlichen Blamage für Kamptz – die bei einem weiteren Fortschreiten der Affäre noch auszuufern drohte – führte letztlich zu einer Teillösung: Der Verleger verpflichtete sich am 1. März 1822 gegenüber den preußischen Behörden zur Kürzung der Erzählung um das Knarrpanti-Kapitel. Der Verfasser selber wurde dazu nicht mehr gefragt. Daraufhin erhielt Willmanns einen Teil der Unkosten, die ihm durch die ganze Sache entstanden waren, von der preußischen Staatskasse ersetzt.

Trotz dieses glimpflichen – wenn auch literarisch unschönen – Endes fand der parodierte Kamptz noch immer ein Haar in der Ermittlungssuppe. In einem Kapitel von „Meister Floh" schreibt Peregrinus Tyß in sein Tagebuch: „Heute war ich leider mordfaul."

In einem beschlagnahmten Tagebuch des 1819 wegen demagogischer Umtriebe in Berlin verhafteten Studenten Gustav Asverus war das harmlose Wort „mordfaul" zu lesen gewesen. Der „Fall Asverus" war seinerzeit von Hoffmann zu bearbeiten gewesen. In dieser Übereinstimmung des zugegebenermaßen ungewöhnlichen Begriffs „mordfaul" in der Akte und im Märchen glaubte Kamptz ein mögliches Dienstvergehen feststellen zu können. Hatte der Dichter Hoffmann etwa unerlaubter Weise aus einen amtlichen Akteninhalt veröffentlicht?

Der Polizeidirektor benötigte insgesamt drei Monate, um sich zu überlegen, ob er wegen dieses Vorgangs gegen Hoffmann einschreiten sollte. Letztlich gelangte Kamptz selber zu der Einsicht, dass diese Angelegenheit zu wenig Substanz für ein behördliches Eingreifen bot. Und so verfügte er in einem Anflug ungewohnter Liberalität am 10. Mai 1822, den Vorgang „ad acta“ zu legen. Alles andere wäre wohl auch müßig und sinnlos gewesen, da E.T.A. Hoffmann sechs Wochen später, am 25. Juni 1822, starb.

Zuletzt hatte der gelähmte Schriftsteller noch die beiden Erzählungen „Des Vetters Eckfenster“ und „Die Genesung“ diktiert. Der Dichter hinterließ ein bedeutendes Gesamtwerk mit vor allem phantastischen und satirischen Romanen, Erzählungen und Märchen. Und er gewährte literarisch bis heute auch dem kleinkarierten preußischen Polizeidirektor Kamptz einen Platz in der Erinnerung der Nachwelt. Die von der Zensur gestrichenen Textstellen des „Meister Floh“ wurden erst 1906 von Georg Ellinger im Geheimen Staatsarchiv in Berlin entdeckt und 1908 von Hans von Müller[35] wieder herausgegeben.

FRIEDRICH VON SCHILLER
WIE EIN DEUTSCHER DICHTER FRANZOSE WURDE

> Die Ehre, die mir durch das erteilte französische Bürgerrecht widerfährt, kann ich durch nichts als meine Gesinnung verdienen, welche den Wahlspruch der Franken von Herzen adoptiert; und wenn unsere Mitbürger über den Rhein diesem Wahlspruch immer gemäß handeln, so weiß ich keinen schöneren Titel, als einer der ihrigen zu seyn.
>
> Friedrich von Schiller[36]

Es waren ausschließlich die Nachtstunden in den Jahren ab 1776, in denen sich ein multitalentierter junger Mann aus Marburg regelmäßig an die Niederschrift eines Theaterstückes begab, das deutsche Literaturgeschichte schreiben sollte. Der 17 Jahre alte heimliche Dichter lebte zu jener Zeit in einem Zimmer der Militärakademie Karlsschule, die damals noch im Schloss Solitude bei Stuttgart untergebracht war.

Gegen seinen und den Willen der Eltern – der Vater stand in Diensten des Herzogs Karl Eugen von Württemberg – war er durch den Landesherrn zum Eintritt in die Militärakademie mehr oder weniger gezwungen worden.

Für einen feingeistigen jungen Poeten waren diese Jahre in der Akademie mit ihrem menschenverachtenden Drill und ihrem dumpfen Gehorsamkeitspathos nur schwer zu ertragen. Während dieser für ihn äußerst schweren Zeit ging der Kadett zunächst seinem Rechtsstudium nach; später wechselte er das Fach und studierte Medizin, was er auch bis zum erfolgreichen Abschluss führte.

Das Drama, das der unglückliche Kadett in diesen Jahren verfasste, war 1779/80 größtenteils vollendet. Nach Abschluss der Karlsschulzeit 1780 wurde er als Militärarzt des Herzogs eingestellt; im Jahr darauf erschien das heimlich verfasste Bühnenstück unter dem Titel „Die Räuber. Ein Schauspiel".[37] Der Name seines Verfassers: Friedrich Schiller – damals noch ohne Adelszusatz, den er erst 1804 bekommen sollte.

In einer Auflage von 800 Exemplaren erschien das Drama im kostspieligen Selbstverlag, nachdem der Mannheimer Verleger Christian Friedrich Schwan das Werk als zu realistisch und zu drastisch empfand, um es in seinen Vertrieb zu übernehmen. Die Kosten des Selbstverlags für die „Räuber"-Erstauflage belasteten Schiller noch in den folgenden Jahren.

Für die zweite, verbesserte Auflage[38] im Mannheimer Verlag von Tobias Löffler verfasste Schiller eigens ein kurzes Vorwort; es trägt zudem die berühmte Löwenvignette mit den Worten „in tirannos" (gegen die Tyrannen), die offenbar nicht vom Dichter selber veranlasst worden war, ihm aber zusätzlich den Rang eines Dichters für die Freiheit einbrachte.

Am 13. Januar 1782 fand die erfolgreiche Uraufführung im Mannheimer Nationaltheater statt. Dem Stück, das nunmehr mit den vom Intendanten Wolfgang Heribert Freiherr von Dalberg geforderten Änderungen aufgeführt wurde, war ein überwältigender Erfolg beschieden.

Die Inszenierung wurde in Mannheim vielfach wiederholt und schnell von anderen Bühnen aufgegriffen. Ihre eigentliche Bühnen-Karriere haben Schillers „Räuber" jedoch der Berliner Bearbeitung Karl Martin Plümickes[39] zu verdanken.[40]

Die Mannheimer Bühnenfassung stellte im Grunde eine dritte von Schiller autorisierte Fassung des Stückes dar.[41]

„Die Räuber" fallen in die Epoche des Sturm und Drang, einer besonderen geistigen Bewegung in Deutschland von Mitte der sechziger bis Ende der achtziger Jahre des 18. Jahrhunderts. Das Drama trägt gleichzeitig Züge der zentralen geistigen Strömungen der Aufklärung und der Empfindsamkeit, die zur Zeit der Entstehung integrativ verlaufen und daher nicht deutlich voneinander abzugrenzen sind.

Schillers Stück ist „gegen eine (Väter-)Welt gerichtet, die, voller Mauern und Schranken gesellschaftlicher, politischer und kultureller Verfassung, jeder auf Freiheit und Selbstverwirklichung gerichteten Initiative des bürgerlichen Menschen schier unüberwindliche Schwierigkeiten in den Weg stellte. „Die Räuber" sind also ganz sicher ein rebellisches Stück voll revolutionärer Impulse, in dem es gärt und brodelt und das [...] die Unzufriedenheit der jungen Generation bürgerlicher Intellektueller mit ihren Lebensbedingungen inmitten einer feudal-absolutistisch bestimmten Umwelt zum Ausdruck brachte."[42] Kein Wunder also, dass das Stück im benachbarten Frankreich, in dem es gesellschaftspolitisch schon seit langem gärte, ebenfalls große Aufmerksamkeit erregte.

Fernab von deutschen Theaterbühnen hegten im Frankreich der Revolutionszeit die im Parlament mehrheitlich vertretenen Girondisten

1892 die Illusion, dass die anderen europäischen Völker nur auf ein Signal warteten, um dem Beispiel der Französischen Revolution zu folgen und ihre eigenen Könige und Fürsten zu stürzen. Da die Revolution in Frankreich das Werk des von philosophischen Schriftstellern erzogenen Bürgertums war, gingen die Girondisten ebenfalls von der Erwartung aus, dass die europäische Revolution von den Schriftstellern ausgelöst werde.[43]

Aus diesem Grunde trat der französische Dramatiker Marie-Joseph Chenier am 24. August 1892 vor die Nationalversammlung und verlas eine Petition[44] folgenden Inhalts: „Alle Menschen, die in den verschiedensten Weltgegenden die Wege der Freiheit vorbereiteten, seien als Verbündete des französischen Volkes zu betrachten, weil sie die Fundamente der Tyrannei untergrüben. Diese Wohltäter der Menschheit sollten daher zum Lohne zu französischen Bürgern erklärt werden, und einen Parlamentssitz erhalten."

Er hatte dabei 14 Namen aufgelistet und die Verdienste dieser Männer geschildert. Das war ein erster Vorstoß, der Anlass zu einer lebhaften Debatte unter den Teilnehmern gab.

Die Abgeordneten diskutierten in der Folge über die einzelnen Modalitäten einer Staatsbürgerschaft für Ausländer. Es sollte auch eine Liste derjenigen Ausländer erstellt werden, die für die französische Staatsbürgerschaft in Frage kamen.

Nach Auffassung des Abgeordneten Vergniaud sollte der Titel des französischen Bürgers denjenigen Ausländern gewährt werden, die durch ihre Schriften die Sache der Freiheit verteidigt hatten.

Der Abgeordnete Lasource warf die Bedenken auf, dass die betreffenden Ausländer nicht um das französische Bürgerrecht gebeten hätten, was die Gefahr einer Demütigung im Falle einer Ablehnung böte. Man solle den potentiellen Kandidaten daher nicht das Recht auf die Staatsangehörigkeit anbieten, sondern sie nur jenen verleihen, die darum bäten.

Ein weiterer Einwand durch den Abgeordneten Basire wies auf den Unterschied hin, der oftmals zwischen dem Inhalt einer Schrift und dem Geist seines Verfassers bestünde. Oft kenne man nur die Schriften der Schriftsteller, aber nicht ihre Herzen. Und Schrift und Herz stünden häufig in Widerspruch. Man dürfe sich die Sache nicht zu leicht machen.

Den mahnenden Stimmen widersprach der Abgeordnete Chabot: Wenn man den Österreichern, Preußen und Engländern, die in der französischen Armee kämpfen würden, nicht das französische Bürgerrecht rauben wollte, dann könnte für die ausländischen Philosophen nichts Anderes gelten. Letztere würden für die Freiheit und Gleichheit schließlich mit geistigen Waffen streiten. Auch in Amerika seien jene Ausländer eingebürgert worden, die sich im Unabhängigkeitskrieg für die amerikanische Sache eingesetzt hätten.

Es wurden zwischen den Befürwortern und den Gegnern noch weitere Argumente hin und her ausgetauscht. Am Ende jedoch einigte man sich auf eine gemeinsame Lösung[45]: „Die Versammlung beschließt, daß der Titel eines französischen Bürgers allen Philosophen gewährt wird, die so mutig waren, Freiheit und Gleichheit im Ausland zu verteidigen, und verweist die Sache an das Komitee für öffentlichen Unterricht, um alle Namen festzustellen, die die Ehre verdienen."

Bereits am 26. August 1792 verabschiedete die französische Nationalversammlung das entsprechende Gesetz, das namentlich die Personen aufführt, die eine französische Staatsbürgerschaft erhalten sollten. Es handelte sich um 17 Männer[46] aus sieben europäischen Nationen und Amerikas.

Die größte Zahl stellte England: Dr. Joseph Priestley (Chemiker), Jeremias Bentham (Philosoph), William Wilberforce und Thomas Clarkson als Vorkämpfer der Sklavenbefreiung, James Mackintosh (schottischer Philosoph) und David Williams, die beide die Französische Revolution gegen deren Erzfeind Edmund Burke verteidigt hatten.

Die USA stellten vier Namen: George Washington, Jean Hamilton, N. Maddison und Thomas Payne.

Den Staaten des Heiligen Römischen Reiches Deutscher Nation gehörten an: der Pädagoge Joachim-Heinrich Campe aus Braunschweig, der Preuße Jean-Baptiste Baron v. Cloots (genannt Anarchasis Cloots), ein schwärmerischer Befürworter der Revolution, sowie der in Hamburg lebende Dichter Friedrich Gottlieb Klopstock wegen seiner Revolutions-Ode.

Je einen Vertreter stellten die deutschsprachige Schweiz (N. Pestalozzi), Italien (N. Gorani, Philosoph), die Niederlande (Cornelius Pauw) und Polen (Thaddäus Kosciuszko).

Ein Name fehlte in der Liste, auf den der elsässische Abgeordnete Philipp Jacques Rühl laut Sitzungsprotokoll[47] sofort hinwies: „Herr Rühl bittet, daß ‚sieur Giller', der deutsche Publizist, in die Liste derer, denen die Versammlung soeben den Titel eines französischen Bürgers verliehen hat, aufgenommen werde."[48]

Das stenografische Protokoll hatte den Namen Schiller französisch phonetisch zu Giller transkribiert. Der Bitte wurde offenkundig vor allem wegen des Räuber-Stücks entsprochen, so dass es mit Schiller also insgesamt 18 Ausländer waren, denen die Ehre der französischen Staatsbürgerschaft zuteil werden sollte.

Rühl war einer von 38 Vertretern des Departements Bas-Rhin (Niederrhein) in der Nationalversammlung. Er hatte sich als ein sehr engagierter Abgeordneter hervorgetan, der in der Nationalversammlung immer wieder das Wort ergriff, immer wieder Eingaben machte und mit seinen parlamentarischen Aktivitäten erfolgreich war. Offenbar kannte Rühl Schillers Drama „Die Räuber“ und es ist auch nicht ausgeschlossen, dass er zehn Jahre vorher in Mannheim der Uraufführung beigewohnt hatte.

Das Stück wurde seinerzeit jedenfalls auch auf Frankreichs Bühnen gespielt. Erst ein halbes Jahr zuvor, am 10. März 1792, waren „Die Räuber“ unter dem Titel „Robert, Chef des Brigands“ in Paris im Theâtre du Marais aufgeführt worden. Die Aufführung stellte allerdings eine propagandistisch zugespitzte Bearbeitung des Elsässers J. H. F. Schwindenhammer (Pseudonym: La Martellière) dar, der die Räuber Jakobinermützen tragen und in langen Tiraden Revolution predigen ließ.[49] Die französische Lesart des Stückes sah jedenfalls in der Gestalt von Karl Mohr den Freiheitskämpfer gegen die Tyrannei.

In der Ausfertigung des Gesetzes am 6. September 1792 heißt es: „Ein Mitglied bittet, daß ‚sieur Gillé?‘, deutscher Publizist, in die Liste derer, denen die Versammlung soeben den Titel eines französischen Bürgers verliehen hat, aufgenommen werde; dieser Antrag ist angenommen.“

Die verballhornte Schreibweise des Namens Schiller findet sich so im entsprechenden Gesetzestext. Dieses „Gesetz, welches mehreren Ausländern den Titel eines Französischen Bürgers verleiht“, wurde am 6. September 1792 ausgefertigt. Es wurde noch mit dem Siegel Ludwig XVI. versehen, da die Monarchie erst am 22. September 1792 abgeschafft wurde.

Am 9. Oktober 1792 beschloss der neu gewählte Nationalkonvent, den neuen Bürgern eine Abschrift des Gesetzes zu übersenden. Am nächsten Tage führte der erste Innenminister der Republik, Jean-Marie Roland de La Platière, dies aus und fügte je einen gedruckten Begleitbrief bei.

Natürlich stellt sich die Frage, ob eine Einbürgerung von Ausländern – zumal ohne deren Wissen und Einverständnis – verfassungsrechtlich überhaupt zulässig war. Lag hier gar eine Zwangseinbürgerung vor?

Wie der Begleitbrief[50] aus der Feder des Innenministers zeigt, stellte die Verleihung der Staatsbürgerschaft nur ein Angebot dar, das der Erwählte annehmen oder ablehnen konnte. Die entsprechende Passage des Briefes lautet: „Bitte bestätigen Sie den Empfang des Briefes, damit die Nation weiß, daß das Gesetz bei Ihnen angekommen ist und daß ‚vous comptez également les Français parmi vos Frères.'"

Mit der Bestätigung sollten die Betreffenden demnach nicht nur den Empfang der Verleihung quittieren, sondern ihr überhaupt erst zustimmen. Eine Zwangseinbürgerung lag damit nicht vor.

Dennoch blieb das Problem, dass 16 der 18 Ausländer keine der üblichen Voraussetzungen zur Erlangung der französischen Staatsbürgerschaft vorweisen konnten: So sah die Verfassung nicht nur das Vorhandensein eines 5 Jahre bereits bestehenden Inlandswohnsitzes vor, sondern auch, dass der betreffende „Neustaatsbürger" entweder Grundbesitz, Geschäftsniederlassung oder die Ehe mit einer Französin vorweisen konnte. Eine bzw. mehrere dieser Voraussetzungen erfüllten lediglich Payne und Cloots, nicht jedoch Schiller und die anderen 15 Kandidaten.

Auf der anderen Seite entwickelte sich gerade damals zur Revolutionszeit der Gedanke, dass bei einem Ausländer auch die politische Übereinstimmung, dementsprechende Verdienste und sein Wille zur Angehörigkeit zum französischen Volk eine Einbürgerung im neuen Frankreich zuließen, selbst wenn die sonstigen Voraussetzungen fehlen sollten.

Vom Standpunkt der französischen Revolution aus war daher ein Internationalismus im Entstehen, der die Verleihung der Bürgerrechte an die 18 Ausländer als konsequent erscheinen ließ – zumal es sich um einen einmaligen Akt und sorgfältig ausgewählte Personen handelte, die zudem ihre bisherige Staatsangehörigkeit nicht aufzugeben brauchten.[51]

Völkerrechtlich stand der Verleihung demnach nichts entgegen. Bleibt noch die Frage, ob es sich nur um eine „Ehrenbürgerschaft" handelte oder ob man den 18 Ausländern einen Status als vollwertige Bürger Frankreichs mit Wahlrecht und allem zugestehen wollte?

Aus der Präambel des „Ehrenbürgerschaft"-Gesetzes geht hervor, dass bei den 18 Ausländern von „titre de citoyen francais" gesprochen wird. Es handelt sich dabei um einen Rechtstitel, der den Status eines Vollbürgers verleiht. Es war das ausdrückliche Ziel der Verleihung, den

Betreffenden die Möglichkeit zu verschaffen, Deputierte im künftigen Nationalkonvent zu werden. Um dort aber das passive Wahlrecht in Anspruch nehmen zu können, bedurfte es der unbeschränkten Staatsangehörigkeit, so dass es sich also um die Verleihung einer vollständigen Staatsbürgerschaft handelte.

Von den geschilderten gesetzgeberischen Aktivitäten im revolutionären Frankreich wusste Schiller zunächst einmal nichts. Anders als Campe und Klopstock, die die Französische Revolution begrüßten, gehörte Schiller eher zu den interessierten, aber abwartenden Beobachtern. Es lassen sich keinerlei Glorifizierungen oder Hymnen auf die Vorgänge in Paris in seinen Schriften und brieflichen Äußerungen finden, wohl aber Kritik.

Auf jeden Fall muss er gut über die Vorgänge in Frankreich informiert gewesen sein, denn er las einmal die begeisterten Berichte aus Frankreich seines alten schwäbischen Bekannten Karl Friedrich Reinhard, der mit den Girondisten aus Bordeaux aktiv am Pariser Revolutionsgeschehen teilnahm und später nicht nur französischer Diplomat, sondern für kurze Zeit 1799 sogar französischer Außenminister wurde. Außerdem waren Schiller die in seiner Umgebung von Wieland im Teutschen Merkur herausgegebenen Aufsätze und Kommentare zur Revolution vertraut. Und ab Herbst 1792 zählte er zu den regelmäßigen Lesern des Pariser Moniteur, der wichtigsten französischen Tageszeitung dieser Jahre. Über den Moniteur schrieb er[52] im November 1792 an seinen Freund Körner: „Man hat darin alle Verhandlungen in der Nationalkonvention im Detail für sich, und lernt die Franzosen in ihrer Stärke und Schwäche kennen."

Schiller plante 1792 eine Geschichte der Reformation, was durchaus im Trend der Zeit lag, denn in diesen Jahren wurde von deutschen Publizisten die Reformation auch als religiöse Revolution des 16. Jahrhunderts apostrophiert. Schiller soll damals sogar an eine Parisreise gedacht haben. Auf jeden Fall erwog er Ende 1792, sich in einem Memorial für Ludwig XVI. einzusetzen. Die Hinrichtung des französischen Königs am 21. Januar 1793 nahm er wie viele andere Deutsche mit Entsetzen zur Kenntnis. Welche Haltung er dann im Herbst 1793 zur Revolution einnahm, bekunden einige Zeugnisse über die Reise in seine schwäbische Heimat.

Der Heilbronner Senator Christian Ludwig Schübler[53] überlieferte: „Es wurde viel von Frankreich gesprochen, von Mainz, von den Emigranten. Schiller sprach sich sehr vorsichtig, und wie es schien, unleidenschaftlich aus [...]."

Schillers Landsmann und Freund Friedrich Hoven notierte über den Schiller-Besuch: „Vom dem französischen Freiheitswesen, für welches ich mich so sehr interessierte, war Schiller kein Freund. Die schönen Aussichten in eine glücklichere Zukunft fand er nicht. Er hielt die französische Revolution lediglich für die natürliche Folge der schlechten französischen Regierung, der Üppigkeit des Hofes und der Großen, der Demoralisierung des französischen Volkes, und für das Werk unzufriedener, ehrgeiziger und leidenschaftlicher Menschen [...].“[54]

Der Gesetzestext und der Brief Rolands sollten Schiller zugleich mit den Diplomen Campes und Klopstocks während des rheinischen Feldzuges von dem republikanischen General und ehemaligen Marquis Custine zugestellt werden. Die Dokumente blieben jedoch in Straßburg liegen und wären möglicherweise für immer verloren gegangen, wenn sich nicht Custines einstiger Adjutant Andreas Meyer im Februar 1798 an das herrenlose Paket an die „deutschen Franzosen“ erinnert hätte. Er sandte es an den französischen Gesandtschaftssekretär Georg Peter Dambmann in Rastatt mit der Bitte um weitere Beförderung. Einen Begleitbrief an Campe und Schiller legte er bei. Dambmann sandte die drei Diplome an Campe nach Braunschweig mit der Bitte an, die Diplome Schillers und Klopstocks an diese weiterzuleiten. Der Grund für diesen Umweg der Zustellung lag darin, dass man Schillers und Klopstocks Wohnsitz nicht kannte. Campe übernahm es nun, die Diplome weiterzusenden – im Falle Schillers an dessen damalige Jenaer Adresse, wo das Dokument am 1. März 1798 eintraf.[55]

Nach Erhalt der Urkunde schrieb Schiller[56] an Goethe daraufhin am 2. März 1798: „Gestern habe ich nun im Ernst das französische Bürger Diplom erhalten, wovon schon vor fünf Jahren in den Zeitungen geredet wurde. Es ist damals ausgefertigt und von Roland unterschrieben worden. Weil aber der Name falsch geschrieben und nicht einmal eine Stadt oder Provinz auf der Adresse stand, so hat es freilich den Weg nicht zu mir finden können. Ich weiß nicht, wie es jetzt noch in Bewegung kam, aber kurz, es wurde mir geschickt und zwar durch Campe in Braunschweig, der mir bei dieser Gelegenheit die schönsten Sachen sagt. Ich halte dafür, es wird nicht ganz übel seyn, wenn ich es dem Herzog notifiziere, und um diese Gefälligkeit ersuche ich Sie, wenn es Sie nicht beschwert. Ich lege deßwegen die Acty bey. Daß ich als deutscher Publicist kat' exochen[57] darin erscheine, wird Sie hoffentlich auch belustigen.“

Die Antwort Goethes[58] erfolgte bereits am nächste Tag: „Zu dem Bürgerdekret […] kann ich nur insoferne Glück wünschen, als es Sie noch unter den Lebendigen angetroffen hat".

Die makaber anmutende Formulierung zielte darauf, dass mittlerweile alle entscheidenden Personen auf französischer Seite (u.a. Danton oder auch Roland und Custine) nicht mehr lebten, sondern längst guillotiniert worden waren.

Auf diesen Umstand wies Schiller[59] auch in seinem Dankschreiben an Campe vom 2. März 1798 hin: „Empfangen Sie meinen aufrichtigen Dank für Ihr verbindliches Schreiben, das mich, nebst seinem übrigen Inhalt, sehr angenehm überrascht hat. Die Ehre, die mir durch das erteilte französische Bürgerrecht widerfährt, kann ich durch nichts als meine Gesinnung verdienen, welche den Wahlspruch der Franken von Herzen adoptiert; und wenn unsere Mitbürger über den Rhein diesem Wahlspruch immer gemäß handeln, so weiß ich keinen schöneren Titel, als einer der ihrigen zu seyn. Der lange Zeitraum, der zwischen Ausfertigung meines Bürgerdiploms und dem gegenwärtigen Momente verstrichen ist, setzt mich in einige Verlegenheit, gegen wen ich eigentlich meinen Dank dafür bezeugen soll, da keiner von denen, die das Gesetz und die Ausfertigung unterschrieben haben, mehr zu finden ist."

In einem weiteren Brief vom 9. März bestätigte Schiller gegenüber Campe ausdrücklich den Erhalt der Urkunde über seine französische Ehrenbürgerschaft. Campe wiederum bestätigte gegenüber dem Rat der 500 in Paris diesen Vorgang.

Da Schiller durch die Annahme der Urkunde formal die verliehene Staatsbürgerschaft annahm, war diese damit völkerrechtlich wirksam erfolgt.

Schiller beabsichtigte, das Bürgerdiplom der herzoglichen Bibliothek in Weimar zu überlassen, jedoch eine attestierte Abschrift für den Fall zu erbitten, dass sich einmal seine Kinder in Frankreich niederlassen und dieses Bürgerrecht für sich reklamieren wollten.

In dem Ernennungsdokument ist vom citoyen français, also dem französischen Bürger Friedrich Schiller die Rede. Nach dem zeitgenössischem Rechtsverständnis bedeutete dies die Position eines mit allen politischen Rechten ausgestatteten Staatsbürgers Frankreichs.

Demzufolge ist zu Schillers württembergischer Staatsangehörigkeit die französische Nationalität hinzugetreten – er war Inhaber einer doppelten Staatsbürgerschaft geworden. Eine solche Duplizität war zu jener

Zeit durch das in Anfängen stehende, erst ab 1818 – beginnend in Bayern – schrittweise kodifizierte Staatsangehörigkeitsrecht der einzelnen deutschen Länder nicht von vornherein ausgeschlossen gewesen. So schweigt auch das 1859 verkündete Gesetz des Großherzogtums Sachsen-Weimar-Eisenach zur Frage der Doppelstaatsbürgerschaft, duldet sie jedoch zumindest.[60]

Der Dichter hatte vier Kinder: Karl Friedrich Ludwig, Ernst Friedrich Wilhelm, Karoline Luise Friederike und Emilie Henriette Luise. Grundsätzlich galten nach Art. 2 der Verfassung von 1791 als Franzosen alle in Frankreich geborenen Abkömmlinge französischer Väter. Im Ausland geborene Kinder französischer Väter wurden hingegen erst französische Bürger, wenn sie sich in Frankreich niedergelassen und den Bürgereid geleistet hatten. Das im Ausland geborene Kind eines französischen Vaters musste somit erst einmal Antrag auf Einbürgerung stellen

Anders verfuhr der durch Gesetz vom 21. März 1804 eingeführte Code civil, zwischen 1853 bis 1871 auch Code Napoleon genannt. Dessen Art. 10 Abs. 1 manifestierte den Abstammungsgrundsatz. Von nun an galt jedes im Ausland von einem Franzosen abstammende Kind als Franzose. Im Gegensatz zu ihren Geschwistern, die alle vor Inkrafttreten des Gesetzes geboren worden waren, erlangte damit auch Schillers jüngstes, 1804 geborenes Kind, Emilie Henriette Luise, die französische Staatsbürgerschaft. Sie war durch Geburt Französin, natürlich zugleich Staatsbürgerin des Herzogtums Sachsen-Weimar-Eisenach geworden.

Schillers älteren Kindern hatte freigestanden, die französische Staatsangehörigkeit auf Antrag zu erwerben, was sie jedoch nicht taten. Emilie Schiller heiratete später den bayerischen Freiherrn Adelbert v. Gleichen-Rußwurm. Die gemeinsamen Kinder wurden bayerische Staatsbürger, da sich die Staatsbürgerschaft der Kinder alleine an der des Vaters orientierte. Damit endete die französische Schiller-Linie.

LUDWIG THOMA
DIE KUNST DES BELEIDIGENS

Er war ein guter Jurist und auch sonst
von mäßigem Verstand.

Ludwig Thoma[61]

Recht und Humor bilden auf den ersten Blick zwei sich ausschließende Lebenskomponenten, und kommt dann auch noch die Literatur hinzu, scheint eine komplette Melange der Unvereinbarkeit zusammenzutreffen. Der juristische Alltag belehrt den unbefangenen Betrachter jedoch stets eines Besseren. Mancher Richter beweist dies u.a. beispielsweise durch die Verkündung lyrischer Urteilssprüche, wie folgenden:

„Gibt der Beklagte vor Gericht
Weiter, quasi als Bericht,
dass er von Dritten mehrfach hörte,
wie die Klägerin sehr störte
durch ihr sittliches Betragen
ohne dies zu hinterfragen,
so ist dies sein gutes Recht.
Um die Klage steht es schlecht:
Schmerzensgeld, das gibt es nicht
und auch keine Schweigepflicht.“[62]

Von derlei humorvollen Literaturergüssen bietet die Justiz eine Vielzahl meist wenig beachteter Beispiele – gelegentlich veröffentlicht in diversen Fachzeitschriften. Dies zeigt vor allem, dass Juristen nicht immer nur staubtrockene Dompteure im Paragrafendschungel sind, sondern viele von ihnen auch Humor und den Hang zum Literarischen besitzen.

Auf der anderen Seite – wenn auch nicht sehr oft – findet sich Literatur plötzlich vor den Schranken der Justiz. Es sind dabei nicht immer voluminöse gesellschaftskritische Meisterwerke wie Klaus Manns „Mephisto“ oder skandalträchtige Lyrikbände wie Charles Baudelaires „Les Fleurs du Mal“. Nein, es sind gelegentlich auch kurze Zitate aus an sich harmlosen und humoristischen Kurzprosawerken, die für juristische Aufregung sorgen können.

So geschehen auch am Abend des 22. November 2006.

An jenem Tag fand bei der Firma S. E. AG im baden-württembergischen Sch[...] eine Betriebsversammlung der IG Metall statt.

Anwesend bei dieser Versammlung war auch ein Gewerkschaftssekretär der IG Metall aus Freiburg. Auf dieser vom Betriebsrat einberufenen Versammlung sprach zunächst der Betriebsratsvorsitzende zum Thema Zahlung von Zuschlägen an die Belegschaft. Er kündigte an, dass der Betriebsrat die Angelegenheit zur Prüfung einem Rechtsanwalt übergeben wolle. In dem darauf folgenden Referat des Vorstandsmitglieds der Firma wurde dieses Thema nicht angesprochen. Der IG Metall-Vertreter griff deshalb in seinem anschließenden Redebeitrag das Thema der Zahlung von Zuschlägen wieder auf. Was dann geschah, lässt sich in allen Einzelheiten nicht mehr exakt rekonstruieren. Jedenfalls wurde es laut und streitig zwischen den Beteiligten, und irgendwann erklärte der Gewerkschaftssekretär, er halte es mit dem Dichter Kurt Tucholsky, der bereits gesagt habe: „Er war Jurist und auch sonst von mäßigem Verstand."

Getroffen fühlte sich mit diesem Zitat der ebenfalls anwesende Geschäftsführer des Arbeitgeberverbandes, dem die Firmenführung angehörte, und der zugleich Jurist war und speziell den schönen Beruf des Rechtsanwalts ausübte. Da er keine besondere Vorliebe für humoristische Literaturzitate besaß – zumal nicht, wenn er sie auf seine Person angewandt glaubte –, forderte er den Gewerkschaftssekretär mit einem Schreiben vom 28. November 2006 auf, eine Unterlassungserklärung auszufüllen und bis zum 4. Dezember unterschrieben an ihn zurückzusenden. Die Unterlassungserklärung[63] sah u.a. die Verpflichtung vor, „es ab sofort zu unterlassen, auf Herrn Dr. K. das Tucholsky-Wort ‚Er war Jurist und auch sonst von mäßigem Verstand' anzuwenden und öffentlich zu verlautbaren [...]".

Das Justitiariat der Freiburger Verwaltungsstelle der IG Metall äußerte sich sodann, dass man keine Veranlassung sehe, ihrem Mitarbeiter zu raten, die übersandte Verpflichtungserklärung zu unterzeichnen. Der Gewerkschaftssekretär tat wie ihm geraten wurde. Und so kam, was wohl kommen musste: Der sich beleidigt fühlende Rechtsanwalt reichte eine Unterlassungsklage beim Arbeitsgericht Freiburg ein, das sich zunächst als unzuständig ansah und den Rechtsstreit an das Amtsgericht Oberndorf am Neckar verwies.

Der verklagte Gewerkschaftssekretär legte daraufhin beim Landesarbeitsgericht Baden-Württemberg in Stuttgart am 12. Februar 2007 eine sofortige Beschwerde ein, da er in dem Streit eine durchaus arbeitsgerichtliche Streitigkeit erblickte.

Zur Sache selber gab er u.a. an, dass er den „Kläger gerade nicht persönlich angegriffen habe, sondern lediglich zum Ausdruck gebracht habe, dass er kein Verständnis dafür habe, dass den Arbeitnehmern bestimmte Vergütungen nicht gezahlt würden, während sich zwei Anwälte kostspielig über Schichtzuschläge streiten sollten. Der Beklagte habe gemeint, dass das Geld, welches die Anwälte kosten würden, besser für die Spätschichtzuschläge der Kolleginnen und Kollegen verwendet werden solle. Im Übrigen habe er geäußert, er halte es mit Kurt Tucholsky. Dieser habe einst gesagt, er – Tucholsky – sei Jurist und auch sonst von mäßigem Verstand. Auch aus dem Verhalten des Beklagten während des weiteren Verlaufs seiner Rede ergäbe sich, dass der Kläger nicht persönlich gemeint gewesen sei. Der Beklagte habe am Mikrofon erklärt, sollte jemand im Raum sein Zitat so verstanden haben, dass er damit den Kläger gemeint habe, so würde er sich dafür bei Herrn Dr. K. entschuldigen. Bei Herrn Tucholsky entschuldige er sich dafür aber nicht. Hätte der Beklagte den Kläger persönlich gemeint, so hätte er keineswegs stehenden Fußes in der Versammlung erklärt, dass er sich bei Herrn K. entschuldigen würde, falls hier jemand ein Missverständnis gehabt hätte.“[64]

Die Stuttgarter Arbeitsrichter verhandelten am 24. Mai 2007 nun über der Frage, ob der arbeitsgerichtliche oder der zivilrechtliche Weg der richtige sei, um den vorliegenden Fall zu entscheiden.

Neben dieser prozessualen Rechtsfrage, die es zu klären galt – bevor es entweder in Freiburg beim Arbeitsgericht oder in Oberndorf beim Amtsgericht weitergehen sollte –, trat das Gericht in eine literaturhistorische Prüfung ein.

Es stellte dabei rasch fest, dass der Satz „Er war ein Jurist und auch sonst von mäßigem Verstand“ erstens fehlerhaft war und zweitens nicht von Kurt Tucholsky stammte.

Der Journalist und Schriftsteller Kurt Tucholsky zählte zu den bedeutendsten Publizisten der Weimarer Republik. Als politisch engagierter Journalist und zeitweiliger Mitherausgeber der Wochenzeitschrift „Die Weltbühne“ erwies er sich als Gesellschaftskritiker in der Tradition Heinrich Heines. Zugleich war er Satiriker, Kabarettautor, Liedtexter, Romanautor und Lyriker. Er verstand sich selbst als linker Demokrat, Pazifist und Antimilitarist und warnte vor rechten Tendenzen – vor allem in Politik, Militär und Justiz – und vor der Bedrohung durch den Nationalsozialismus.

Und der Name Tucholsky stand seit jeher auch für „beleidigungsfähige" Literaturzitate. Ende 1931 wurde der spätere Friedensnobelpreisträger Carl von Ossietzky u.a. angeklagt, weil er den Tucholsky-Satz „Soldaten sind Mörder"[65] gebraucht hatte. Ein Gericht wertete im Juli 1932 diesen Satz jedoch nicht als Verunglimpfung der Reichswehr und sprach von Ossietzky frei. Da Tucholsky im Ausland lebte, war gegen ihn auf eine Anklageerhebung verzichtet worden. Auch die Gerichte der Bundesrepublik Deutschland mussten sich immer wieder mit dem öfter verwendeten Tucholsky-Zitat im Rahmen von Beleidigungsverfahren beschäftigen.

Doch im vorliegenden Fall lag die Sache denn doch anders. Das Landesarbeitsgericht Baden-Württemberg stellte vielmehr fest, dass das inkriminierte Zitat von Ludwig Thoma stammte und außerdem – korrekt wiedergegeben – heißen musste: „Er war ein guter Jurist und auch sonst von mäßigem Verstand."[66]

Der bayerische Dichter Ludwig Thoma gehört mit seinen „Lausbubengeschichten" und anderen Romanen und Erzählungen zu den erfolgreichsten und bekanntesten volkstümlichen Schriftstellern deutscher Sprache. Ebenso wie Kurt Tucholsky und mancher andere Dichter war auch Thoma Jurist. Er besaß trotz oder vielleicht auch wegen seines Ausbildungsweges zeitlebens ein recht gestörtes Verhältnis zur Justiz. Ab 1894 praktizierte er als Rechtsanwalt in Dachau und ließ einen Gönner wissen: „Ich habe ein sehr entwickeltes Phäakengemüt und ich versichere Sie, daß, wenn meine Geschwister nicht wären, so würde ich etwas tun, über was alle Gesitteten und ordentlich Denkenden ein großes Lamento anschlügen. Ich wäre imstande, meine sogenannte ‚gute Zukunft' mit dem leichtesten Herzen aufzugeben. [...] Das bißchen Brot würde ich mir durch Schriftstellerei zu verdienen suchen und, ginge es nicht, durch ehrliche Arbeit. Lieber ein Schifferknecht, Holzknecht usw. als diese öde, öde Tätigkeit. [...] Wenn so ein Bursch sonnenverbrannt in meine Kanzlei kommt und so dumm, gutmütig die Taler zählt, so denke ich mir oft: der legt dir die Arbeit von Monaten auf den Tisch, und du streichst sie für eine Stunde Federfuchserei ein [...]."[67]

Lediglich fünf Jahre ging Thoma dieser „Federfuchserei" nach. 1897 übersiedelte er schließlich nach München, wo er sich fortan dem Journalismus und vor allem der Schriftstellerei widmete. Seine allergische Grundhaltung gegen die Justiz brach sich nun vornehmlich im Miesbacher Anzeiger und in der Satirezeitschrift Simplicissimus eine literarische Bahn:

In der Glosse „Der Einser“[68] heißt es: „Denn Amesreiter war ein sogenannter glänzender Jurist, hatte das Staatsexamen mit I gemacht und war sohin zeugungsunfähig.“

Und in „Einst und jetzt“[69] dichtet Thoma:

„Bezahlter Richter ist ein Knecht,
Ist immer Knecht,
Er dreht sich wie der Hahn sich dreht,
Der auf dem Kirchturm oben steht,
Ganz oben steht.
Der Richter wedelt mit dem Schweif:
Das deutsche Volk ist endlich reif,
Ist endlich reif.“

Natürlich kollidierte Ludwig Thoma mit seiner literarischen Rüpelei gegen die Justiz immer wieder mit deren Vertretern, insbesondere den Staatsanwaltschaften. Zahlreiche juristische Verfahren begleiteten daher seine Laufbahn als Schriftsteller.

Nachdem das Landesarbeitsgericht festgestellt hatte, dass das erwähnte Zitat nicht von Kurt Tucholsky, sondern der Kurzprosa „Der Vertrag“ von Ludwig Thoma entnommen war, ging es der Frage nach, wer auf Grund dieses Zitierfehlers beleidigt sein könnte: „Einen Grund, beleidigt zu sein, hätte vor allem Dr. jur. Kurt Tucholsky, dem ein Zitat von Ludwig Thoma in den Mund bzw. den literarischen Nachlass geschoben wurde. Aber auch Ludwig Thoma könnte sich ebenso mit Recht gekränkt fühlen, denn seine ironische Sprachschöpfung wurde durch die unvollständige Zitierung durch den Beklagten ihres selbstkritischen Witzes beraubt.“[70]

Zur Beurteilung des Falles genügte dem Landesarbeitsgericht jedoch nicht nur das Zitat als solches; es ließ vielmehr die ganze Geschichte in die Bewertung mit einfließen:

Das prozessrelevante Zitat stammte konkret aus Ludwig Thomas Kurzgeschichte „Der Vertrag“[71], die erstmalig 1901 im Simplicissimus veröffentlicht worden war. Die Geschichte wird bereits mit dem Satz eingeleitet: „Der königliche Landgerichtsrat Alois Eschenberger war ein guter Jurist und auch sonst von mäßigem Verstande.“

Besagter Landgerichtsrat Eschenberger war ein so genannter examinierter Brucheinser-Jurist, also ein Spitzenabsolvent seiner Zunft, was ihm in Bayern nach Thomas sarkastischer Meinung einen Freibrief für jede Form der Dummheit bescherte.[72] Eschenberger verkaufte an den Tändler Michael Klampfner seine alte Bettwäsche. Dabei leitete der Jurist die Vertragsverhandlungen wie folgt ein: „So? Sie wollen also gegen Hingabe des Preises die Ware erwerben?"

Der Landgerichtsrat prüft anschließend die Geschäftsfähigkeit seines Vertragspartners und beharrt schließlich – ganz juristisch, wie nicht anders zu erwarten – auf einer „schriftlichen Verlautbarung" des Vertrags, wohl wissend, dass der Vertrag auch formlos hätte abgeschlossen werden können. Versehentlich übergibt Eschenberger dann dem Sohn des Käufers statt der alten die neue Wäsche. Der auf diese Weise begünstigte Tändler ist zu einem Rücktausch „neu gegen alt" nicht bereit. Thoma lässt die Geschichte mit den Worten enden: „Dies geschah dem königlichen Landgerichtsrat Alois Eschenberger, welcher seiner Zeit einen Brucheinser erhalten hatte."

Thoma führte dem Leser mit seiner Kurzprosa vor allem die Praxisfremdheit und „Alltagsdummheit" des Brucheinserjuristen Eschenbergers vor Augen.

Alle juristischen Vorsichtsmaßnahmen nutzen aber am Ende nichts, als Eschenberger dann die falsche Wäsche übergibt. Darin vermochten die Richter noch nicht wirklich Beleidigendes zu erblicken. Sie konstatierten weiter, dass der Kläger Anstoß daran genommen habe, dass der Beklagte bei seiner Zitierung das Wort „guter" habe entfallen lassen. Darin mochte auch eine grobe Ungehörigkeit zu erblicken sein. Ähnliches ließe sich über die Passage, er sei „von mäßigem Verstand", sagen. Jedoch empfanden es die Richter als entschärfend und zugleich humoristisch-selbstkritisch, dass „es uns Juristen im Allgemeinen bekannt (ist), dass wir ob unseres gewählten Berufes und einer damit verbundenen geistigen Prägung gelegentlich als Objekt des Spottes herhalten müssen."[73]

Insgesamt gelangten die Stuttgarter Arbeitsrichter zu dem Schluss, dass sich der beleidigende Inhalt der behaupteten Ausführungen des Beklagten in Grenzen halte. Sollte sich der Sachverhalt so darstellen wie vom Beklagten geschildert, erschien es dem Landesarbeitsgericht als unwahrscheinlich, dem Vorgang einen beleidigenden Charakter zuzusprechen. Das Gericht erklärte jedoch den arbeitsgerichtlichen Rechtsweg als unzulässig, wies die Beschwerde des Gewerkschaftssekretärs ab und gab den Fall an die Zivilgerichtsbarkeit ab. Vom Amtsgericht Oberndorf hörte man allerdings bis zum heutigen Tage nichts mehr von einer Fortsetzung des Rechtsfalles. Und so stellt dieser Fall am Ende ein vortreffliches Beispiel für eine amüsante Kombination aus Recht, Humor und Literatur dar.

HINTER SCHLOSS UND RIEGEL

HINTER SCHLOSS UND RIEGEL

In der Kunst-, Musik- und Literaturgeschichte gibt es viele bedeutende Künstler, die Straftaten begingen, verhaftet wurden und in Zuchthäusern oder Gefängnissen einsaßen. Einer der größten Maler des 16./17. Jahrhunderts zum Beispiel, Caravaggio, besaß einen ausgeprägten Hang zu exzessiven Prügelorgien, die gelegentlich auch mit dem Tode eines Menschen endeten. Er wurde häufig festgenommen und einmal auch wegen Totschlags inhaftiert. Er konnte allerdings aus der Haft entfliehen und starb auf der Flucht.

Ein Beispiel ist auch Jean Genet, einer der großen Dichter des 20. Jahrhunderts. Im Säuglingsalter von seiner Mutter – einer Prostituierten – der Fürsorge übergeben, quälte er sich schon in seiner Jugendzeit als Strichjunge, vagabundierender Dieb, Zuhälter und Kleinstkrimineller durch sein Leben. Sein erstes Buch Tagebuch eines Diebes schrieb er im Gefängnis. Auf die Frage, warum er nie einen Mord begangen habe, antwortete Genet[74]: „Wahrscheinlich, weil ich meine Bücher geschrieben habe."

Ähnliches könnte auch Goethe[75] gesagt haben, der in seinen Lebenserinnerungen feststellte: „Wenn ich nicht nach und nach, meinem Naturell gemäß, diese Luftgestalten und Windbeuteleien zu kunstgemäßen Darstellungen hätte verarbeiten lernen, so wären solche aufschneiderische Anfänge gewiss nicht ohne schlimme Folgen für mich geblieben."

Darin lag sehr viel selbstkritische Analyse für einen vornehmen Geheimrat im ehrwürdigen Weimar, möchte man meinen. Und er stand mit seiner Vermutung über einen engen Zusammenhang zwischen Dichtung und Kriminalität nicht alleine.

In der Frühzeit der deutschen Kriminologie zu Beginn des 20. Jahrhunderts wurde die These vertreten, dass sich Kunst und Kriminalität aus der selben psychologischen Wurzel speisen, was zu der kuriosen Schlussfolgerung führt, dass zum Beispiel Thomas Mann möglicherweise als Gauner auffällig geworden wäre, hätte er keinen Weg gefunden, seine potentielle kriminelle Energie literarisch etwa durch den „Hochstapler Felix Krull" kompensieren zu können. Inzwischen wurden derartige kriminal-psychologische Zusammenhänge längst als absurd widerlegt. Der Künstler ist nicht generell krimineller veranlagt als der Nichtkünstler.

Was man bei einem Schriftsteller allerdings häufig antrifft, ist die Fähigkeit, auf künstlerische Weise mit Kriminalität und ihren Folgen umzugehen.

Einer, der das auf intensive Weise und in einem sehr detaillierten Maße konnte, war der Abenteuerschriftsteller Karl May. Lange bevor seine Hauptgestalt Winnetou auf der Literaturbühne erschien, absolvierte May eine veritable Karriere als Hochstapler und Dieb, was ihm mehrjährige Haftstrafen einbrachte.[76] Nun war May nicht nur ein hochbegabter Phantast, sondern jemand, der nach Verbüßung seiner letzten Zuchthausstrafe vor allem wieder bürgerliche Anerkennung suchte. Dieses Bedürfnis – verbunden mit einer Portion selbst gefährdender Leichtfertigkeit – führte 1878 zu einem spektakulären Sherlock-Holmes-Auftritt, bei dem der Schriftsteller aus Liebe zu seiner Verlobten einen vermeintlichen Mord aufklären wollte. Ein Unterfangen, dass nicht gut gehen konnte.

Zumindest einen Hang zu kalkuliertem Risiko wird man auch dem amerikanischen Abenteurer Jack London nicht absprechen können, der nebenher einmal der bestbezahlte Schriftsteller der Welt war. Er trat wie eine Erstausgabe von Ernest Hemingway auf und suchte zeitlebens stets die Gefahr, in der er mehr als einmal knöcheltief steckte. Als junger Mann verspürte er auch wenig Skrupel und verfügte über ein flexibles ethisches Empfinden. Mal plünderte er als Austernpirat die Buchten vor San Francisco, ein andermal jagte er seine früheren Spießgesellen als Mitglied der polizeilichen Küstenpatrouille und verhaftete die ehemaligen Komplizen. Als Vagabund durchquerte er auch einmal Amerika und musste dafür als Gesetzesbrecher im Zuchthaus büßen. Anders als andere Mitgefangene zerbrach Jack London jedoch nicht an seinen Erlebnissen. Ähnlich wie May verstand er sich auf die literarische Verarbeitung, die in Büchern wie „Abenteurer des Schienenstranges“ sichtbar wird.

Die Ansicht darüber, was Kriminalität ist, wechselt von Zeit zu Zeit und von Land zu Land. Der Standpunkt des Betrachters bzw. jener der Gesellschaft ist da ganz entscheidend.

So trat 1885 in Großbritannien ein Gesetz in Kraft, dass aus einem der herausragenden Dichter des Königreiches einen Verbrecher machte: Oscar Wilde war einer der geistvollsten Schriftsteller seiner Epoche und ein brillanter Sprachkünstler. Dazu ungewöhnlich witzig und schlagfertig, ein Riese von Gestalt, extravagant gekleidet und meist mit großer

Blume im Knopfloch auftretend. Wilde besaß jedoch auch das zeitgeschichtlich betrachtete Unglück, homosexuell veranlagt gewesen zu sein. Diese Veranlagung machte ihn im viktorianischen Großbritannien zu einem Verbrecher, was sich nach drei Aufsehen erregenden Prozessen rechtskräftig herausstellte. Seine Verurteilung war der Tribut der gesellschaftlichen Intoleranz und Unmenschlichkeit an ein Genie. Die Prozesse ruinierten ihn und brachten ihn zudem für mehrere Jahre ins Zuchthaus nach Wandsworth, später nach Reading, wo er wenigstens – was zu befürchten gewesen wäre – kein Horrorszenarium erleben musste wie andere inhaftierte Dichterkollegen.

Ein Horrorszenarium der ganz speziellen Art spielte sich seit der frühen Jugendzeit im Kopf von Rudolf Ditzen ab, der in den 30er Jahren des 20. Jahrhunderts als Hans Fallada große Romanerfolge mit Büchern wie „Ein Mann will nach oben“ feierte. Der in gutbürgerlichem Haus eines späteren Reichsgerichtsrates aufwachsende Fallada zeigte wie viele Altersgenossen gegen Ende der wilhelminischen Epoche den morbiden Hang zum Selbstmord. Die Suizidneigung ist bei Schriftstellern nicht selten, denkt man an Heinrich von Kleist, Kurt Tucholsky, Ernest Hemingway, Paul Celan oder Klaus Mann, die allesamt ihrem Leben ein eigenes Ende setzten. Dass jemand diesem Hang letztlich mit Hilfe seines besten Freundes durch einen Doppelselbstmord, noch dazu in Form eines theatralischen Duells, nachgehen wollte, erwies sich allerdings als besonders skurril. Die Absurdität der gesamten Tatausführung verriet seine psychische Zerrüttung – strafprozessual Unzurechnungsfähigkeit genannt – und ersparte Fallada respektive Ditzen das Zuchthaus.

Es sind aber vor allem politische Gründe, die Schriftsteller aller Zeiten immer wieder auch mit der Justiz eines Landes in Konflikt geraten lassen. Der weltberühmte Verfasser des „Robinson Crusoe“, Daniel Defoe, griff einst mit einem Traktat die Anglikanische Kirche und deren religiöse Intoleranz gegenüber anderen Glaubensrichtungen scharf an und musste 1703, als seine Verfasserschaft bekannt wurde, wegen Verbreitung aufrührerischer Schmähschriften für kurze Zeit ins Gefängnis.

Im zaristischen Russland konnte es einem Literaten bisweilen noch schlimmer ergehen: Fjodor Michailowitsch Dostojewski war bereits ein bekannter Schriftsteller, als er einen gegen den Zar gerichteten revolutionären Text des Literaturkritikers Wissarion Belinski an Nikolai Gogol vortrug. Er wurde denunziert und wegen revolutionärer Umtriebe zum Tode verurteilt. Erst auf dem Richtplatz begnadigte ihn Zar Nikolaus I.

zu vier Jahren Verbannung und Zwangsarbeit in Sibirien, mit anschließender Militärdienstpflicht.

Der Herausgeber und Publizist Carl von Ossietzky wurde in seinem Weltbühne-Prozess 1931 wegen Spionage verurteilt, weil seine Zeitschrift auf die verbotene Aufrüstung der Reichswehr aufmerksam gemacht hatte. Ossietzky erhielt 1936 rückwirkend den Friedensnobelpreis für das Jahr 1935, dessen persönliche Entgegennahme ihm jedoch von der nationalsozialistischen Regierung untersagt wurde. Er verbrachte mehrere Jahre im Konzentrationslager Sonnenhof und lernte dort die Schrecken nationalsozialistischer Inhaftierung von Gefangenen kennen.

Ossietzkys Nobelpreisträgerkollege Alexander Isajewitsch Solschenizyn wurde 1945 wegen kritischer Äußerungen gegenüber Stalins Politik zu acht Jahren Lagerhaft nach Kasachstan verbannt. Nach seiner Entlassung im Jahre 1957 widmete sich Solschenizyn intensiv seiner schriftstellerischen Tätigkeit, die u.a. mit „Der Archipel Gulag" die unmenschlichen Zustände seiner russischen Haftzeit aufarbeitete.

Die Reihe der juristisch, weil politisch verfolgten Schriftsteller ließe sich beliebig lange fortsetzen. Zu ihnen gehört zu guter Letzt auch der Verfasser der neunteiligen „Deutschen Chronik" und des „Echolots" Walter Kempowski. Der Rostocker durchlitt wegen unerlaubten Grenzübertritts und vor allem wegen Spionage eine achtjährige Haftstrafe im berüchtigten Zuchthaus Bautzen, der die deutsche Literatur immerhin zwei beeindruckende Bücher mit „Im Block" und „Ein Kapitel für sich" verdankt. Die vielfältige Bedeutung Kempowskis für die gesamtdeutsche Gesellschaft basiert auch auf dem Umstand, dass seine Bücher eine literarische Anklage gegen die Unmenschlichkeit des DDR-Justizapparates darstellen – eine Episode aus der deutschen Geschichte, die nach wie vor stiefmütterlich behandelt bzw. totgeschwiegen wird.

KARL MAY
ERMITTLUNGEN IN SACHEN MORD

> Bei kaum einem anderen Schriftsteller sind Leben und Werk derart eng miteinander verbunden wie bei ihm: Das Schreiben verhalf May äußerlich zum sozialen Aufstieg vom Proletariersohn zum Sträfling zu einem angesehenen bürgerlichen Erfolgsschriftsteller; innerlich diente es ihm zeitlebens zur Kompensation persönlicher Defiziterfahrungen.
>
> Dieter Sudhoff[77]

„ ‚[...] Es war in Baadri, und ehe wir unsere Reise antraten, da ging ich zum Bache, um zu schöpfen. An demselben lag eine Truppe Arnauten, welche einen jungen Mann bewachten. Er bat mich, ihm zu trinken zu geben, und indem er tat, als trinke er, flüsterte er mir zu: ‚Gehe zu den Schammar, zu Mohammed Emin und sage ihm, daß ich nach Amadijah geschafft werde. Die andern sind hingerichtet worden.‘ Dies ist es, was ich dir zu sagen habe.‘

Der Scheik taumelte zurück.

‚Amad el Ghandur, mein Sohn!‘ rief er. ‚Er war es, er war es! Wie war er gestaltet?‘

‚So lang und noch breiter als du, und sein schwarzer Bart hing ihm bis zur Brust herab.‘

‚Er ist es! Hamdullillah! Endlich, endlich habe ich eine Spur von ihm! Freuet euch, ihr Männer, freuet euch mit mir, denn heute soll ein Festtag sein für alle, mögen sie nun Freunde oder Feinde heißen! Wann war es, als du mit ihm geredet hast?‘

‚Sechs Wochen sind seitdem vergangen, Herr!‘

‚Ich danke dir! Sechs Wochen, eine lange Zeit! Aber er soll nicht länger schmachten; ich hole ihn, und wenn ich ganz Amadijah erobern und zerstören müßte! Hadschi Emir Kara Ben Nemsi, reitest du mit, oder willst du mich bei dieser Fahrt verlassen?‘

‚Ich reite mit!‘“

Diese Szene aus Karl Mays Reiseerzählung „Durch die Wüste“[78] bildet den Auftakt zu einer abenteuerlichen Episode, deren Ziel die Befreiung des jungen Arabers Amad el Ghandur aus türkischer Haft darstellt.

Der Araber sitzt zu Unrecht in der berüchtigten Festung Amadijah als Gefangener ein. Er ist der Sohn des alten Scheiks Mohammed Emin, der sich um Hilfe an Kara Ben Nemsi, den omnipotenten Ich-Helden, wendet. Ohne nach der Gefahr zu fragen, erklärt sich dieser sofort bereit, mit zu reiten und im Sinne des Scheiks tätig zu werden.

Auf den ersten Blick handelt es sich bei dieser Szene um den Auftakt einer der typischen „Gefangennahmen-und-Befreiungs-Epsioden" bei Karl May, dem von literaturkritischer Seite dafür oft der Vorwurf der langweiligen Wiederholung und Handlungsgleichförmigkeit gemacht wurde. Auf den ersten Blick ist das auch zutreffend.

Dem Ganzen lag jedoch – wie in vielen anderen Fällen seines Werks auch – ein realer Vorfall zugrunde.

Am 31. Januar 1878 las man – fern von orientalischen Romanschauplätzen – in den Dresdner Nachrichten von einem tragischen Vorfall in einem kleinen unbedeutenden erzgebirgischen Dorf: „Am 26. früh wurde der Barbier Poll(m)er aus Hohnstein in dem Pferdestalle des Gasthofes ‚Zum braven Bergmann' in Niederwürschnitz todt aufgefunden. Pollmer hatte Abends zuvor, in hohem Grade betrunken, in der Wirthsstube des Gasthofs verkehrt und sind die Untersuchungen über seinen plötzlichen Tod im Gange."[79]

Der Verstorbene Emil Eduard Pollmer war der Onkel von Karl Mays Verlobter Emma, deren Eltern nicht mehr lebten, weshalb die junge Frau im Haushalt ihres Großvaters aufgewachsen war.

Was war geschehen?

Den Ermittlungen zufolge war Emmas Onkel am 25. Januar 1878 offenbar sinnlos betrunken auf der Straße von einem Pferdefuhrwerk überfahren und dabei getötet worden. Die amtliche Untersuchung des Vorfalls ergab, dass der Tod durch das Überfahren verursacht worden war. Der Befund wurde zu den Akten genommen und der Fall behördlich für erledigt erklärt.

Emmas Großvater – der Vater des Verunglückten – vermochte sich mit diesem amtlichen Ergebnis nicht abzufinden.

Zu jener Zeit wohnte Karl May, der noch am Anfang seiner Schriftstellerkarriere stand, zusammen mit Emma Pollmer in Dresden. Es wird bei einem der heimatlichen Besuche im Hause des Schwiegergroßvaters gewesen sein, als dieser ihn bat, den Todesfall in Niederwürschnitz zu untersuchen. Der alte Mann vermutete einen Mord oder ein ähnliches Verbrechen hinter dem Tod seines Sohnes. May sagte zu, sich um die

Angelegenheit zu kümmern, und begab sich im April des Jahres auf eine Reise zum vermeintlichen Tatort, um selber Ermittlungen durchzuführen.

Zu jenem Zeitpunkt, als sich Karl May zu seinen investigativen Ermittlungen in Sachen Mord aufmachte, war er gerade seit vier Jahren wieder in Freiheit. Er hatte ursprünglich eine vielversprechende Laufbahn als Redakteur verschiedener Familienzeitschriften und vor allem als Schriftsteller begonnen. Sogar seine bis heute berühmteste Romanfigur Winnetou hatte bereits das Licht der literarischen Welt erblickt, als sie 1875 in der Erzählung „Old Firehand" erstmals aufgetreten war.

Karl May hatte in den Jahren zuvor eine Vielzahl von Straftaten, vor allem als Hochstapler, begangen, war als Augenarzt, als Beamter der Geheimpolizei oder als Fürst von Waldenburg aufgetreten, um sich Geld und andere Vermögensgegenstände zu erschwindeln. Vom strafrechtlichen Standpunkt aus gesehen waren die ersten Verfehlungen törichte Jugendstreiche, die infolge der überzogenen und zweifelhaften Sanktionen der Justiz dazu führten, dass der Junglehrer May seine Berufszulassung verlor.

Insgesamt verbrachte der spätere Erfolgsschriftsteller zwischen 1865 und 1874 etwa 7 Jahre in verschiedenen sächsischen Haftanstalten. Nach Verbüßung seiner Zuchthausstrafe begann May sehr erfolgreich mit der literarischen Verarbeitung seiner kriminellen Vergangenheit. Darin zeigt sich im Grunde die gleiche Anlage einer suggestiven Darstellung fiktiver Welten, die seine Kriminalität verschuldet und die auch seinen literarischen Erfolg ausgemacht hat.

Mays Kritiker warfen ihm später vor, noch immer Hochstapeleien zu begehen, weil er vorgab, die geschilderten Abenteuer in fernen Landen als Old Shatterhand und Kara Ben Nemsi tatsächlich selbst erlebt zu haben. Zudem posierte der Schriftsteller in abenteuerlicher Kostümierung mit den nachgebauten Gewehren seiner Romanwelt, u.a. der legendären Silberbüchse Winnetous. May gab auch immer wieder vor, alle Sprachen seiner Romanfiguren zu beherrschen. Diese Vermischung von Realität und Fiktion durchzieht sein gesamtes Leben und Werk. Sie ist zweifellos ein Ausdruck von Genialität und krimineller Energie, aber auch das Resultat einer spezifischen Begabung. Wenn man diese Anlage im bürgerlichen Leben ausagiert, droht ein Konflikt mit der Justiz. Karl May löste diesen Konflikt schließlich mit seiner Schriftstellerei, in der er diese Anlage ausagieren konnte. Er repräsentiert damit einen Typus ursprünglicher Dichtung, der sich bis in die höchsten Vertreter dieser Gattung durchzieht: Johann Wolfgang von Goethe und Thomas Mann z.B. berichten in autobiographischen Äußerungen ebenfalls über derartige pseudologische Anwandlungen – also die Vermischung von Fiktion und Realität. Insofern ist Karl May ein echter und urtümlicher Vertreter dichterischen Erzählens in einer sehr ursprünglichen und naiven Form. In diesem Sinne wird man auch Mays detektivische Aktivitäten in Niederwürschnitz zu sehen haben.

Karl May gab seine Identität nicht zu erkennen, als er verschiedene Personen, die am fraglichen Todesabend von Emil Pollmer in irgendeiner Weise anwesend waren, nach den Hintergründen befragte. Das Ergebnis seiner Ermittlungen war die Bestätigung der offiziellen Unglücksversion: Der Onkel von Mays Verlobter hatte stark angetrunken in einem Gasthof eine Schlägerei angezettelt und war deshalb vor die Tür gesetzt worden. Anschließend war er in seinem benebelten Zustand von einem Fuhrwerk überrollt worden und in einem angrenzenden Pferdestall verstorben. Kein Totschlag. Kein Mord.

Ein Ortsgendarm erfuhr sehr bald von den Ermittlungen eines Fremden zu dem Unglücksfall, über die er die Staatsanwaltschaft in Chemnitz informierte,[80] wobei die Identität Mays schnell in Erfahrung gebracht war. Der Vorwurf, der sofort im Raum stand, war der der Amtsanmaßung.

Gleichzeitig wurde in den Raum gestellt, dass May – was nicht zutreffend war – ein Sozialdemokrat durch und durch und Schriftsteller für sozialdemokratische Zeitungen sei. Dieser Hinweis sollte offenkundig zur Voreingenommenheit gegen May beitragen. In einer Zeit, in der die Obrigkeit um ihren Machtanspruch bangte, sahen auch viele getreue Staatsdiener in der Sozialdemokratie eine Gefahr. Der damalige Reichskanzler Bismarck befürchtete „ernsthaft eine unmittelbare revolutionäre Bedrohung der monarchisch-konservativen Ordnung Europas. [...] Die Überschätzung der sozialistischen Revolutionsgefahr veranlaßte Bismarck zu dem verhängnisvollen Entschluß, die sozialistische Partei durch ein Ausnahmegesetz zu unterdrücken.“[81] Im Oktober 1878 verabschiedete der Reichstag schließlich mit 221 gegen 149 Stimmen das „Gesetz gegen die gemeingefährlichen Bestrebungen der Sozialdemokratie“.

Es erfolgte die Vernehmung der verschiedensten Zeugen. Das Vernehmungsprotokoll[82] vom 23. Mai 1878 existiert noch. So sprach der Zeuge und Gastwirt Karl Eduard Huth davon, dass „ein anständig gekleideter Mann in meinem Gasthofe“ erschienen sei. „Er sagte, daß er Redakteur einer Zeitung in Leipzig sei und nannte mir auch seinen Namen, auf den ich mich jedoch leider nicht mehr besinnen kann – Mai [sic!] sagte er nicht – und gab vor, daß er die Ursache des Todes des Ende Januar des Jahres in meinem Gasthof verstorbenen Pollmer zu erörtern habe. Er hätte in einem Chemnitzer Blatt – das er nicht nannte – gelesen, daß Pollmer infolge von erhaltenen Schlägen verstorben sei und er komme, um der Sache auf den Grund zu gehen.“

Der nächste Zeuge, der Schuhmacher Ludwig Kossuth Jähn, sagte aus, er habe über den Vorfall dasselbe geantwortet, „was ich früher dem Herrn Staatsanwalt angegeben hatte. Er äußerte sodann ‚Wenn der Staatsanwalt nicht richtig gehandelt hat, laß ich ihn einstecken – zu was sind denn die Kerle da?!‘“

Auf die Frage, welche Position er denn bekleide, habe der Fremde geantwortet: „‚Er sei von der Regierung eingesetzt und etwas höheres, wie der Staatsanwalt.‘ Der Fremde hat sich auch dahin geäußert, er wolle den Leichnam wieder ausgraben lassen. Einen bestimmten Titel hat sich der Unbekannte nicht beigelegt.“

Der Zeuge Friedrich August John, ein Bergarbeiter, berichtete: „Ich war eines Vormittags in der Sonntagschen Restauration, als ein Fremder eintrat und sich erkundigte, ob nicht vor einiger Zeit ein Mann hier überfahren worden wäre. Wir bejahen dies und äußerte er hierauf: ‚Es ist doch gar nicht möglich, daß ein Mensch, der überfahren ist, noch so weit laufen kann. Ich werde den Leichnam ausgraben lassen.‘ Wir meinten, es hieße doch, man sollte die Todten ruhen lassen, worauf er antwortete: ‚Das ist mein Dienst, daß ich dies untersuche, ich lasse ihn wieder ausgraben und so und so viel – er nannte eine bestimmte Anzahl – Ärzte herkommen: wenn der Staatsanwalt nicht richtig gehandelt hat, lasse ich ihn einstecken; ich bin dazu von der Regierung eingesetzt.‘ Einen bestimmten Titel und Namen nannte er nicht.“

Ein anderer Zeuge, der Bergarbeiter Friedrich August John, sagte aus: „Als ich Ende April des Jahres eines Tages mit meinem Bruder in der Sonntagschen Schankwirtschaft war, kam auch ein Fremder herein, ließ sich ein Glas Bier geben und frug, wie weit es vor hier bis zum Gastwirth Huth wäre. Wir erwiderten, höchstens 4–5 Minuten. Er frug nun, ob nicht vor Kurzem hier ein Mann erschlagen worden und gestorben sei. Wir entgegneten, soviel wir wußten, sei er gestorben. Er äußerte, er wolle das untersuchen [...] Er sagte u.a., wenn der Staatsanwalt falsch gehandelt hätte, wollte er ihn einstecken lassen; er wäre etwas höheres, als der Staatsanwalt er wäre von der Regierung eingesetzt. Er gab sich keinen bestimmten Titel."

Natürlich musste auch der Tatverdächtige Karl May[83] zu den Vorfällen befragt werden. Am 11. Juni 1878 erschien der Schriftsteller zur Vernehmung im Gerichtsamt Dresden. Seine Sichtweise klang wie folgt: „Es ging das Gerücht, daß Pollmer förmlich erschlagen worden sei. Bei dem angeblichen Morde sollten der Oekonom Hübsch von Niederlungwitz bei Hohenstein und der Schleifer Heß aus letzterem Orte zugegen gewesen sein. Diese hetzten meinen Schwiegervater, den Chirurg Pollmer in Hohenstein, auf, welcher mir den Auftrag ertheilte, mich nach der Sachbewandnis an Ort und Stelle zu erkundigen, um mich dann beruhigen zu können. Ich ging zunächst zu dem Gastwirth Huth in Niederwürschnitz bei dem der Todesfall stattfand. Es kann im April ds. J. gewesen sein, den Tag weiß ich nicht mehr. Dann begab ich mich in die Sonntagssche Restauration in Ober- oder vielleicht Neu-Oelsnitz, einem Orte, der mit Niederwürschnitz zusammenhängt. Ich habe in diesen Orten blos Erkundigungen eingezogen. Es ist mir nicht eingefallen, jemanden zu vernehmen. Ich weiß nicht, was eine Vernehmung ist. Auch habe ich mich bei dieser Gelegenheit nicht für einen Staatsanwalt ausgegeben und nicht Aeußerungen, wie sei mir soeben vorgehalten gethan. Höchstens habe ich gesagt, daß, wenn Pollmer eines natürlichen Todes gestorben sei, muß die Leiche wieder untersucht werden. Ich habe mit Huth hierüber gesprochen, auch in der Sonntagsschen Restauration mit mehreren Leuten. Diese kenne ich jedoch nicht, da ich das erste Mal in die obenbezeichneten Orte gekommen bin. Es herrschte unter den Bergarbeitern große Aufregung wegen des Pollmerschen Todesfall und sie hetzten mich sogar gegen den Staatsanwalt auf."

Auf spezielles Befragen, wie sich May bei seinen Erkundigungen vor Ort vorgestellt habe, sagte der Schriftsteller aus, dass er sich u.a. – wie einer der Zeugen auch ausgesagt habe – als Redakteur ausgegeben habe.

Er stritt die anderen Äußerungen der Zeugen ab, so u.a. seine vermeintliche Ankündigung, den Staatsanwalt einstecken zu lassen, falls dieser nicht richtig gehandelt hätte; „ebenso verneint er, daß er gesagt habe, er sei von der Regierung eingesetzt und etwas höheres als nur der Staatsanwalt".

Im Hinblick auf den zu untersuchenden Vorfall selber gab May interessanterweise an, dass der Ökonom Hübsch von Niederlungwitz bei

Hohenstein und der Schleifer Heß aus letzterem Orte den vermeintlichen „Mordfall Eduard Emil Pollmer“ erst ins Rollen gebracht hatten. Es hatte sich demnach um keine originäre Einbildung des alten Pollmer gehandelt, der nicht hatte akzeptieren können, dass sein einziger Sohn selbstverschuldetes Opfer eines Unfalles geworden war, sondern um gewöhnlichen Dorfklatsch und Gerüchte, die zum Auslöser der Mayschen Aktivitäten geworden waren.

In Karl Mays Roman „Durchs wilde Kurdistan“ gelingt es Kara Ben Nemsi schließlich, dem Mütesselim, dem Kommandanten der Festung, in der der Scheiksohn gefangen gehalten wird, listig und diplomatisch gleichermaßen vorzugaukeln, dass er wichtige Vorgesetzte habe absetzen lassen. Der Kommandant ist verblüfft: „‚Allah kerihm, Gott sei uns gnädig! Es gehen große Dinge vor!‘

‚Sie gehen allerdings vor. Der Mutessarif ist abgesetzt, der Makredsch ebenso. Willst auch Du abgesetzt sein?‘

‚Herr, du bist ein geheimer Abgesandter des Anatoli Kasi Askeri oder gar des Padischah!‘

‚Wer ich bin, das kommt hier nicht in Betracht; aber du siehst, daß ich alles weiß, und ich erwarte, daß du deine Pflicht erfüllst.‘“[84]

Kara Ben Nemsi bewegt sich an der Grenze zur Hochstapelei, und diesmal, in Amadijah, sogleich ins Überdimensionale stilisiert. Er belässt es dabei, und so erteilt er gar Befehle, aber ein bestimmtes Amt oder einen bestimmten Titel hat sich auch Kara Ben Nemsi nicht beigemessen: Der Mutessarif von Mossul selbst, so behauptet er geheimnisvoll vor dem Kommandanten, ist gewillt, „mir in Beziehung auf diesen Kriegszug eine Aufgabe zu erteilen“.[85]

Auf die präzise Frage, welche Aufgabe das denn sein solle, antwortet er:

„‚Hast du einmal etwas von Politik und Diplomatik gehört, Mutesselim? ... Ich darf von ihr nicht sprechen, und du hättest es nur durch eine feine und kluge Ausforschung erfahren können.‘“

Politik und Diplomatie! Das ist das Stichwort. Aber es findet sich in Bezug auf solche Diplomatie hart am Rande der unbefugten Ausübung eines öffentlichen Amtes denn doch im Amadijah-Text ein Zitat Kara Ben Nemsis, das eine bewusste Grenzüberschreitung andeutet: „‚Ich hatte die Kühnheit, mich als einflußreiche Persönlichkeit zu fühlen; ich handelte abenteuerlich, das ist wahr; aber der Zufall hatte mich nun einmal, sozusagen, an eine Kletterstange gestellt und mich bis über die Hälfte derselben emporgeschoben; sollte ich wieder herabrutschen und den

Preis aufgeben, da es doch nur einer Motion bedurfte, um vollends empor zu kommen?'"[86]

Auf so merkwürdige Weise liefert das literarische Produkt den psychologischen Schlüssel für das biographische Ereignis. May hatte die Kühnheit, sich als einflussreiche Persönlichkeit zu fühlen.[87]

Die Staatsanwaltschaft Chemnitz[88] hatte genug gehört und erhob Anklage gegen Karl May wegen des Vorwurfs, er habe „unbefugt sich mit Ausübung eines öffentlichen Amtes befasst".

Beim Gerichtsamt Stollberg[89] bekräftigte der Schriftsteller am 15. Oktober 1878 noch einmal seine Unschuld, doch nutzten derlei Beteuerungen nichts. Gegenüberstellungen wurden angeordnet. Wenige Passagen aus dem Protokoll der Gegenüberstellung belegen Mays schwierige Position. An einer Stelle heißt es:

„JÄHN: Nein, ich weiß bestimmt, daß Sie sich äußerten: ‚Wenn der Staatsanwalt nicht richtig gehandelt hat, lasse ich ihn einstecken – zu was sind denn die Kerle da!'

MAY: Da haben Sie nicht richtig gehört, ich habe erzählt, daß Hesse sich so ausgesprochen hat.

JÄHN: Ich kann beschwören, daß Sie sich in dieser Weise ausgesprochen haben.

Eine andere Stelle bei dem Zeugen heißt es:

JÄHN: Sie äußerten hierauf, Sie hätten viel Interesse daran, wenn der Staatsanwalt falsch gehandelt hätte, ließen Sie ihn einstecken; Sie wären von der Regierung eingesetzt und höher als der Staatsanwalt.

MAY: Ich erkläre dies für einen Irrthum."

Doch so sehr May auch in seinem Sinne insistierte, so blieben die beiden Zeugen doch bei ihren jeweiligen Darstellungen, so dass der Schriftsteller erklärte, auf weitere Gegenüberstellung zu verzichten.

Und so entschied das Gerichtsamt Stollberg am 9. Januar 1879[90], dass der Angeklagte, sich „für einen höheren, von der Regierung angestellten Beamten" und auch ansonsten „amtliche [...] Erörterungen vorgenommen hat(te), ohne hierzu ein Recht zu haben. Daraus folgte nach Auffasung des Gerichts, dass der selbsternannte Mordermittler Karl May „unbefugt sich mit Ausübung eines öffentlichen Amtes befaßt" hatte und deshalb „nach § 132 des Reichsstrafgesetzbuches Drei Wochen lang mit Gefängniß zu bestrafen" sei.

Das Urteil wirft auch im Nachhinein Fragen auf. Schon der gerichtlichen Feststellung, dass sich May amtliche Qualitäten angemaßt hätte, muss mit Skepsis begegnet werden. So gehörte es bereits zur Mayschen Tatzeit zur unbedingten tatbestandlichen Voraussetzung des Delikts, dass es sich bei dem angemaßten Amt um ein existierendes und nicht etwa um ein fingiertes gehandelt haben musste.[91] Das Reichsgericht[92] hatte sich in einer frühen Entscheidung darüber, was denn eigentlich unter einem öffentlichen Amt zu verstehen sei, dahingehend geäußert, dass es sich um „diejenige Stellung (handeln würde), vermöge deren jemand dazu berufen ist, im Dienste des Reiches oder im unmittelbaren oder mittelbaren Dienste eines Bundesstaates als Organ der Staatsgewalt für die Durchführung der Zwecke des Staates tätig zu sein."

Zu den Beamten in diesem Sinne zählen nur diejenigen Personen, die nach den einschlägigen beamtenrechtlichen Vorschriften durch eine dafür zuständige Stelle in ein Beamtenverhältnis berufen worden sind. Ein förmliches beamtenmäßiges Amt hatte sich May aber gerade nicht angemaßt. Bezeichnungen, wie „Redakteur" oder er „sei von der Regierung eingesetzt und etwas höheres, wie der Staatsanwalt" entsprachen dieser Begrifflichkeit nicht. Außerdem fehlte es an einer vermeintlichen Amtshandlung. Damals wie heute ist es jedem Privatmann erlaubt, andere Personen nach dem Hergang eines Unglückes zu befragen.

May legte mit Hilfe des Glauchauer Anwalts Ernst Friedrich Grimm am 8. Februar 1879 Berufung[93] ein. Das Erstaunliche an Grimms Berufungsschriftsatz ist die Tatsache, dass er mit keinem Wort auf die Fragwürdigkeit des tatbestandlichen Vorwurfs eingeht. Der Advokat verrannte sich vielmehr in der Darlegung vermeintlicher formeller Fehler bei der Zeugenbefragung. Am 12. Mai 1879 kam es zur Berufungsverhandlung vor dem Königlichen Bezirksgericht Chemnitz[94], an der weder May noch sein Anwalt teilnahmen. Die fehlerhafte Verteidigung musste zur Bestätigung des erstinstanzlichen Urteils führen, was dann auch der Fall war. Es blieb bei der Verurteilung zu drei Wochen Gefängnis.

Auch die Berufungsinstanz kam zu dem fatalen Fehlergebnis, dass sich May ein öffentliches Amt angemaßt und unbefugt eine Amtshandlung vorgenommen hätte. Grimms Darlegungen waren, wie kaum anders zu erwarten gewesen war, völlig ins Leere gegangen.

Als letzter Weg verblieb für May nur noch der Gnadenweg An Seine Majestät Herrn Albert König von Sachsen zu Dresden[95], ein Bittgesuch voller Demut und Angst, die mühsam erworbene bescheidene Existenz wieder zu verlieren. Doch auch diese Möglichkeit blieb erfolglos und wurde am 29. Juli 1879 abgewiesen.[96]

Sogar der Stollberger Strafprozess gelangte in verwandelter Gestalt in den Kurdistan-Roman hinein. Wie der Mordermittler Karl May kam auch Kara Ben Nemsi nicht ganz ungeschoren aus seinem Abenteuer hervor. Auch der Romanheld sah sich plötzlich entlarvt, angeklagt, vor Gericht gestellt. Zeugen tauchten auf, die gegen ihn aussagten, und es scheint um ihn geschehen zu sein. Aber es kommt natürlich alles anders, was in der Phantasie so viel leichter geht als im wirklichen Leben. Und wenn May einst geheimnist hatte, er wolle den Staatsanwalt einstecken lassen, wenn der seine Pflicht nicht tue, hier geschah es wirklich: Die obersten Machthaber wurden abgesetzt vom Padischah, die Zeugen wurden als Betrüger, ja, als Verbrecher entlarvt, und am Ende heißt es: „Sie wurden alle beide abgeführt."[97]

Welch ein Triumph! Und eigentlich unnötig, aber dennoch erwähnt sei, dass Kara Ben Nemsi am Ende auch das erreicht, weshalb er in sein Abenteuer gezogen ist: Ein verlorener Sohn wird befreit, ein alter Vater ist wieder glücklich. Ihm aber, dem Befreier, wird die ihm gebührende Apotheose zuteil: „‚Du bist ein großer Held ... Du bist wie Kelad der Starke.'"[98]

Die Amadijah-Geschichte spiegelt Mays Wunschvorstellung seines Stollberg-Abenteuers wieder. Die Wirklichkeit war ungleich schmerzlich und peinlich zugleich.

Der Schriftsteller musste sich in sein Schicksal zu ergeben. Die Verbüßung seiner Strafe in der Heimatstadt Hohenstein-Ernstthal war ihm äußerst unangenehm. Aus diesem Grund richtete er noch die Bitte am gleichen Tag an das Gerichtsamt Stollberg, die unausweichliche Strafverbüßung nicht im Gerichtsamte Hohenstein-Ernstthal, sondern in Stollberg antreten zu dürfen. Aber selbst diese Bitte wurde abgelehnt. Gleichzeitig wurde er zur Strafverbüßung angehalten. May „ersucht noch um Bewilligung einer Frist von 8 Tagen, weil er sich zur Fortsetzung seiner begonnenen literarischen Arbeiten noch die nöthigen Bücher in Leipzig verschaffen müsse. Auf die Versicherung des Angeklagten, daß er Montag, den 1. September ds. J., seine Strafhaft Abends 8 Uhr antreten werde, wird ihm diese Frist gewährt."[99]

Vom 1. bis 22. September 1879 verbrachte der Schriftsteller seine Strafe im Gerichtsgefängnis seiner Heimatstadt Hohenstein-Ernstthal. Es sollte die letzte Inhaftierung im Leben Karl Mays sein.

JACK LONDON
30 TAGE ZUCHTHAUS

Ich wurde Vagabund – nun ja, weil ich einmal so war, weil ich Wanderblut in den Adern hatte, das mir keine Ruhe ließ.

Jack London[100]

Es war an einem frühen Sommermorgen des Jahres 1892 in der Bucht vor San Francisco.

Der Seemannstod erschien dem 16jährigen Jack London als herrliche Krönung seines kurzen und abenteuerlichen Lebens. Als er auf dem Rücken liegend am Salano-Pier vorbei trieb, sah er die Lichter und Menschen an der Küste. Absichtlich verhielt er sich still. Dann, als ihn nichts in seinem Todesrausch mehr stören konnte, ging sein Blick mit einer Mischung aus Wehmut und Fatalismus hinauf zu den Sternen. So trieb er unter dem gestirnten Himmel dahin und nahm Abschied von jedem der vertrauten Hafenlichter, die rot, grün, weiß vorüber zogen und verschwanden.

Kurze Zeit zuvor war er angetrunken von Bord der Schaluppe „Reindeer“ in die See gestürzt. Und nachdem ihn das kalte Wasser bald ernüchtert hatte, entschied er sich doch noch für das Leben. Das Wasser war ruhig und Jack ein ausgezeichneter Schwimmer. Er entledigte sich seiner vollgesogenen Kleidung und griff quer zur Strömung aus. Als der Morgen dämmerte, fand er sich in der Kabbelung von Marc Island, wo die starken Ebbströme von Vallejo an der San-Pablo-Bai und aus der Enge von Carquinez aufeinander treffen. Trotz seiner unbändigen jugendlichen Stärke war er jetzt erschöpft und vor Kälte erstarrt. Die Landbrise schlug ihm Wasser entgegen und das Ende stand kurz bevor.

Im letzten Moment tauchte ein griechischer Fischer auf, der sich auf dem Weg nach Vallejo befand und der den dahintreibenden Körper in sein Boot zerrte. Er rettete damit nicht nur den jüngsten Austernpiraten der Westküste, sondern auch einen der künftig einflussreichsten Dichter der amerikanischen Literatur.

Bereits mit seiner ersten Schaluppe, der „Razzle Dazzle“, hatte der jugendliche Jack London über ein eigenes Boot verfügt, mit dem er als Rechtsbrecher illegal die Austernbänke vor San Francisco geplündert hatte. Sein Boot war Teil einer Flotte gewesen, die sich regelmäßig zu den Sandbänken aufmachte, um sie ihrer natürlichen Ressourcen zu berauben und die Austern auf dem Oaklander Frühmarkt zu verkaufen. Jacks Leute waren kräftige und furchtlose Männer; auch ehemalige Strafgefangene und andere zwielichtige Zeitgenossen, bei denen Saufereien, Raufereien, Messerstechereien und Schießereien an der Tagesordnung waren.

Einem feindlichen Haufen Austernpiraten hatte er es auch zu verdanken gehabt, dass die „Razzle Dazzle" angebohrt, angezündet und auf den Grund des Pazifiks versenkt worden war.

Nach seiner „griechischen" Errettung aus höchster Seenot kehrte Jack London auf die „Reindeer" zurück, die er vor allem mit seiner Geliebten Mamie und einem Kompagnon bewohnte.

Eines Tages brachte ein Polizeioffizier den jungen Austernpiraten und seine Crew dazu, sich der „California Fish Patrol" der Polizei anzuschließen und der veritablen Karriere als Kriminelle ein Ende zu setzen.

Die Bucht von San Francisco wurde damals auch von chinesischen Garnelenfängern und griechischen Lachsdieben heimgesucht, die ihre ganz eigene Auffassung über die staatlichen Fischereigesetze vertraten. Gegen Überlassung der Hälfte der Strafgelder brachten Jack und seine Leute nun als Hilfspolizisten Dschunken und andere illegal operierende Boote auf. Fast ein Jahr lang währte die oft lebensgefährliche Zeit als Mitglied der Fischereipatrouille. Mit siebzehn Jahren beendete Jack diesen Teil seines Lebens und heuerte für sieben Monate auf dem Robbenfänger „Sophia Sutherland" an, der die Gewässer vor Sibirien und Japan anlief.

Es waren die Extreme, die Jack Londons kurzes Leben prägten, die ihn dazu befähigten, den Stoff, den sein wildes und ungezügeltes Vagabunden- und Abenteurerleben bot, in prägnante literarische Werke zu verwandeln und ihn 1913 zum bestbezahlten Schriftsteller der Welt werden ließen. Insgesamt verdiente er in den sechzehn Jahren seines literarischen Schaffens eine Million Dollar.

Am 12. Januar 1876 war er in San Francisco als nichteheliches Kind der Spiritistin Flora Wellman und des Astrologen und Wanderprediger William Henry Chaney geboren worden. Der Vater verschwand vor der Geburt des Jungen. Noch im selben Jahr heiratete die Mutter den Tischler John London, der Jack adoptierte.

Die Familie lebte ab 1886 in Oakland. Weil John London zu dieser Zeit weitgehend invalid wurde, mussten seine Frau und der junge Jack das Familieneinkommen bestreiten. Mit 13 Jahren verließ Jack deshalb die Schule, um arbeiten zu können. Er tat dies unter anderem als Zeitungsjunge, Helfer in einem Wirtshaus und als Arbeiter in einer Konservenfabrik.

Bereits als Kind las er Romane, vor allem aus öffentlichen Bibliotheken. Er saugte Literatur förmlich auf, konsumierte die moderne Ideenwelt von Darwin, Nietzsche und Marx. Jack erkannte die Bildung als Königsweg zu sozialem Aufstieg und betrachtete den Sozialismus als flankierende gesellschaftliche Maßnahme.

Nach einer Zeit auf einem Robbenfänger kehrte Jack in eine Heimat zurück, in der die sozialen Missstände überhand genommen hatten. Vor allem die Zahl der Arbeitslosen wuchs immer weiter an. Millionen Menschen hungern, Hunderttausende Amerikaner waren obdachlos. Es kam zu Krawallen, Streiks und Protestdemonstrationen, ohne dass von Seiten der Regierung etwas geschah.

Im Frühjahr 1894 organisierten die Arbeitslosen einen sternförmigen Protestmarsch nach Washington. Ihr gemeinsames Ziel war es, dem Kongress Druck zu machen und ein Soforthilfeprogramm gegen die Arbeitslosigkeit zu erzwingen. Wie andere auch glaubte Jack an den Gerechtigkeitssinn und die soziale Verantwortung der Volksvertreter im Capitol und schloss sich der „Armee des Gemeinwohls“ an. „Auf nach Washington!“ lautete der Kampfruf, unter dem sich in Oakland die Arbeitslosen versammelten und, militärisch organisiert, auf den Marsch machen. Anführer der kalifonischen Demonstrantenschar ist der gelernte Schriftsetzer „General Kelly“.[101]

Obgleich General Kelly hin und wieder eine kostenlose Beförderung in Güterzügen erzwingen konnte, kam das Arbeitslosenheer nur langsam voran. Erstmals bekam Jack einen Begriff von der Weite der USA, doch mit jedem neuen Ort, in dem sie Quartier machten, wuchs seine Ungeduld. Schließlich brach er mit neun Gleichgesinnten als Vorhut auf, um in Tom-Sawyer-Manier mit selbst gezimmerten Booten den Des Moines River hinunter zum Mississippi vorzufahren.

Am 1. Mai 1894 erhielten die Demonstranten die Mitteilung, dass der wohlhabende Fabrikbesitzer und Kopf der gesamten Bewegung, Jacob Sechler Coxey, wegen Betretens des Rasens vor dem Weißen Haus verhaftet worden sei. Er wurde als Rädelsführer wegen Unruhestiftung und „Beleidigung der Regierung“ vor Gericht gestellt und später verurteilt. Die ohnehin bereits bestehende Lethargie der Demonstranten führte zum Ende des Protestmarsches. Er löste sich auf, bevor er auch nur in die Nähe des Weißen Hauses gekommen war.

Jack London setzte seinen Abenteuerurlaub als Landstreicher, Eisenbahnvagabund und Bettler fort. Er wurde ein „Hobo“ – was allerdings auch seinem Entdecker- und Abenteurergeist sehr entgegenkam. Der junge Tramp genoss es, ohne einen Cent in der Tasche von der Hand in den Mund zu leben. Schnell lernte er von den alten Vagabunden die Überlebenskünste der Landstraße. Es erfüllte ihn mit besonderem Stolz, dass er sich ohne Arbeit und Kriminalität monatelang durchzuschlagen vermochte. Sein einnehmendes Wesen in Verbindung mit seinem Talent zum Geschichtenerzähler verschafften ihm Mahlzeiten.

Von seinen erfahrenen Kameraden lernte der damals achtzehnjährige Abenteurer die Tricks und Techniken des Schwarzfahrens mit den Güterzügen. Wie die anderen vagabundierenden Landstreicher enterte Jack die großen Güterzüge und reiste als blinder Passagier nach New York, Washington, Chicago und Buffalo. Er kam in den Genuss, sich die Rocky Mountains und die Niagarafälle anzusehen.

Die Vagabunden gaben dem Jungen aus San Francisco bald den Spitznamen Frisco-Boy. In seinem Tagebuch notierte er seine Eindrücke und Erlebnisse. Sie werden später zur Grundlage eines erfolgreichen Buches über diese Zeit: „Abenteurer des Schienenstranges“. Jack beschreibt darin u.a. in packender und authentischer Weise das Aufspringen der Tramps auf die fahrenden Züge und den lebensgefährlichen Kampf um ein Plätzchen an, unter oder auf den Waggons. Die Geschichten werden zu Gleichnissen, in denen sich der Leser mit dem Erzähler identifizieren kann, weil es sich um sehr realistisch erzählte Abenteuer handelt.

In diesen Tagen erfuhr Jack am eigenen Leib, was es bedeutete, ein gesellschaftlich Ausgestoßener zu sein. Bei einem Stadtbummel durch New York wurde er wegen seiner heruntergekommenen Kleidung als Vagabund erkannt und willkürlich mit dem Gummiknüppel eines Polizisten malträtiert. Nur die Flucht verhinderte Schlimmeres.

Kurze Zeit später besichtigte Jack die Niagarafälle. Dort wurde er am 23. Juni 1894 – ohne, dass irgendetwas vorgefallen war – von einem Polizisten verhaftet. Dem Ordnungshüter winkte eine Kopfprämie für das Aufgreifen eines Vagabunden. Im städtischen Gefängnis von Niagara Falls wurde der junge Tramp durchsucht und registriert. Anschließend verbrachte man Jack in das so genannte „Landstreicherloch“, einen Gefängnisteil, wo die leichteren Straftäter – als solche wurden

Vagabunden von der Justiz eingestuft – auf ihre Aburteilung warteten. Mit ihm harrten 15 andere Tramps der weiteren juristischen Abläufe.

Es folgte das Schnellgericht vor dem Einzelrichter. Jacks spätere Beschreibung der Gerichtsverhandlung darf als authentisch angesehen werden. Es vollzog sich eine juristische Groteske ohne anwaltliche Vertretung und ohne rechtliches Gehör der Angeklagten. Eine Versammlung von sechzehn Gefangenen befand sich nebst dem Richter und zwei Gerichtsdienern im Gerichtssaal. Die Gerechtigkeit nahm ihren Lauf und urteilte einen Landstreicher nach dem anderen ab. Im Minutentakt kam es zur Aburteilung der einzelnen Angeklagten, deren großer Frevel darin bestanden hatte, mittel- und heimatlos aufgegriffen worden zu sein. Die Standardstrafe in derartigen Fällen lautete auf einen Monat Gefängnis. Irgendwann kam auch Jack London an die Reihe.

„Mein Name, wie er nun war, wurde aufgerufen, und ich erhob mich. Der Gerichtsdiener sagte: ‚Landstreicherei, Euer Gnaden', und dann begann ich zu reden. Aber gleichzeitig begann auch der Richter zu reden und sagte: ‚Einen Monat'. Ich wollte dagegen protestieren, aber schon war Seine Gnaden bei dem nächsten Landstreicher auf der Liste angelangt. Seine Gnaden hielt gerade so lange inne, um ‚Halt den Mund!' zu mir sagen zu können. Und im selben Augenblick hatte der nächste Landstreicher seinen Monat bekommen, und der dann folgende war an der Reihe."[102]

Der junge Vagabund war verstört. Als er jetzt nach einem Rechtsanwalt verlangte, wurde er ausgelacht. Wenig später fand er sich aller seiner wenigen Habseligkeiten beraubt mit geschorenem Kopf und gestreifter Sträflingstracht hinter den Mauern des Erie-County-Zuchthauses in Buffalo wieder.

Das Zuchthaus war ein Alptraum für die meisten Gefangenen. Ein Ort mit eigenen Gesetzen. Dreizehn Vertrauensmänner beherrschten als Zwischeninstanz des Wachpersonals das Zuchthaus und erpressten ihre fünfhundert Mitgefangenen. Mit brutalen Mafiamethoden kontrollierten sie die Tabak- und Lebensmittelversorgung, den heimlichen Nachrichtenverkehr und die innere Ordnung. Jack und seine mitverurteilten Tramps wurden mit Schwerverbrechern und Mördern zusammen in die gleichen Zellen gesperrt und dem System einer internen Hackordnung unterworfen. In dieser Hackordnung nahmen die jungen Schwarzen die unterste Stelle ein. Gerade sie wurden als Arbeitssklaven und Lustknaben missbraucht. Jack blieb vor homosexuellen Vergewaltigungen und blutigen Züchtigungen dank der Protektion seines Zellengefährten – eines älteren Berufsverbrechers – bewahrt. Es gelang ihm sogar aufgrund der eigenen überlegenen körperlichen Konstitution selber Vertrauensmann zu werden. Um sich selber behaupten zu können, machte sich Jack die herrschenden Prinzipien zu eigen. Auch er verbreitete mit Drohungen und körperlichen Züchtigungen Angst unter den Mitgefangenen.

„Bezüglich der näheren Einzelheiten [...] sage ich nichts. Und schließlich gehören sie auch nur zu den weniger schlimmen Schrecken des Erie-County-Zuchthauses, Schrecken, die einfach nicht im Druck wiederzugeben sind, und, ehrlich gestanden, muss ich sagen, daß man sie nicht einmal denken kann. Ich hätte sie mir jedenfalls nicht denken können, wenn ich sie nicht selbst erlebt hätte, und ich war doch kein grüner Junge in bezug auf die Vorkommnisse in dieser Welt und die fürchterlichen Abgründe menschlicher Schlechtigkeit. Es gehörte eine lange Lotleine dazu, um den Grund des Erie-County-Zuchthauses zu erreichen, und ich bewege mich hier nur ganz leicht und spielend an der Oberfläche alles dessen, was ich an diesem Orte sah."[103]

Es sind nur 30 Tage, die Jack London in diesem Zuchthaus verbrachte, aber sie übten einen nachhaltigen Eindruck auf ihn und sein Weltbild aus. Als abenteuerlustiger Tramp in der Freiheit hatte er sich immer stark und als Meister seines Schicksals fühlen können. Hinter den Zuchthausmauern erlebte er den Terror eines totalitären Systems.

In diesen 30 Tagen wurde sein Stolz gebrochen, war er anpassungsbereit und formbar geworden. Angst hatte seine Moral korrumpiert. Als Vertrauensmann und Schläger war er nicht wirklich der Stärkere gewesen, sondern nur das willfährige Opfer: der Scherge einer Zuchthausgesellschaft.

„Manchmal, zum Beispiel morgens, wenn die Gefangenen herunterkamen, um sich zu waschen, waren wir dreizehn tatsächlich ganz allein zwischen ihnen, von denen jeder einzelne ein Hühnchen mit uns zu rupfen hatte. Dreizehn gegen fünfhundert, die wir nur durch Furcht vor uns im Zaume hielten! Wir durften nicht die kleinste Reglementswidrigkeit, nicht die geringste Unverschämtheit durchlassen. Taten wir es, so waren wir verloren. Für uns galt nur eine Regel: Sobald ein Mann den Mund aufmachte, loszuschlagen, und zwar kräftig mit dem, was wir gerade zur Hand hatten. Ein Besenstiel, direkt ins Gesicht gestoßen, übte eine sehr beruhigende Wirkung aus."[104]

Und plötzlich erinnerte er sich wieder an die politische Diskussionen und die Parolen an den Lagerfeuern von Kellys Demonstrantenarmee. Damals hatte er davon nicht allzu viel davon gehalten und gemeint, dass der Sozialismus eine Religion des Schwachsinns sei, die er selbst nicht nötig habe. Damals hatte er geglaubt, alles im Leben auch allein schaffen zu können. Im Zuchthaus aber erlebte Jack zum ersten Mal seine völlige Ohnmacht. Diese Zeit hatte zur Folge, dass er auch seine Landstreicherkollegen mit anderen Augen sah.

Die 30 Tage Zuchthaus wurden zum Initialereignis für Jack Londons gesellschaftspolitisches Weltbild, das lange Zeit von jugendlicher Freiheitsromantik geprägt worden war. Er hatte die Abgründe der amerikanischen Gesellschaft am eigenen Leib in jeder Hinsicht schmerzhaft kennen gelernt; er hatte feststellen müssen, dass der „amerikanische Traum“ Illusion für die verarmten Massen blieb.

Zurückgekehrt in das heimatliche San Francisco holte Jack das Abitur in der Hälfte der üblichen Zeit nach und studierte 1896/97 an der Universität von Berkeley. Finanzielle Gründe zwangen ihn zum Abbruch. Nachdem er kurzzeitig wegen revolutionärer Reden verhaftet worden war, erfasste ihn als einen der ersten das Klondike-Goldfieber. Er folgte gemeinsam mit seinem Schwager James Shepard dem Lockruf des Goldes nach Alaska, wo er im Winter 1897/98 am Yukon nach dem Edelmetall schürfte. Das Ende des Goldrausches – Jack war gerade dem Tode durch Auszehrung und Skorbut entronnen – folgte bereits ein Jahr später. Ohne Gold, aber mit einem reichen Schatz an abenteuerlichen Geschichten versehen, kehrte er in die Zivilisation zurück.

Er hatte beschlossen, Schriftsteller zu werden und er ging diesen Masterplan der Lebensgestaltung mit der selben Energie und Entschlossenheit an, wie er alles in Angriff nahm.

Dabei wollte er gleich in zwei Himmel aufsteigen; zum einen in das Pantheon der Literatur und zum anderen in das des Geldes. Aus diesem Grunde schrieb er wie ein Besessener, mindestens tausend Wörter täglich, die folgenden siebzehn Jahre lang. Hunderten von abgelehnten Manuskriptangeboten standen am Anfang nur wenige Veröffentlichungen in einzelnen Magazinen gegenüber. Doch Jack gab nicht auf, sondern schrieb unverdrossen weiter.

Mit der Kurzgeschichtensammlung „Der Sohn des Wolfes“ (1900) gelang ihm schließlich der Durchbruch zu einer fulminanten literarischen Karriere. Zu Recht gilt Jack London heute als einer der Gründerväter der modernen amerikanischen Literatur. Seine Bücher müssen zur Zeit ihres Erscheinens mit ungeheuerer Kraft über das Publikum hereingebrochen sein. Sie beschreiben Träume, Angst, Einsamkeit, Treue, Liebe, Tod, Kraft und Hoffnung in einer bis dato in der Literatur nicht bekannten Eindringlichkeit und Authentizität.

Er trat auch mit der „Socialist Labor Party" in Verbindung. Auf seinen Vortragsreisen als politischer Redner kam er immer wieder auf Bilder und Erfahrungen der Trampzeit zurück, um seine Ansichten zu untermauern.

Im Heer der Landstreicher und Eisenbahnvagabunden erkannte er eine billige und willige Arbeitskräftereserve, die man leicht „heuern und feuern" konnte. Je nach Bedarf waren sie, die man ansonsten gerne einmal wegen Vagabundierens hinter Schloss und Riegel brachte, als Erntehelfer und Gelegenheitsarbeiter den Farmern und Fabrikbesitzern als Lückenbüßer willkommen gewesen. In schlechten Zeiten wurden sie wieder problemlos ins Elend freigesetzt und von den Justizbehörden verfolgt. Jack bemühte sich, diese Missstände literarisch wie auch bei seinen Vortragsreisen zu entlarven. Doch die Frauenvereine und Industrieklubs, vor denen er viele seiner menschenfreundlich-aufklärerischen Vorträge hielt, konnten mit derlei Gedankengut nur wenig anfangen.

1910 zog sich Jack auf eine Farm in Sonoma County zurück, wo er, ähnlich seinem Zeitgenossen Knut Hamsun eine quasi ursozialistische, dem modernen, industrialisierten, entfremdeten Leben möglichst ferne, „natürliche" Existenz führen wollte. Was in den letzten Jahren folgte, waren heftige Erkrankungen – vor allem seine Nieren versagten allmählich –, dazu die Entfremdung von den eigenen Kindern, zu denen er im Grunde nie den richtigen Draht fand.

Auch äußerlich veränderte er sich, er nahm deutlich an Gewicht zu. Das blendende Aussehen der früheren Jahre, das an J. F. Kennedy erinnern lässt, verschwand. Einher gingen Pessimismus und Depressionen.

Am 22. November 1916 starb er im Alter von erst vierzig Jahren auf seiner Farm. Die früher weithin vertretene Auffassung, er habe Selbstmord begangen, ist bis heute umstritten. Einiges spricht für eine Harnvergiftung als Todesursache, da er in den letzten Lebensjahren an einer Niereninsuffizienz gelitten hatte. Möglicherweise trug auch sein Alkoholismus und sein Morphinkonsum zum Tode bei.

Jack London ist eine romantische Figur und zugleich ein durch und durch moderner Schriftsteller, der viel über das Leben wusste, aber eben nicht alles; der zwar wusste, wie man glücklich wird, aber nicht, wie man glücklich bleibt.

Die Monate des Tramplebens und die 30 Tage im Erie-County-Zuchthaus markierten einen Meilenstein in seinem Leben. Für den Rest seines Lebens blieb Jack ein Gegner des amerikanischen Strafvollzugs, insbesondere war er gegen Einzelhaft, Folter und die Todesstrafe. Er hatte sich mit ehemaligen Strafgefangenen aus San Quentin befreundet, Vorträge zu diesem Thema gehalten und seine Erlebnisse hinter Gitter nicht nur in „Abenteurer des Schienenstranges“, sondern auch in anderen Werken wie „Die Zwangsjacke“ auf unsentimentale und kritische Weise einfließen lassen.

HANS FALLADA
DER MORDFALL RUDOLF DITZEN

Sind wir nicht zur Trauer hier geboren?
Ich hatte einstmals Freude,
nun ist sie ganz vorbei, –
und einmal ist genug [...]

Hans Fallada[105]

Falada mit einem „l" heißt der treue Schimmel in dem Märchen „Die Gänsemagd". Schon war der Nachname des Künstlerpseudonyms gefunden. Der Vorname wurde einem anderen Märchen – „Hans im Glück" – entnommen. Glücklich und märchenhaft jedoch entwickelte sich das Leben des Rudolf Wilhelm Friedrich Ditzen auch als Schriftsteller Hans Fallada nun gerade nicht. Der Titel eines seiner erfolgreichsten Romane, der autobiografisch von den Erlebnissen und Erfahrungen des jungen Rudolf Ditzen erzählt, lautet „Damals bei uns daheim".

Die im Grundton heitere Lebensgeschichte schildert den kindlichen Alltag eines bürgerlichen Haushalts in Berlin zu Beginn des 20. Jahrhunderts. Liebevoll werden die Eigenarten und Charakteristika der Eltern und der vier Geschwister, aber auch weiterer Verwandter und der Hausangestellten beschrieben. Auch die zur Entstehungszeit des Buches bereits unvorstellbaren Zwänge des wilhelminischen Deutschland kommen zur Sprache.

Der elterliche Haushalt wird vom Vater Wilhelm Ditzen – einem Landgerichtsrat – dominiert. „Mein Vater war mit Leidenschaft nur eines, nämlich Jurist. Der Richterberuf schien ihm einer der edelsten und verantwortungsvollsten von allen. Schon sein Vater war Jurist gewesen und vor ihm der Vater seines Vaters und so fort; soweit Gedächtnis der Familie und Überlieferung reichten, war immer der älteste Sohn in unserer Familie ein Jurist gewesen, während im mütterlichen Stamm das Pastörliche überwog. Was Wunder, daß mein Vater den dringenden Wunsch hatte, auch aus mir, seinem ältesten Sohne, einen Juristen zu machen", berichtet Fallada später[106]. Er verspürte nur wenig Neigung dazu, dem väterlichen Wunsch und damit der Familientradition zu entsprechen: „Ich war nur ein dummer Junge, und vor allem war ich nicht frei von der Neigung der Kinder, die jeden Beruf erstrebenswert finden, nur nicht den des Vaters. Trotzdem ich nie mit Vater von solchen Dingen sprach, fühlte er nur zu gut, daß seine Hoffnungen auf Fortsetzung der Juristentradition bei mir nur auf Sand gegründet waren.“ [107]

Im Oktober 1906 wurde Wilhelm Ditzen zum Mitglied der Strafgesetzbuchkommission ernannt, die das Gesetzeswerk von 1871 einer Revision unterziehen sollte; er war der einzige preußische Richter, an den ein solcher Ruf erging. Seine Juristenkarriere fand schließlich Ende 1908 ihren Höhepunkt, als er an den obersten deutschen Gerichtshof, das Reichsgericht, berufen wurde. Im März des folgenden Jahres zog die Familie nach Leipzig um, wo der Vater bereits seine Tätigkeit beim Reichsgericht angetreten hatte.

In diesen Jahren zeigte sich mehr denn je Rudolfs unstetes Wesen, seine Nervosität und Unrast, die durch die häufigen Wohnortwechsel noch forciert wurden. Zudem erkrankte er bis zu seinem 16. Lebensjahr alljährlich einmal lebensgefährlich, erlitt Missgeschicke aller Art und wurde schulisch zweimal nicht versetzt. Alle diese Lebensrückschläge sorgten dafür, dass er zunehmend in eine Außenseiterrolle geriet. Ihn plagten frühzeitig Schlaflosigkeit, Angstträume, Einbildungen, Depressionen und Lebensmüdigkeit.

Wie für seinen zehn Jahre älteren Zeitgenossen Franz Kafka entwickelte sich auch für Rudolf Ditzen die Kälte des väterlichen Karrierestrebens zum prägenden Grunderlebnis seiner Persönlichkeitsentwicklung. Die Entfremdung vom Vater wurde zum Hauptmotiv der Flucht in die Welt der Bücher und des Schreibens.

Drei Wochen nach dem Umzug nach Leipzig wurde Rudolf in einen Verkehrsunfall verwickelt. Fahrrad fahrend war er mit einem Fleischerfuhrwerk zusammen gestoßen. Das Pferd zertrümmerte ihm den Kiefer, er wurde zu Boden geschleudert, und die Räder des Wagens rollten über ihn hinweg. Ein Fuß war gebrochen.

Die Genesung von den Folgen des Unfalls nahm lange Zeit in Anspruch. Erst Mitte August konnte er wieder in seiner neuen Schule, dem Königin-Carola-Gymnasium, am Unterricht teilnehmen.

Seine Verbindung nach Berlin ließ Rudolf in jener Zeit nicht abreißen. Über einen dortigen Freund lernte er im März 1910 schließlich Hanns Dietrich von Necker aus Rudolstadt kennen. Die beiden Halbwüchsigen entdeckten gemeinsame Interessen – vor allem die Liebe zur

Literatur. Und so entwickelte sich im Laufe des Jahres 1910 aus einer regen Korrespondenz zwischen ihnen eine enge Freundschaft.

Im April 1910 kam Rudolf in die Obersekunda. Der Beginn des neuen Schuljahres am 25. April war überschattet von dem Freitod des Oberprimaners Friedrich Hammer, von dem der Direktor den Eindruck hatte, als habe er „durch ungeeignete Lektüre das innere Gleichgewicht verloren."[108]

Rudolf wurde Mitglied der Literarischen Gesellschaft. In jener Zeit entwickelte sich auch sein Faible für Oscar Wilde, für dessen Lyrik und seinen Roman „Das Bildnis des Dorian Gray". Möglicherweise hätte sein Schuldirektor auch hierin eine ungeeignete Lektüre erblickt: Oscar Wildes Romanprotagonist Lord Henry ist klug, geistreich, amoralisch und reserviert. Der kettenrauchende Zyniker und versteckte Homosexuelle adoptiert den schönen jungen Dorian Gray und ist, zumindest mittelbar, für dessen Verfall und Selbstmord verantwortlich.

Das Thema Selbstmord wird denn auch zu einem beherrschenden Thema für Rudolf, der inzwischen seinen christlichen Glauben verloren hatte und auf Abstand zum Sitten- und Wertekodex seiner Umwelt gegangen war.

In den Sommerferien 1910 nahm der 17jährige Rudolf Ditzen an einer Fahrt seiner Wandervogel-Gruppe nach Holland teil. Bei seiner Rückkehr nach Leipzig Ende August „stolzierte ich in Vaters Arbeitszimmer, wo beide Eltern waren, setzte mich auf einen Stuhl, starrte sie an, sprach: ‚Ich glaube, ich habe einen Sonnenstich!' worauf ich prompt ohne Besinnung vom Stuhle fiel. Ich hatte aber keinen Sonnenstich, ich hatte den Typhus!"[109]

Diese Erkrankung markierte eine Wendepunkt in Rudolfs Leben. Seine Mutter[110] erinnerte sich: „Von da an war er höchst sonderbar, äußerst verschlossen und schloß sich soviel wie möglich von uns ab."

Auch Rudolfs Tante Adelaide Ditzen[111], die im Oktober und Dezember 1910 und erneut im Januar 1911 nach Leipzig kam, fiel die Verwandlung an ihrem Neffen auf: „Er war merkwürdig verändert, hatte einen unruhigen, flatternden Blick, war brutal und rücksichtslos, namentlich gegen seine Mutter."

Wie es schien, war Rudolfs inneres Gleichgewicht völlig außer Kontrolle geraten. Exzessive Rauch- und Trinkgewohnheiten sowie sein häufiges nächtliches Ausbleiben führten zu Streitereien mit den Eltern. Die Mahnungen und Ratschläge des Vaters verhallten wirkungslos. Stattdessen machte sich eine heftige Abneigung gegen seine Eltern breit.

Vermutlich in dieser Zeit befielen Rudolf zum ersten Mal in seinem Leben konkrete Selbstmordgedanken.

In einem Brief teilte er sein Vorhaben Hanns Dietrich von Necker mit, der ihn in den Weihnachtsferien in Leipzig besuchte. Von Necker unterstützte die Selbstmordpläne seines Freundes, indem er ihm Gift mitbrachte. Rudolfs Versuch einer Selbstvergiftung schlug jedoch fehl; ebenso scheiterte ein späterer Versuch, sich die Kehle durchzuschneiden.

Seine Suizidbereitschaft entsprach nicht nur Rudolfs unglücklicher persönlicher Konstitution; sie stellte auch ein gesellschaftssoziologisches Phänomen in der Zeit vor dem Ersten Weltkrieg dar. Die Zunahme der imperialistischen Tendenzen des deutschen Kaiserreiches und seine autoritäre Gesellschaftsstruktur riefen in der jüngeren Generation ein Gefühl der Hoffnungslosigkeit und Verzweiflung hervor.

Das neue Jahr 1911 begann mit einem weiteren Freitod in Rudolfs Schule. Für den Direktor des Königin-Carola-Gymnasiums war das Opfer „einer der begabtesten Schüler, die das Gymnasium bisher gehabt hat". Die Aufzeichnungen, die der junge Mann hinterlassen hatte, ergaben, dass er „Kraft und Mut zum Leben verloren zu haben glaubte".[112]

Am 31. Januar verübte auch der Oberprimaner Erich Pöschmann Selbstmord. Wie die beiden früheren Selbstmordopfer war auch er ein höchst talentierter junger Mann, dem eine glänzende Zukunft bevorgestanden hatte. Angesichts von drei Selbstmordfällen in einer Klasse innerhalb von nur zehn Monaten zeigten sich die Schulbehörden beunruhigt. Zu einer Lösung des Problems vermochten sie nicht zu finden.

Inzwischen sah sich Rudolf Ditzen einer schweren Krise gegenüber. Er hatte den christlichen Glauben gänzlich verworfen und sich von den Werten des wilhelminischen Obrigkeitsstaates verabschiedet. Er befand sich im Widerspruch zu der Welt seiner Eltern, die ihn offensichtlich nicht verstand und die er mit den Gestalten aus seinen Lieblingsbüchern verglich.

Er zog sich vollends in seine Traum- und Phantasiewelt zurück, verschloss sich nach außen hin vollständig. Den Eltern fiel es schwer zu verstehen, was in dem heranwachsenden Jungen vorging. Sie waren in der Welt ihrer eigenen Grundsätze, Normen und Anschauungen zu sehr befangen. Zu diesen Eckpfeilern der elterlichen Moral gehörte auch, dass sie mit ihren Kindern nie über sexuelle Probleme sprachen. Die Aufklärung der Söhne wurde vom Vater kategorisch abgelehnt.

Im März 1911 eskalierte Rudolfs psychische Situation. Zunächst erfolgte angeblich nach eigenem etwas zweifelhaftem Bekunden eine erste sexuelle Episode mit einem Dienstmädchen. Anschließend gingen Rudolfs Gefühle in Richtung der 16jährigen Käthe Matzdorf, eines Mädchens aus seinem Bekanntenkreis.

Um der eigenen Unerfahrenheit und Unsicherheit begegnen zu können, sollte ihm die Literatur helfen. Er griff mit der Abfassung eines anonymen Liebesbriefs zu einem klassischen Lösungsweg, den er allerdings in recht unorthodoxer und wenig Erfolg versprechender Weise beschritt. So schrieb er an Käthes Eltern u.a.: „In den Anlagen der Promenade zwischen fünf und sechs Uhr werden Sie den Schüler Ditzen mit Ihrer Tochter Unzucht treiben sehen. Ein Freund des Hauses, der wacht.“[113]

Was diese alarmierenden Zeilen tatsächlich bewirken sollten, bleibt schleierhaft. Das Herz der Angebeteten war damit nicht zu gewinnen, noch viel weniger die Zuneigung der Eltern, die sich sicherlich nicht zu Unrecht heftig echauffierten.

Der Vater des Mädchens war Rechnungsrat beim Reichsgericht. Seine Nachforschungen nach dem Briefschreiber zeigten raschen Erfolg und entlarvten den Kollegensohn Rudolf Ditzen. Damit war das emotionale Intermezzo schneller beendet als es angefangen hatte.

In einem Gespräch mit dem Hausarzt gestand Rudolf sehr bald auch ein, er leide unter dem Zwang, geliebten Menschen wehzutun. Er wolle sich lieber selber töten, als Käthe Matzdorf zu verletzen. Einem Freund gegenüber kündigte er an, er werde zur Stadt hinausradeln und sich in der Heide aufhängen.

Der Freund handelte. Rasch waren die Eltern informiert und der lebensmüde Sohn konnte mit Gewalt daran gehindert werden, das Haus zu verlassen. So blieb er mehrere Stunden lang in regungslosem Schweigen sitzen. Danach eröffnete er seinen Eltern in einer handschriftlichen Notiz, die er seiner Schwester Margarete übergab, er wolle von Leipzig fort. Angesichts des Skandals, der sich anbahnte, gingen seine Eltern bereitwillig auf seinen Wunsch ein. Kurz darauf begleitete ihn seine Mutter zum Kloster Mariensee bei Hannover, wo er vier Wochen bei Verwandten von ihr verbrachte.[114]

Nach dieser Zeit überredete Elisabeth Ditzen ihren Sohn zu einem Aufenthalt in einem Sanatorium in Berka unweit von Weimar. Der behandelnde Arzt[115] beobachtete bei Rudolf Ditzen ein „krankhaftes wohl durch falsche Lektüre noch genährtes Überzeugtsein vom Wert der eigenen Persönlichkeit. Hierzu gehört auch seine von ihm sehr überschätzte Begabung zum Dichten und Schriftstellern, die nach den mir zu

Gesicht gekommenen Proben als minderwertig zu bezeichnen waren. [...] Objektiv zeigte die Untersuchung einen unterernährten, blutarmen Organismus, einen stark akzentuierten Herzspitzenton, die Pupillen normal, die Reflexe gesteigert, leichtes Zittern in den Händen, die Stimmung gedrückt und verschlossen."

Die Diagnose zeugte gleichermaßen von psychologischem wie literarischem Dilettantismus, beinhaltete jedoch auch eine zutreffende Bewertung des kritischen physischen Zustands des Patienten.

Nach der Entlassung aus dem Sanatorium fand die Familie die Möglichkeit, Rudolfs Schullaufbahn im thüringischen Rudolstadt fortsetzen zu lassen. Dort wohnte auch sein Freund Hanns Dietrich von Necker.

Fernab des ihm inzwischen verhassten Leipziger Elternhauses kultivierte Rudolf nun in Rudolstadt seine literarischen Interessen. Er dichtete und schloss sich dem Literaturklub „Literaria" an. Bei einem erfolgreich aufgeführten Bühnenstück übernahm er zudem eine Hauptrolle, die ihn einen Heldentod sterben ließ. Dass dabei ein gewisses Quantum an Cognac im Spiel war, verrät die Unsicherheit und Anspannung, die in ihm herrschte und die er betäuben wollte.

Wenig begeistert von ihrem neuen Schüler zeigte sich die Lehrerschaft in Rudolstadt. Zwar seien seine mündlichen Leistungen in Fragen der Literatur überraschend gut, habe er Horaz und Homer mit Geschmack und Verständnis übersetzt, doch schien er den Pädagogen als ein dekadenter, fast lebensmüder Mensch, der sich über Sitte und Gesetze erhaben fühle. Auffälligerweise nahmen Rudolfs Alkohol- und Nikotinkonsum zu und beeinträchtigten mehr und mehr seine Gesundheit.

Die Ereignisse, die nun folgten, belegen in ebenso tragischer wie bezeichnender Weise die Hilflosigkeit gerade der damaligen Zeitgenossen – Eltern, Geschwister, Lehrer – gegenüber dem sich unverstanden fühlenden Dauersuizidgefährdeten.

Im Herbst 1911 verliebte sich Rudolf in die 15jährige Erna Simon. Ihr vertraute er seine literarischen Pläne an, ihr zeigte er einen Band mit Gedichten. Und ähnlich wie bei seiner früheren Liebe zu Käthe Matzdorf empfand er gleichzeitig den Wunsch, ihr Gewalt antun, sie sogar töten zu müssen.

Auch diesmal wich diese fixe Idee dem Entschluss, lieber seinem eigenen Leben ein Ende setzen zu wollen. Zur Umsetzung dieses Entschlusses wandte sich Rudolf Anfang Oktober erneut an seinen Freund Hanns

Dietrich, von dem er sowohl Verständnis als auch Hilfe erwarten konnte.

Hanns Dietrich von Necker wurde gleichermaßen wie Rudolf Ditzen seit langem von Selbstmordgedanken heimgesucht. Von Necker hatte auch einen kurzen Prosatext über den Selbstmord verfasst. Ein weiterer Beleg für seine selbstzerstörerischen und skurillen Abgründe wurde schließlich ein Vertrag mit Rudolf. Inhalt der Vereinbarung wurde die beiderseitige Verpflichtung, ein Stück Literatur zu schreiben und die Ergebnisse einem neutralen Dritten zur Beurteilung vorzulegen. Wer nach dem Urteil des neutralen Dritten den literarisch schwächeren Text verfasst habe, solle vom anderen erschossen werden. Diese obskure Vereinbarung wurde schließlich durch den Plan eines Doppelselbstmordes ersetzt.

Rudolf zufolge soll es von Necker gewesen sein, der den Einfall hatte, ihren beiderseitigen Tod als Duell auszugeben, das um der Ehre eines jungen Mädchens willen ausgetragen worden sei.

Daraufhin fingierten die beiden einen Auftritt, in dem Hanns Dietrich die von Rudolf verehrte Erna Simon in aller Öffentlichkeit beleidigte und Rudolf Satisfaktion verlangte. Zweifellos kam dies ihren literarischen Neigungen und ihrem Sinn für Theatralik entgegen. Auch in dem von Rudolf viel bewunderten Roman „Das Bildnis des Dorian Gray" hatte der Großvater des Protagonisten, um einen untauglichen Schwiegersohn loszuwerden, ein Duell vorgetäuscht, das auf einer inszenierten öffentlichen Beleidigung beruhte.

Ein Zweikampf bot den beiden Freunden die Möglichkeit, ihr Leben auf eine im Deutschland des Jahres 1911 gesellschaftlich akzeptable Weise zu beenden und ihren Familien – wie sie hofften – einen Skandal zu ersparen.

Der Tag des Duells wurde auf den 17. Oktober 1911 festgesetzt.

Am Tag zuvor lieh Rudolf das Tesching seines Pensionsvaters Oberst a.D. Oskar von Busse aus. Es handelte sich hierbei um eine Handfeuerwaffe kleinsten Kalibers (weniger als 6 mm), die ein Geschoss von geringem Gewicht mittels der Zündhütchenfüllung auf kurze Entfernung (10 bis 20 Meter) treibt. Dem Pensionsvater gab der heimliche Duellant an, mit der ausgeliehenen Waffe im Garten auf Spatzen schießen zu wollen.

Als Nächstes verbrannte er seine sämtlichen Papiere einschließlich seiner Briefe und Gedichte. Beim Mittagstisch gab er an, anderntags gemeinsam mit seinem Freund eine Wanderung unternehmen zu wollen, zu der sie schon früh aufbrechen wollten. Den Nachmittag vertrieben sich die beiden jungen Männer – wie gegenüber von Busse angegeben – die Zeit damit, auf Spatzen zu schießen und damit ihre Zielfertigkeit zu üben.

Am Abend des 16. Oktober verfasste Hanns Dietrich einen Abschiedsbrief an seine Mutter. Der Brief verrät viel von der psychischen Abhängigkeit von Neckers gegenüber dem Freund, den er „Harry" nannte: „Ich liebe meinen Freund Harry Ditzen sehr. Er übte eine seltsame Gewalt aus, er konnte mich völlig seinem Willen unterwerfen. Der Fehler, den ich begangen habe und der all das Schreckliche, was gekommen ist, verursacht hat, ist der, dass ich, als ich es noch konnte, zu schwach war, mit ihm zu brechen. Aber als ich einmal in seinen Bannkreis gezogen war, war es dann zu spät. In einer – dennoch schönen – Stunde, als ich wieder seinem Einfluß unterlag, gab ich ihm mein Ehrenwort, mein nicht erzwungenes Ehrenwort, ihm zu helfen bei der Ausführung seiner Pläne."[116]

Außerdem setzte Hanns Dietrich seiner Mutter auseinander, wie sich Rudolfs Pläne später dem Sterben zugewendet hätten und, angesichts seiner Unfähigkeit, Selbstmord zu begehen, in die Forderung gemündet seien, dass Hanns Dietrich ihn töte. Auf Hanns Dietrichs Weigerung hin hätten sie sich ein Duell ausgedacht und die öffentliche Beleidigung einer Dame in Szene gesetzt, um Gerüchte über einen Doppelmord oder -selbstmord zu verhindern.

Hanns Dietrich schrieb an seine Mutter: „Und Harry kann auch nichts dafür, daß es so gekommen ist. Zürne ihm bitte nicht. Ich sterbe ungern, ich war so glücklich. [...] Mein leichtsinnig gegebenes Ehrenwort ist Schuld an allem. Ich bitte Dich, innig geliebte Mutter, verzeih mir."[117]

Später behauptete Rudolf, Hanns Dietrich habe sich für einen Ehrenhandel entschieden, weil dieser das einzige Motiv gewesen sei, das seine Mutter habe verstehen und akzeptieren können.

Am Dienstagmorgen, dem 17. Oktober, brachen die Duellanten in aller Frühe zu Fuß aus Rudolstadt auf, um auf den Uhufelsen, ein lokales Ausflugsziel, hinaufzuklettern. Dort nahmen sie auf einer Kiefernlichtung in Gipfelnähe Aufstellung. Beide trugen eine rote Schleife, um den genauen Sitz des Herzens zu markieren. Hanns Dietrich zog seinen Revolver, Rudolf spannte den Hahn seines Gewehrs. Beim ersten Austausch von Schüssen verfehlten beide ihr Ziel. Sie legten eine Pause ein, um Rudolfs Gewehr nachzuladen – eine Aufgabe, die Hanns Dietrich versehen musste, da Rudolf nichts davon verstand. Als sie zum zweiten Mal feuerten, ging Hanns Dietrichs Schuss wieder daneben, während er selbst ins Herz troffen wurde. Rudolf rannte zu seinem Freund, der ihn anflehte, ihm den Gnadenschuss zu geben. Daraufhin hob Rudolf nun Hanns Dietrichs Revolver auf und gab auf den schwer verletzten Freund einen tödlichen Schuss ab. Mit den beiden im Revolver verbliebenen Kugeln versuchte er sich selbst zu erschießen, was ihm misslang.

Einige Zeit danach traf ein Förster auf den blutenden Rudolf Ditzen, der schwerverletzt den Abhang vom Uhufelsen herabgetaumelt kam. Der Förster brachte den Verletzten in ein Gasthaus im nahegelegenen Dorf Eichfeld, von wo er in das Rudolstädter Krankenhaus geschafft wurde.

Die erste ärztliche Untersuchung ergab, dass die eine Kugel in die Lunge eingedrungen war und die zweite nur knapp das Herz verfehlt hatte. Da man nicht damit rechnete, dass er überleben würde, wurden seine Eltern an sein Krankenbett gerufen.

Die Morgenausgabe der Rudolstädter Zeitung berichtete: „Eine furchtbare Tragödie hat [...] sich in der Frühe des heutigen Dienstag (gemeint ist der Vortag, der 17. Oktober) in der Nähe des benachbarten Dorfes Eichfeld zugetragen. Dort haben zwei Schüler des hiesigen Gymnasiums, ein Unterprimaner und ein Obersekundaner, einen blutigen Zweikampf miteinander ausgefochten, bei welchem der Obersekundaner sofort getötet wurde, während der Unterprimaner sich selbst durch zwei Schüsse lebensgefährlich verletzte. Die Austragung des Zweikampfes hat ohne Zeugen und unter Formen stattgefunden, die es äußerst zweifelhaft erscheinen lassen, ob nach dem Strafgesetzbuch beurteilt, hier ein Duell als vorliegend angenommen werden kann oder ob ein schwereres Delikt angenommen werden muß [...]."

Ein anderes Lokalblatt, die Schwarzburg-Rudolstädter Landeszeitung, prophezeite: „Aber selbst im Falle einer Genesung wird er [Rudolf Ditzen] schwerer gerichtlicher Strafe und einer vernichteten Existenz gegenüberstehen."

Rudolfs Gesundheitszustand besserte sich wider Erwarten. So konnte am 24. Oktober Haftbefehl gegen ihn wegen Mordes erlassen werden. Aus dem Gutachten des Waffenexperten Friedrich Wolf ging hervor, dass Rudolfs kleinkalibrige Waffe noch auf eine Entfernung von fünfundsiebzig Metern tödlich gewesen sei, während Hanns Dietrich mit seinem Revolver kaum auf mehr als dreißig Schritt habe treffen können

– selbst bei geringerer Entfernung sei der Ausgang eine Frage des Glücks gewesen. Wolf schloss sein Gutachten mit der Behauptung ab, dass die beiden jungen Männer über die ungleiche Beschaffenheit ihrer Waffen Bescheid gewusst haben mussten.

Adelaide Ditzen, die am 8. November in Rudolstadt eintraf, äußerte, dass ihr Neffe offenbar keinerlei Reue über die Tötung seines Freundes verspürte. Sie hielt ihn für zu leichtfertig und berichtete, dass er am glücklichsten war, wenn er aus seinem reichhaltigen Vorrat an Gedichten rezitieren konnte.

Am 10. November kehrten Elisabeth und Margarete Ditzen nach Leipzig zurück. Fünf Tage später wurde Rudolf zur Beobachtung in die Psychiatrische Klinik der Universität Jena eingewiesen. Bei seiner Ankunft wirkte er verschlossen; er schien sich mit einer Haftstrafe abgefunden zu haben und verglich seine Lage mit der Oscar Wildes im Zuchthaus von Reading. In gewisser Hinsicht war ihm ein Gefängnisaufenthalt nicht unlieb, glaubte er doch, auf diese Weise einer Gesellschaft, die er verschmähte, einer Welt, in der für ihn kein Platz war, entfliehen zu können.

Seine Tante Ada, die ihn nach Jena begleitet hatte, besuchte ihn häufig in der Klinik und erteilte ihm bei der Gelegenheit des öfteren Französisch- und Englischunterricht.

In Jena verfasste Rudolf Gedichte, die nach Einschätzung des behandelnden Arztes Professor Binswanger auf eine schwermütige Todessehnsucht schließen ließ. Er war nicht der einzige junge Dichter, der sich bei dem Arzt in Behandlung befand. Auch Johannes R. Becher sollte später zu seinen Patienten zählen. Am 13. Dezember 1911 konnte Binswanger sein Gutachten über Rudolf Ditzen abschließen. Seiner Auffassung nach befand dieser sich „zur Zeit der Begehung der Handlung in einem Zustande krankhafter Störung der Geistestätigkeit, durch den seine freie Willensbestimmung ausgeschlossen war […].“[118]

Die gutachterliche Stellungnahme führte am 12. Januar 1912 zur Einstellung des laufenden Verfahrens. Die Strafkammer I des Landgerichts zu Rudolstadt[119] entschied: „Es ist daher nach § 51 St. G. eine strafbar Handlung nicht vorhanden. Ditzen ist auch jetzt noch geistig krank. Der Angeschuldigte war somit ausser Verfolgung zu setzen.“

Rudolf blieb bis zum 3. Februar 1912 in der Obhut von Professor Binswanger. Anschließend wurde er in die Heil- und Pflegeanstalt für Nerven- und Gemütskranke in Tannenfeld bei Nöbdenitz (Sachsen-Altenburg) verlegt. Die Anstalt war in einer Villa aus dem 18. Jahrhundert innerhalb einer weiträumigen Parkanlage untergebracht. Sie war nicht nur auf Geisteskrankheiten spezialisiert, sondern nahm auch Drogen- und Alkoholsüchtige auf.

Am 15. September 1913 wurde Rudolf offiziell aus der Heilanstalt Tannenfeld entlassen.

Bis zum Beginn seines literarischen Erfolges Anfang der 30er Jahre verbrachte Rudolf Ditzen alias Hans Fallada mehrere Jahre wegen seiner Alkoholsucht in Entzugsanstalten und Privatsanatorien. Er arbeitete u.a. als Gutsverwalter, auch als wissenschaftlicher Hilfsarbeiter der Landwirtschaftskammer Stettin und später als Angestellter einer Kartoffelanbaugesellschaft in Berlin. Mit „Bauern, Bonzen und Bomben" (1931) wurde Fallada über Nacht zum Bestsellerautor. Mit seinem Welterfolg „Kleiner Mann – was nun?" rettete er den Verlag seines Freundes Ernst Rowohlt vor dem Bankrott.

WALTER KEMPOWSKI
ZUCHTHAUS BAUTZEN – EIN KAPITEL FÜR SICH

Die Zeit der Haft ist das Zentrum, um das Kempowskis Leben als Pädagoge, Schriftsteller und Archivar bis heute kreist. Eine symbolische Erfahrung: Der Sohn aus gutem Hause, kriminalisiert, ausgestoßen, besann sich am tiefsten Punkt und strebte fortan danach, das von ihm Zerstörte wiederherzustellen, durch seine Arbeit wieder in die Gesellschaft aufgenommen zu werden.

Dirk Hempel[120]

Rostock, Augustenstraße 90, 8. März 1948, 5.30 Uhr.

Mehrere russische Besatzungssoldaten drangen in das Haus der Familie Kempowski ein.

Sie verhafteten den jüngsten Sohn der Familie – Walter – und lieferten ihn in das MWD-Gefängnis[121] in der John-Brinkmann-Straße ein. Der Keller einer Villa diente in jener Zeit dem sowjetischen Geheimdienst zur Unterbringung von Häftlingen. Walters älterer Bruder Robert Kempowski wurde noch am gleichen Tag außerhalb des elterlichen Hauses verhaftet. Beide Brüder wurden einige Tage später nach Schwerin in das MWD-Gefängnis an der Demmlerstraße transportiert.

Die Vernehmungen des sowjetischen Untersuchungsrichters der ersten Tage schildert Walter Kempowski im Roman „Ein Kapitel für sich" später in seiner typischen, unkommentierend sachlichen Art: „Er schritt über die Ankerteppiche, auf und ab, die Hände auf dem Rücken. (‚Wieder so ein junger Mensch, der sich gegen die Sowjetunion vergangen hat, oh, was sind das bloß für Zeiten.') Dann blieb er vor mir stehen und sah mir in die Augen: der Vaterländische Krieg, die glorreiche Sowjetunion! Jede kleine Hütte haben die Deutschen angezündet und jeden Telegrafenmast gesprengt."[122]

Der Grund für seine Verhaftung war Walter Kempowski schon in der Nacht der Verhaftung bewusst gewesen: die Frachtpapiere! Sein Bruder Robert, der seit dem Tod des Vaters Karl Georg dessen Rostocker Reederei weiter betrieben hatte, hatte Frachtpapiere aus dem Kontor gesammelt, um beweisen zu können, dass die sowjetische Besatzungsmacht größere Mengen an Demontagegütern, als mit den Westalliierten vereinbart war, aus Deutschland hatte abtransportieren lassen.

Walter Kempowski hatte diese Dokumente den Amerikanern übergeben wollen, die jedoch nur wenig Interesse an den Tag gelegt hatten. Seit seiner Flucht aus der Sowjetzone am 27. November 1947 lebte er bereits im Westen. In Wiesbaden arbeitete er als Verkäufer in einem PX-Store der United States Army und ebenso für den US-Nachrichtendienst CIC.

Tage vor seiner Verhaftung war Walter Kempowski völlig legal mit dem Interzonenpass zunächst nach Hamburg zu Verwandten, später wieder in die Heimatstadt Rostock gereist. Hier wollte er die Flucht seines Bruders Robert und seiner Mutter Margarethe in den Westen besprechen.

Ein Denunziant hatte jedoch die Absicht der Brüder an die sowjetischen Stellen weitergeleitet. Die Verhaftung im Morgengrauen erfolgte am ersten Tag nach seiner Heimkehr.

Vier Wochen lang erfolgten nun nächtliche Verhöre, saßen Kempowski und der unermüdlich fragende Untersuchungsrichter einander gegenüber. Die Mutter wusste zu jenem Zeitpunkt nichts über den Verbleib der beiden Söhne. Sie wandte sich ergebnislos an das Rostocker Kriminalamt. Wochen des Nachforschens gingen ins Land. „Nach etwa zwei Monaten kam dann ein deutscher Polizist mit einer Liste, auf der stand, was die Jungen an Sachen haben wollten, ich sollte das zusammenpacken. (Ich hab noch auf das Papier gekuckt, ob das wohl die Handschrift der Jungen wär, aber sie war es nicht.) Warme Sachen sollten es hauptsächlich sein. Ich nahm zwei große Decken und tat alles mögliche hinein. In einen Strumpf steckte ich einen Zettel: ‚Kuß, Mutti.'“[123]

Mitte April erhielten die inhaftierten Brüder schließlich Wäsche, Pullover, Seife und je eine Zahnbürste von Zuhause.

Der Untersuchungsrichter verlangte zu wissen, ob auch Kempowskis Mutter von der „Frachtbrief-Geschichte“ gewusst hatte. Ob sie seine Komplizin gewesen sei. „‚Nun wollen wir mal über deine Mutter sprechen. – Schwöre, daß deine Mutter nichts von der spionischen Tätigkeit gewußt hat.' Das sei mir zum Schwören zu nichtig, sagte ich nach zu langem Zögern.“ [124]

Kempowski schwieg zunächst. Die Reaktion der Besatzungsmacht wurde rigide. Man verbrachte den Untersuchungshäftling in eine Karzerzelle. „Ich mußte mich ausziehen und wurde da hineingesteckt. Fenster öffnen und Wasser auf den Fußboden gießen. […] In der zweiten Nacht übergossen sie mich mit Wasser und ließen die Hoftür offen, damit's tüchtig zieht: der will hier seine Mutter decken, das ist ja unerhört."[125]

Irgendwann war der Widerstand gebrochen. Der misshandelte Sohn gestand, dass seine Mutter von der „Frachtbrief-Aktion" gewusst hatte. Am 28. September 1948 wurde daraufhin auch Margarethe Kempowski ebenfalls verhaftet.

Fortan quälte sich ihr Sohn Walter mit der Schuld, das Leiden seiner Mutter verursacht zu haben: „Dies sind die dunkelsten Stunden meines Lebens"[126], vermerkt sein Tagebuch später. Am 6. Juli 1949, wenige Tage, nachdem er die Nachricht von der Inhaftierung seiner Mutter erhielt, schrieb er seiner Schwester Ursula: „Ich glaube, Ihr könnt Euch denken. was in mir vorgeht. wenn ich an Mutter denke. Richtet nicht! [...] Gebe Gott, daß wir Mutter ein Leben schaffen können, das alles Bisherige vergessen läßt. Wie werde ich arbeiten, das zu erreichen!"[127]

Einige Zeit später hielt er es jedoch wieder für fraglich, ob seine im Wasserkarzer erpressten Aussagen tatsächlich der Grund für ihre Verhaftung waren. Er sah eher den Besuch eines amerikanischen Agenten kurz nach seiner Verhaftung sowie ihre Reise nach West-Berlin im September 1948 als auslösende Momente an. „Daß ich mich schuldig fühle ist eine ganz andere Sache."[128]

Seine Verantwortung verstand er metaphysisch: „Die Tatsache bleibt, daß ich ja gesagt habe, ja, meine Mutter hat davon gewusst, auch wenn die Entscheidung über ihr Schicksal zu diesem Zeitpunkt längst gefallen war."[129]

Ende August 1848 tagte das zentrale sowjetische Militärtribunal über den „Fall Walter Kempowski". Ohne einen Verteidiger an der Seite zu haben, wurde der Angeklagte zu 25 Jahren Arbeitslager verurteilt. Die Urteilsgründe gegen Kempowski bildeten die angeblich erwiesenen Tatbeständen der Spionage, der antisozialistischen Hetze, des illegalen Grenzübertritts und der unerlaubten Gruppenbildung.

Das Militärtribunal wusste dank Denunziation, Indizien und dem Geständnis des Angeklagten über alles Bescheid, über die „Frachtbrief-Geschichte", Kempowskis Zeit in Wiesbaden in Diensten der Amerikaner, seinen Einsatz im Wahlkampf 1946, den Rostocker Jugendclub, dem er angehört hatte, und vieles mehr.

Sein Bruder Robert erfuhr mit ähnlich lautendem Urteil dieselbe Behandlung russischer Besatzungsjustiz. Auch die Mutter blieb nicht verschont: Wegen Nichtanzeigens von Agenten des ausländischen Nachrichtendienstes – gemeint waren die eigenen Söhne – verurteilte das Militärtribunal Margarethe Kempowski zu zehn Jahren Zuchthaus. Die Inhaftierung wurde zunächst im ehemaligen Konzentrationslager Sachsenhausen, ab Anfang 1950 im Frauengefängnis Hoheneck bei Stollberg im Erzgebirge vollzogen.

Die bürgerliche Existenz der Familie Kempowski war zerstört. Die Reederei wurde liquidiert, die Wohnung aufgelöst und alle Möbel versteigert. Nichts würde bleiben.

Bautzen I, Speziallager Nr. 4, 6. September 1948.

Im sächsischen Bautzen gab es zwei Gefängnisse; zum einen das zwischen 1900 und 1904 am nördlichen Stadtrand gebaute Zuchthaus Bautzen, später Bautzen I genannt; zum anderen – in der Nähe des Amts- und Landgerichts – das Untersuchungsgefängnis, später Bautzen II genannt.

Walter Kempowski trat seine Strafzeit in Bautzen I an. „Vor dem großen gelben Zuchthaus lagerten wir unter Apfelbäumen. Eine Wand von kleinen Fenstern: der große Zellenbau. Auf den Giebeln wilhelminischer Zinnen.“[130]

Wegen seiner aus gelben Klinkern gebauten Gefängnismauern trug Bautzen I im Volksmund den berüchtigten Beinamen „Gelbes Elend“. Das Gefängnis hatte sich ursprünglich an den Grundsätzen eines modernen, menschenwürdigen, nach liberalen Grundsätzen gestalteten Strafvollzugs orientiert. Das hatte allerdings nicht lange gewährt. Im Dritten Reich waren in Bautzen I politische Gegner aus der KPD und der SPD wie Ernst Thälmann, aber auch von den Nationalsozialisten verfolgte Gruppen wie die Zeugen Jehovas und kirchliche Vereinigungen inhaftiert.

Zwischen Juni 1945 bis Februar 1950 unterhielt die sowjetische Militäradministration in der Haftanstalt das so genannte Speziallager 4 (später Speziallager Nr. 3). Zunächst wurden hier Nationalsozialisten, später auch sozialdemokratische und bürgerliche Gegner der SED sowie willkürlich Festgenommene inhaftiert. In einem Gebäude waren seit 1946 – völlig getrennt von den Insassen des Speziallagers – jene von den sowjetischen Militärtribunalen nach dem Strafrecht der Russischen Sozialistischen Föderativen Sowjetrepublik verurteilten Häftlinge untergebracht. Hierzu gehörte auch Walter Kempowski. In einem provisorisch errichteten Barackenlager lebten 5 000 bis 7 000 Gefangene, weitere rund 7 000 Häftlinge in den Sälen und Zellentrakten der Haftanstalt – normalerweise fünf, vereinzelt auch sechs Mann in einer „Einzelzelle“. Die Haftbedingungen waren unmenschlich.

Die Jahre zwischen 1949 bis 1952 verbrachte Walter Kempowski mit 400 Männern auf engstem Raum in einem der Säle. „Die Pritschen waren 1,50 m breit, für drei Mann!“[131]

Die Verpflegung der Häftlinge war in Bautzen wie in den anderen Speziallagern völlig unzureichend. Jedem Häftling standen etwa 600 Gramm Brot, ein wenig Marmelade und Fett als Tagesration zu. Chronische Unternährung der Insassen war die zwangsläufige Folge. Das Körpergewicht erwachsener Häftlinge bewegte sich nicht selten bei 40 bis 50 Kilogramm.

Robert Kempowski[132] berichtete später: „Ich erinnere mich an den Ruf ‚Westflügel – Suppe‘, bei dem wir schon mit der Schüssel an der Zellentür gestanden haben. Dies zum Gefühl Hunger, das man sich heute kaum mehr vorstellen kann. Damals gab es beispielsweise die Krümelknacker, die Krümel gesammelt und in Beuteln zum Trocknen aufgehängt haben. Es hat Leute gegeben, die Nudeln zum Trocknen aufgehängt haben, um sich irgendwann einmal einen ‚Prasdnik‘ zu machen. Leute haben ihre ‚Kuhlen‘ (Gaunersprache = Brotration) untereinander getauscht und 2 Tage gehungert, um einmal eine richtige Mahlzeit zu haben. Diese Leute haben sich kaputtgemacht.“

Eine Häftlingskleidung kannte man in Bautzen nicht. Kempowski und die anderen Häftlinge lebten in derselben Kleidung, die sie bei ihrer Festnahme auf dem Leibe gehabt hatten. Wer im Sommer festgenommen wurde, besaß dementsprechend nur leichte Kleidung, wenn er sich nicht im Lager etwas hatte „organisieren“ konnte. Im Übrigen war es eine Frage der Zeit, bis die Kleidung der meisten Häftlinge verschlissen und zerlumpt, günstigenfalls primitiv geflickt war. Ersatz für unbrauchbar gewordene Kleidung bot in den 40er Jahren nur die Ausgabe der von verstorbenen Häftlingen hinterlassenen Kleidung. Die Masse der Häftlinge besaß nach längerer Inhaftierung selbst gefertigte Holz- oder Stoffschuhe und Fußlappen.

Die hygienischen Verhältnisse waren in Bautzen aufgrund der lokalen Gegebenheiten nicht ganz so katastrophal wie in anderen Speziallagern. Ab 1948 empfingen die Häftlinge alle vier bis sechs Wochen ein Stück so genannter Tonseife.

Generell durften die Häftlinge in Bautzen nicht arbeiten. Sie waren im Gegenteil jahrelanger, zermürbender Beschäftigungslosigkeit ausgeliefert. Das im GULAG-System in der Sowjetunion herrschende Prinzip der Zwangsarbeit war durch das Prinzip erzwungener Untätigkeit ersetzt worden.

„Ich brauchte im Zuchthaus nicht zu arbeiten", so Walter Kempowski später: „Als ich in der Zelle saß, dachte ich über die Nazizeit nach, über das Elternhaus. Tausend Bilder. Ich habe mir anfangs diese Vergangenheit zurecht gemacht wie einen kitschigen Farbfilm. Nachdem ich lange genug geschwindelt hatte, fragte ich weiter und immer spezieller, um endlich durchzustoßen zu dem, was ‚dahinterlag', unter der Oberfläche also. Ich hab' auf meiner Pritsche gelegen, mir Augen und Ohren zugeklemmt und mir zum Beispiel vorgestellt: Was hast du am 1. April 1938 gemacht? Es ist natürlich ausgeschlossen, das völlig zu rekonstruieren, aber man kann einkreisen, sich Gebiete erschließen, an die man zuvor nicht dachte, wie lebten damals die Eltern, welche Freunde hatte man usw. Oder die Wohnungseinrichtung bis auf den Tapeziernagel genau. Im Zuchthaus habe ich viel Zeit damit verbracht, mein Gedächtnis aufzufrischen."[133]

Eine Ausnahme bildeten die Häftlinge, die zu Hilfsfunktionen zur Aufrechterhaltung des inneren Lagerbetriebs oder zum Arbeitseinsatz in verschiedenen Wirtschaftseinrichtungen herangezogen wurden. Zwischen März und November 1953 wurde Walter Kempowski als Schreiber in der Sattlerei beschäftigt. Im Januar 1954 wurde er zum Kommandoleiter Kirchenchor ernannt – eine Tätigkeit, die ihn nach Jahren des Wartens und des Weiterbildens fesselte und herausforderte. Er war jetzt 24 Jahre alt. Seine Haftzeit sollte noch bis 1973 andauern. Dann wäre er 44 Jahre alt gewesen. Eine schier endlose Dauer.

In den Zellenhäusern waren „medizinische Punkte" zu ambulanter Behandlung notdürftig eingerichtet. Außerdem existierten Krankenreviere und ein Hauptkrankenhaus, das zur Strafvollzugsanstalt gehörte. Besonders verhängnisvoll wirkte sich der permanente Mangel an Medikamenten aller Art aus.

Wegen Tbc-Verdachts machte Kempowski in jenen Jahren auch Bekanntschaft mit dem Lazarett. Den katastrophalen medizinischen Verhältnissen zum Trotz erholte er sich wieder. Das Innenministerium war sich des miserablen Gesundheitszustand der Häftlinge und seine Ursachen durchaus bewusst. Ausdrücklich vermerkten die Sanitätsberichte als Krankheitsgründe die unzureichende Ernährung, die erzwungene Untätigkeit, die Ungewissheit über das weitere persönliche Schicksal sowie jegliches Fehlen einer brieflichen Verbindung zu den Angehörigen. In Bautzen kritisierten sie die Verschalung der Fenster, die den Insassen auch noch das Sonnenlicht raubte.

Als besondere geistig-seelische Tortur empfanden die Häftlinge, dass ihnen jahrelang keinerlei geistig-kulturelle Betreuung zuteil wurde. Obwohl Bautzen eine Gefangenenbibliothek unterhielt, wurden bis 1950 keine Bücher ausgegeben. Später änderte sich das; Kempowski konnte Dostojewski, Tolstoi, Dante und Keller lesen. Doch das Quantum des Lesestoffs war äußerst begrenzt. In acht Jahren Bautzen wurden es bei Kempowski 20 Bücher.

Mehr schlecht als recht versuchten daher die Häftlinge, ihrer geistig-kulturellen Verödung durch Selbsthilfe zu entrinnen. In den Baracken und Sälen wurden Erzählabende improvisiert, in denen Häftlinge im Kameradenkreis über Reisen und andere Erlebnisse berichteten. Lehrer und Schauspieler unter ihnen improvisieren „literarische Zirkel", in denen aus dem Gedächtnis rezitiert wurde. Das war im Grunde illegal, wurde zumeist aber stillschweigend geduldet.

Kempowski nahm Französischunterricht bei Wolfgang Natonek, dem Sohn des Schriftstellers Hans Natonek. „Sein Unterricht kam mir sehr zugute. Ich zehre immer noch davon. Er konnte Fabeln von La Fontaine aufsagen, die ich dann auswendig lernte, le corbeau et le renard, oder er gab Vorlesungen über die deutsche Klassik wieder, die er bei Hermann August Korff gehört hatte."[134]

Bei einem Volksschullehrer namens Erler besuchte Kempowski Kurse zur Harmonielehre. Er nahm an einem literarisch-philosophischen Gesprächskreis teil, den der Studienrat Hans Haustein leitete. Philosophische Systeme wurden in dem so genannten Mimosenclub erläutert und aus dem Leben der Dichter berichtet. Gedichte wurden rezitiert. Und Kempowski schrieb auch selber Verse auf Toilettenpapier[135] – in Ermangelung von Alternativen:

„In meinem Aquarium
Hängen die Fische
Seltsam starr und stumm.
Doch – wenn ich die Scheibe wische,
Fahren sie plötzlich herum."

Auch wurden eigene Theaterstücke aufgeführt. Mit Hilfe seines Bruders Robert inszenierte Walter Kempowski das Curt-Goetz-Stück „Die tote Tante" – ein Lieblingsstück des verstorbenen Vaters.

Zum Glück konnten seit September 1948 in Bautzen auch mehr oder minder regelmäßig Ostberliner Zeitungen gelesen werden – Neues

Deutschland, Tägliche Rundschau, Berliner Zeitung und die National-Zeitung.

Jahrelang gab es jedoch trotz nachhaltiger Bemühungen beider christlicher Kirchen keinerlei seelsorgerliche Betreuung. Erstmals wurde 1949 zu Weihnachten in Bautzen I ein katholischer Gottesdienst gefeiert, an dem mehrere hundert sorgfältig ausgesuchte Häftlinge teilnehmen durften. Die Protestanten hatten bereits zwei Jahre zuvor an Heiligabend dieses Zeichen sozialistischer Religionstoleranz genießen dürfen.

Auch in Bautzen blieben die Häftlinge wie in allen Speziallagern von der Außenwelt total isoliert. Behutsame Versuche deutscher Politiker, sich über das Schicksal von Häftlingen zu informieren oder zu ihren Gunsten zu intervenieren, waren selten, aber auch weithin aussichtslos.

Nicht nur, dass die ausgehende Post der Zensur unterlag, zudem gelangten die eingehenden Briefe nur über eine Berliner Postfachnummer zu den inhaftierten Empfängern. Dadurch wollten die Behörden eine Dechiffrierung des Haftortes erschweren.

Am 7. Februar 1950 übernahm die Volkspolizei in Bautzen I insgesamt 5900 Verurteilte der sowjetischen Militärtribunale. Sie bildeten die Stammbelegschaft der Strafgefangenen. Infolge einer am 9./11. Juni 1953 eingeleiteten Politik des Neuen Kurses unter Wilhelm Pieck, in deren Vollzug es zu erheblichen Häftlingsentlassungen kam, sowie aufgrund der am 17. Januar 1954 bekannt gegebenen Entlassungsaktion kehrte ein großer Teil von Strafgefangenen aus Bautzen I in die Freiheit zurück.

In Juni 1955 wurde auch Walter Kempowskis Haftzeit auf insgesamt acht Jahre reduziert. Er musste also noch acht Monate ausharren.

Zu weiteren Entlassungen kam es 1955/56. Laut DDR-Ministerratsbeschluss, der am 23. Dezember 1955 veröffentlicht wurde, erlebten 2616 Kriegsverurteilte ihre vorzeitige Haftentlassung.[136]

Im Frühjahr und Sommer 1956 setzten sich unter dem Einfluss des politischen Tauwetters die Entlassungen fort.

Bautzen I, Speziallager Nr. 3, 7. März 1956, 6.30 Uhr.

Vorzeitig wurde auch Walter Kempowski aus der Haft entlassen. Mit dem Zug fuhr er Richtung Westdeutschland. Ziel war Hamburg. Seiner Mutter, die seit Januar 1954 wieder in der Freiheit lebt, telegrafierte er: „Ich bin frei."[137]

Bruder Robert wurde ein paar Monate später ebenfalls begnadigt und entlassen.

Nach der Haftentlassung und einem ersten kurzen Aufenthalt bei seiner Mutter in Hamburg ging Walter Kempowski nach Göttingen, um sein Abitur nachzuholen und dort auch das Studium der Pädagogik zu absolvieren. Er heiratete schließlich die friesische Pfarrerstochter Hildegard Janssen und wurde Lehrer; zunächst Grundschullehrer in einem kleinen Ort namens Breddorf bei Zeven, ab 1965 in Nartum, Landkreis Rotenburg (Wümme), und von 1975 bis 1979 in Zeven bei Bremen. Die Erlebnisse in Bautzen verarbeitete er literarisch in seinem 1969 erschienenen Erstlingswerk „Im Block. Ein Haftbericht."

Kempowski schuf mit einer zusammenhängenden neunteiligen Werkreihe, bestehend aus Romanen wie „Tadellöser & Wolff", „Uns geht's ja noch gold" und Erlebnis-Collagen wie „Haben Sie Hitler gesehen?", eine große literarische Familiengeschichte, die zu einer exemplarischen „Deutschen Chronik"[138] des 20. Jahrhunderts wurde.

Er steht damit zum einen in der Tradition berühmter Vorgänger und Verfasser von Familienromanen wie Thomas Mann und Émile Zola; er entwickelte dabei jedoch zum anderen einen ganz eigenen Stil durch die mosaikartige, pointiert-zugespitzte, dabei doch chronologische Ablaufform der Darstellung.

Anfang der 1980er Jahre begann Kempowski damit, biografische Materialien von „einfachen" Menschen zu sammeln, indem er Anzeigen in der Wochenzeitung Die Zeit aufgab. Er erhielt Unmengen an Tagebüchern, Briefwechseln, Lebensaufzeichnungen und Fotografien von Menschen aus unterschiedlichen Kreisen und Zeiten. Diese Materialien verwandte er in seinem Hauptwerk „Das Echolot". 2005 vermachte er sein Biografien-Archiv, das mittlerweile hunderttausende Fotos und Millionen Blatt Papier umfasst, der „Stiftung Archiv der Berliner Akademie der Künste".

Am 5. Oktober 2007 starb Walter Kempowski als einer der bedeutendsten deutschen Schriftsteller der Nachkriegszeit.

VERBOTENE BÜCHER

VERBOTENE BÜCHER

Es dürfte kaum eine Erfindung geben, die die menschliche Kultur so revolutioniert hat wie das Buch. Das gedruckte Wort informiert, belehrt und unterhält. Bücher bilden neben dem Internet das universale Kommunikationsmittel. Doch mit dem Aufkommen des Buches kam es auch gleichzeitig zur Kontrolle des geschriebenen Wortes, denn Bücher verbreiten auch Angst, klären auf, mahnen zur Kritik und erzeugen Abscheu. Bücher schaffen sich und ihren Verfassern Feinde. Im schlimmsten Fall werden sie deshalb nicht nur verboten, sondern auch vernichtet.

„‚Darf ich Sie etwas fragen? Wie lange dienen Sie schon bei der Feuerwehr?‘

‚Seit ich zwanzig wurde, vor zehn Jahren.‘

‚Lesen Sie jemals welche von den Büchern, die Sie verbrennen?‘

Er lachte. ‚Das ist doch verboten!‘

‚Ach so, ja.‘

‚Es ist ein schöner Beruf. Montag brenne Milley, Mittwoch Melville, Freitag Faulkner, brenne sie zu Asche, dann verbrenne noch die Asche. Das ist unser Wahlspruch.‘“

Dieser Dialog[139] aus dem Roman „Fahrenheit 451“ von Ray Bradbury ist ein Ausschnitt aus einer literarischen Utopie, in der ein totalitäres staatliches System einen Vernichtungskrieg gegen Bücher führt, um seine Gesellschaftsordnung zu schützen.

Auch in der politischen Realität finden sich regelmäßig Machthaber, die in Büchern eine subversive Bedrohung ausmachen und alles daran setzen, diese zu bekämpfen.

Wie sich Zensur auswirkt, wird nicht nur in Verboten sichtbar. Sie reicht von der Streichung einzelner Textpassagen bis hin zu Bücherverbrennungen wie jener der Nationalsozialisten am 10. Mai 1933. Unter den damals verfemten Autoren befanden sich Erich Kästner, Sigmund Freud, Karl Marx, Heinrich Mann und Kurt Tucholsky, aber ebenso Werke weniger bekannter Autoren wie Werner Hegemann, Theodor Wolff und Georg Bernhard.

Bei Thomas Mann waren sich die nationalsozialistischen Machthaber lange Zeit unsicher, wie man mit ihm und seinen Büchern verfahren sollte, denn der Verfasser der „Buddenbrooks“ stellte so etwas wie die lebende Ikone der deutschen Literatur ganz in der Tradition von Goethe, Schiller und Fontane dar. Außerdem sparte der Schriftsteller im Gegensatz zu seinem Bruder Heinrich und seinen Kindern Erika und Klaus lange Zeit mit offener Kritik an den Berliner Machthabern. Erst als die gegensätzlichen Fronten zwischen der Unkultur der Nationalsozialisten und dem Kulturmenschen Thomas Mann offen ausbrachen, ging das Regime auch zur Bekämpfung seines Schrifttums über. Den Schrecken der Zeit fielen denn auch viele wichtige Manuskripte des Literaturnobelpreisträgers zum Opfer, ohne dass sich allerdings bis heute die Hintergründe dafür zweifelsfrei aufklären lassen.

Es wirkt wie die historische Spielart einer ausgleichenden Gerechtigkeit, dass das bekannteste Buch des Dritten Reiches – Adolf Hitlers „Mein Kampf" – nach 1945 das Schicksal der Ächtung erfuhr und bis zum heutigen Tage verboten ist. Nun mag dieses Verbot des Buches angesichts seines menschenverachtenden Inhalts und seiner sprachlichen Blasiertheit keinen Verlust für die Literaturgeschichte darstellen, doch stellt sich immer wieder zu Recht die Frage, ob eine solche Zensurmaßnahme erstens effektiv und zweitens sinnvoll ist? Das Buch hatte schon zu Lebzeiten seines Verfassers enorme Auflagen und erfährt auch heute noch eine massenhafte Neupublizierung im Ausland, so dass von einer hinreichenden Marktsättigung auszugehen ist. Das Verbot birgt demgegenüber den Nachteil, dass es einer Auseinandersetzung im Rahmen einer editorisch-kritischen Neuherausgabe im Wege steht.

Dass das Dritte Reich eine literarische Auseinandersetzung hervorrufen musste, liegt auf der Hand. Klaus Mann schuf mit seinem Roman „Mephisto. Roman einer Karriere" eines der berühmtesten Bücher, das mit der Zeit und vor allem ihren Mitläufern abrechnet. Er wählte dafür seinen ehemaligen Schwager Gustaf Gründgens zur Zielscheibe aus. Diese Entscheidung wiederum veranlasste dessen Adoptivsohn im Nachkriegsdeutschland dazu, ein Veröffentlichungsverbot zu erwirken, da er das Ansehen seines verstorbenen Adoptivvaters als verletzt sah. Der Gang durch die Gerichtsinstanzen bis hin zum Bundesverfassungsgericht sorgte für die Erkenntnis, dass die Einschränkung der Kunst- und Meinungsfreiheit gelegentlich zum gleichen Ergebnis gelangt wie die Schutzhandlungen des Staates, wenn er seine lesenden Bürger vor den krankhaften Phantasien eines talentfreien Freizeitschriftstellers aus Braunau schützen will.

Zum Schutz ihrer Institutionen und Gläubigen fühlte sich im Laufe der Geschichte auch des Öfteren die katholische Kirche berufen. Der bekannteste Fall ist sicher jener von Galileo Galilei. Der italienische Naturwissenschaftler hatte zu Beginn des 17. Jahrhunderts festgestellt, dass sich die Erde um die Sonne dreht und nicht umgekehrt – wie von der Kirche behauptet. Seine Schriften wurden verboten. Dabei ist es nicht die katholische Kirche, die den „Index“ erfunden hat – die erste Liste mit verbotenen Büchern erschien 1544 in Paris. Die Kirche versuchte aber über vier Jahrhunderte hinweg, in Inquisition und Indexkongregation den Buchmarkt zu kontrollieren.

Vor allem die vermeintlichen literarischen Verstöße gegen Gott und Religion führen auch bei anderen Konfessionen immer wieder zum offenen Krieg mit Schriftstellern und ihren Werken. Als Salman Rushdie 1988 seine „Satanischen Verse“ veröffentlichte, fürchtete der indisch-britische Schriftsteller um sein Leben. Denn die Geschichte erregte die Gemüter einiger radikaler Vertreter des islamisch-schiitischen Glaubens derart, dass einige zum Mord gegen den Schriftsteller aufriefen, darunter auch der iranische Revolutionsführer Ajatollah Chomeini. Der Autor versteckte sich einige Jahre, unter anderem im Haus von Günter Wallraff in Köln. Bis heute tritt Rushdie nur mit Polizeischutz in der Öffentlichkeit auf.

Verletzte religiöse Gefühle löste auch die amerikanische Autorin Sherry Jones mit ihrem Roman „Aisha – Das Juwel von Medina“ aus. Im August 2008 sollte der Roman in Nordamerika und Großbritannien erscheinen. Auf die ungeprüfte Warnung der amerikanischen Islamwissenschaftlerin Denise A. Spellberg, die ihn als Pornografie und gefährlicher als die „Satanischen Verse“ bezeichnet hatte, folgten hitzige Diskussionen im Internet. Daraufhin verzichtete der Verlag Random House auf eine Veröffentlichung des Buches. In Großbritannien fand sich mit Gibson Square jedoch recht bald ein neuer Verlag für das Werk, doch ein Brandanschlag im Haus des Verlagsbesitzers schien die Entscheidung von Random House zu bestätigen.

Die literarische Mischung aus scheinbarer Gotteslästerung und Pornographie sorgte in den 60er Jahren bereits dafür, dass sich mit Arno Schmidt einer der ungewöhnlichsten deutschsprachigen Schriftsteller des 20. Jahrhunderts einem Strafverfahren ausgesetzt sah. Es war dabei noch nicht einmal die Kirche, die ihn vor den Kadi gezerrt hatte, sondern es waren zwei Rechtsanwälte, die sich ganz persönlich durch den Roman „Seelandschaft mit Pocahontas“ in ihrem religiösen und sittlichen Empfinden verletzt sahen. Nun war Schmidt durchaus ein Provokateur und es bedurfte schon einiger gutachterlicher Stellungnahmen von Kollegen, um gerichtlich feststellen zu lassen, dass man es hier mit Kunst zu tun hatte, die niemanden beleidigte oder verunglimpfte. Der Vorwurf der Gotteslästerung war dabei schneller erledigt als jener der Pornographie. Dass beides oftmals gleichzeitig zur Anklage kommen kann, zeigt übrigens auch der Fall von Gustave Flauberts Roman „Madame Bovary", gegen den 1857 ein Verbotsverfahren eingeleitet worden war.

Wegen Verstoßes gegen die guten Sitten verboten wurde auch der Briefroman „Fanny Hill" von John Cleland von 1749. In Australien darf das Buch bis heute nicht verkauft werden. Ein ähnlich zeitloses Verbot drohte auch Charles Baudelaire mit seinem Lyrikband „Les Fleurs du Mal". Auch in diesen skandalträchtigen Zeilen erblickten einige Zeitgenossen religiöse Verstöße und vor allem unsittliche Passagen. Neben der Fragwürdigkeit, einen Dichter zu zensieren, zeigt gerade der Fall Baudelaire, wie sich Ansichten über Gott und Moral vor allem auf dem Gebiet der Kunst ändern. Das juristisch Erstaunliche liegt aber vor allem darin, dass sich ein Staat wie Frankreich Jahrzehnte nach einem Buchverbot die Mühe macht, ein spezielles Gesetz zu erlassen, um gerade dieses eine Buch wieder zu legalisieren und damit der Kunst und dem Künstler Gerechtigkeit widerfahren zu lassen. Es war ein bemerkenswerter Kniefall der französischen Justiz vor Charles Baudelaire und allen verbotenen Büchern.

THOMAS MANN
WO SIND DIE „BUDDENBROOKS"?

Was Valentin [Heins] anbetrifft, bin ich überzeugt, dass er lügt und dass die Manuskripte der Gestapo überbracht wurden, lange bevor Rolf Nürnberg in München auftauchte [...] Seine finanziellen Ansprüche schreien ebenfalls zum Himmel.

Erika Mann[140]

Im Mai 1933 wartete der Literaturnobelpreisträger Thomas Mann im französischen Urlaubsort Bandol an der Côte d'Azur ungeduldig auf einen Koffer aus der Heimat. Der Schriftsteller hatte erst Wochen zuvor Deutschland verlassen und hielt sich zu seiner persönlichen Sicherheit gemeinsam mit Frau Katia im französischen Exil auf. Das Exil war nicht wirklich geplant gewesen. Es hatte sich aufgrund der unheilvollen politischen Entwicklung in der Heimat mehr oder weniger von heute auf morgen ergeben – mit allen organisatorischen Nachteilen.

Sein Sohn Golo Mann[141] erinnert sich: „In einem Brief hatte Thomas Mann mich gebeten, ihm einige Bündel von Notizen sowie eine Anzahl von Wachstuchheften, die sich da und da in seinem Arbeitszimmer befanden, in einem Handkoffer als Frachtgut nach Lugano zu schicken. ‚Ich rechne auf Deine Diskretion, daß Du nichts von diesen Dingen lesen wirst.' Eine Ermahnung, die ich so ernst nahm, daß ich mich in seinem Zimmer einschloß, während ich die Papiere verpackte."

Vor der Tür des Arbeitszimmers hielt sich der Chauffeur Hans Holzner auf, der von der Familie Mann bereits als Nationalsozialist ausgemacht worden war. Als Golo Mann mit einem schweren schwarzen Handkoffer wieder erschien, wurde er von Hans abgefangen: „Als ich mit dem Koffer heraustrat, um ihn zum Bahnhof zu bringen, stand da der treue Hans: gerne werde er mir diese lästige Arbeit abnehmen. Desto besser, warum nicht? Aber der Koffer kam nicht an und war drei Wochen später immer noch nicht angekommen; worüber mein Vater in wachsende Ungeduld, zuletzt geradezu in Verzweiflung geriet."[142] Die Familie Mann vermutete später zunächst, dass der Chauffeur mit dem Koffer sofort zur Gestapo gefahren sei. Doch dem war nicht so. „Meine Befürchtungen gelten jetzt in erster Linie u. fast ausschließlich diesem

Anschläge gegen die Geheimnisse meines Lebens. Sie sind schwer und tief. Furchtbares, ja Tödliches kann geschehen“ vermerkte Thomas Mann in seinem Tagebuch[143].

Holzner hatte den Koffer tatsächlich weisungsgemäß im Auftrag Golo Manns bei der Bahn aufgegeben. Anschließend hatte er jedoch umgehend der Politischen Polizei Mitteilung über den Vorgang gemacht. „Am 13.4.1933 vorm. 11 Uhr 20 teilt KOS Neeb der Grenzpolizeistelle Lindau fernmündlich mit, daß von Dr. Gottfried Mann, Poschingerstraße 1, ein 38 kg schwerer Koffer abgesandt wurde an die folgende Adresse: ‚Professor Thomas Mann, Lugano, Villa Costabiola[144], Schweiz.‘ Der Koffer ist als Büchersendung deklariert.“[145]

Auf Anweisung der Polizeidirektion München durchsuchte der Grenzpolizeikommissar Neeb den Koffer umgehend. Er fand u.a. Verlagsverträge von Thomas Mann und die Tagebücher des Dichters von 1896 bis Anfang 1933, die er als solche jedoch nicht erkannte, sondern für Manuskripte hielt.

Nur dem literaturhistorischen Dilettantismus des Grenzbeamten ist es zu verdanken, dass u.a. die sich in den autobiografischen Texten wiederfindenden homosexuellen Tendenzen in Manns Persönlichkeit nicht erkannt wurden. Bei richtiger Kenntnisnahme der Inhalte und Weiterleitung an die Gestapo wäre das öffentliche Ansehen des Schriftstellers auf das Schwerste geschädigt worden.

Die Verlagsverträge wurden am 29. April zunächst zur polizeilichen und steuerlichen Prüfung nach München geschickt. In seinem Begleitschreiben bemerkte Neeb[146]: „Die in den Verträgen angeführten zum Teil hohen Summen geben einen Einblick in die Höhe des Einkommens von Thomas Mann. Ich ersuche, die beiliegenden Dokumente dem zuständigen Finanzamt baldmöglichst zur Kenntnis zu bringen und dann der Grenzpolizeistelle Lindau zurückzusenden, damit der hier noch lagernde Koffer an den Empfänger weitergeleitet werden kann. Die Durchsicht des Koffers hat ergeben, dass sich in demselben nur Manuskripte zu den Romanen und Erzählungen von Thomas Mann befinden. Es besteht der Eindruck, dass Thomas Mann in nächster Zeit nicht nach Deutschland zurückzukehren beabsichtigt.“

Als die Verlagsverträge wieder nach Lindau zurückkamen, wurden sie mit allem anderen Inhalt in den Koffer gepackt und nach Lugano weiter expediert. Am 19. Mai traf die Sendung schließlich bei Thomas Mann in Bandol ein. Das Gepäckstück schien unberührt und machte doch den „Eindruck der Durchwühltheit“, wie der Schriftsteller tags darauf in seinem aktuellen Tagebuch[147] vermerkt.

Außer den Tagebüchern befand sich in dem Koffer nur noch das Typoskript des zweiten Joseph-Romans „Der junge Joseph“, der zwischen Januar 1931 bis Juni 1932 entstanden war und der im Verlag S. Fischer 1934 in Berlin erscheinen sollte. Leider waren viele andere Manuskripte, darunter die handschriftlichen Niederschriften von „Buddenbrooks“, „Königliche Hoheit“, „Tod in Venedig“, „Der Zauberberg“ und „Betrachtungen eines Unpolitischen“, im Münchener Familienhaus in der Poschingerstraße zurückgeblieben.

Nur wenige Monate zuvor, am 10. Februar 1933, hatte Thomas Mann im Auditorium Maximum der Universität München seinen Festvortrag „Leiden und Größe Richard Wagners“ zum 50. Todestag des Komponisten gehalten.

Ausgerechnet in dem als Hauptstadt der nationalsozialistischen Bewegung geltenden München, das sich als Hort konservativ-nationaler Kulturpflege verstand, prallten an jenem Abend verschiedene Wagner-Auffassungen aufeinander. Die Münchener Zuhörerschaft stand verständnislos den feinsinnigen Ausführungen Thomas Manns gegenüber, der Wagner psychologisch zu durchdringen trachtete. Während das Publikum einen Lobgesang auf einen kerndeutschen Kulturriesen erwartete, porträtierte Mann ihn als ängstlichen, nervenkranken und meistens arbeitsunfähigen Erotomanen, der ohne Luxus nicht leben könne und dessen Musikdrama der reine Dilettantismus sei.[148] Zudem bescheinigte er dem vermeintlichen Genie Wagner die Natur eines künstlerischen Potpourri von Dilettantismen.

Und nachdem Thomas Mann am folgenden Tag gemeinsam mit Ehefrau Katia zu einer Reise nach Amsterdam, Brüssel und Paris aufgebrochen war, um den Wagner-Vortrag zu wiederholen, braute sich in München ein Unwetter unter den Kulturschaffenden zusammen. Auf Initiative u.a. von Richard Strauss parierten sie die aus ihrer Sicht erfolgte Majestätsbeleidigung mit einem offenen Schreiben, das in der Osterausgabe der Münchener Neuesten Nachrichten am 16./17. April 1933 erschien und von mehr als 50 Bürgern unterzeichnet wurde.

In linientreuem Ton resümiert dieser „Protest der Richard-Wagner-Stadt München“ Thomas Manns Entwicklung vom National-Konservativen hin zum liberalen Republikaner: „Nachdem die nationale Erhebung Deutschlands festes Gefüge angenommen hat, kann es nicht mehr als Ablenkung empfunden werden. wenn wir uns an die Öffentlichkeit wenden, um das Andenken an den großen deutschen Meister Richard Wagner vor Verunglimpfung zu schützen. Wir empfinden Wagner als musikalisch-dramatischen Ausdruck tiefsten deutschen Gefühls, das wir nicht durch ästhetisierenden Snobismus beleidigen lassen wollen, wie das mit so überheblicher Geschwollenheit in Richard-Wagner-Gedenkreden von Herrn Thomas Mann geschieht. Herr Mann, der das Unglück erlitten hat, seine früher nationale Gesinnung bei der Errichtung der Republik einzubüßen und mit einer kosmopolitisch-demokratischen Auffassung zu vertauschen, hat daraus nicht die Nutzanwendung einer schamhaften Zurückhaltung gezogen, sondern macht im Ausland als Vertreter des deutschen Geistes von sich reden."

Der Gescholtene hielt sich gerade im Schweizer Lugano auf, als er von den Vorgängen in der Heimat erfuhr. Schon vorher hatten ihn alarmierende Nachrichten aus Deutschland und die Warnungen seiner Kinder Erika und Klaus, aber auch seines Verlegers Gottfried Bermann Fischer erreicht. Aus Sicherheitsgründen veranlassten sie ihn, nicht nach München zurückzukehren, sondern zunächst im Ausland zu bleiben.

Der Münchener Protest stellte für Mann den „Anfang seiner nationalen Exkommunikation"[149] dar. In der unmittelbaren zeitlichen Folge kam es zu einer Hausdurchsuchung, wurden seine Bankkonten gesperrt und verweigerte ihm die deutsche Auslandsvertretung in der Schweiz die Verlängerung seines abgelaufenen Reisepasses.

Zudem bestand auch eine persönliche Gefährdung, falls der Schriftsteller wieder heimkehren sollte. Am 12. Juli erwirkte der junge SS-Standartenführer und gleichzeitige rechte Hand des Gestapo-Chefs Heinrich Himmler, Reinhard Heydrich, einen Schutzhaftbefehl gegen Thomas Mann, dem schmerzlich bewusst wurde, dass er sich im Exil befand und die Heimat kein sicheres Zuhause mehr bot. Es war vor allem Heydrich, der gegen Thomas Mann ermittelte und intervenierte. Der spätere ‚Beauftragte der Endlösung der europäischen Judenfrage' hegte einen besonderen Hass gegen den Schriftsteller:

„Diese undeutsche, der nationalen Bewegung feindliche, marxistische und judenfreundliche Einstellung gab Veranlassung, gegen Thomas Mann Schutzhaftbefehl zu erlassen, der aber durch die Abwesenheit desselben nicht vollzogen werden kann."[150]

Zurückgeblieben in Deutschland waren Thomas Manns Vermögen, Haus, Konten und Wertpapierdepots sowie die Manuskripte. Alles war beschlagnahmt worden. In den folgenden Monaten gelang es verschiedenen Mann-Kindern und Bekannten nach und nach auf teilweise langen und gewundenen Wegen direkt oder über Deckadressen einzelne Manuskripte, Bücher, Möbel, das Grammophon, das Tafelsilber, die Kandelaber und den Schreibtisch aus München herauszuschaffen. Die Versendung des schwarzen Koffers mit den brisanten Tagebüchern, den Golo Mann in die Schweiz geschickt hatte, gehörte zu diesen Rettungsmaßnahmen.

Noch am 17. August 1933 waren mehr als 40 Kisten, viele Bücher, das Silber, das Porzellan und die Schallplatten im Exil eingetroffen. „Ich sehe immer weniger ein", schrieb Mann am 2. April 1934 an René Schickele, „wie ich dazu komme, um dieser Idioten willen von Deutschland ausgeschlossen zu sein oder ihnen auch nur meine Habe, Haus und Inventar zu überlassen. Ich stehe von dem Versuch nicht ab, diese den Münchener Rammeln aus den Händen zu winden."[151]

Trotzdem war längst nicht die ganze Habe zu retten gewesen. Die meisten Möbel und allerlei Kleinbesitz sah er nie mehr wieder. Obwohl so viele Vermögenswerte in Deutschland zurückgeblieben waren, ging es Thomas Mann und den Seinen im unfreiwilligen Exil wirtschaftlich nicht schlecht. Er hatte einiges Geld – den halben Nobelpreis zum Beispiel, der 200 000 Reichsmark eingebracht hatte – in der Schweiz deponiert. Golo Mann hatte noch rechtzeitig 60 000 Reichsmark abheben können, die über die französische Botschaft aus Deutschland herausgebracht wurden. Sein Verleger Fischer zahlte weiter gut und pünktlich, und auch die Auslandseinkünfte für die Bücher flossen weiter. Von einer materiellen Bedrohung konnte keine Rede sein. Recht bald wurde auch wieder eine Villa gemietet und ein Auto (ein Fiat) gekauft. Bis zum 25. August 1933 durften die Manns ihr Haus in der Poschingerstraße sogar noch an eine amerikanische Familie vermieten und erzielten Mieteinnahmen von monatlich 600 Mark. An diesem Tag kam es zu einer Beschlagnahme des Hauses und einer anschließenden Weitervermietung durch die Politische Polizei.

Neben den privaten heimlichen Wiederbeschaffungsmaßnahmen wählte der Schriftsteller auch einen öffentlichen juristischen Weg zur Wahrung seiner Rechte gegenüber dem Hitler-Regime. Er konsultierte den Münchener Rechtsanwalt Valentin Heins.

Im Hotel Anker in Rorschach am Bodensee traf sich der Jurist am 29. April mit den Eheleuten Mann, um über die Lage zu beraten. Heins erhielt den Auftrag, sich um die Freigabe des Thomas-Mann-Vermögens in Deutschland zu kümmern. Außerdem sollte sich der Rechtsanwalt in den Besitz der in München zurückgelassenen Manuskripte, wie der „Buddenbrook“-Niederschrift, setzen. „Meine Manuskripte kommen zu Heins“, beschloss Thomas Mann.[152]

In der Folgezeit reiste Heins mehrfach zu Verhandlungen mit dem Reichsinnenministerium nach Berlin; außerdem erörterte er mit der Politischen Polizei in München, mit dem Münchener Finanzamt und dem Reichstatthalter in Bayern, Ritter von Epp, die Interessenlage seines verfemten Mandanten. Um den weiteren persönlichen Kontakt zwischen Heins und Mann zu verhindern, wurde der Reisepass des Juristen von der Gestapo konfisziert.

In diesen ersten Jahren betrachtete Mann die Tätigkeit seines Rechtsanwalts durchaus positiv: „Die Tätigkeit des Doktor Heins, seine verbissen-idealistische Hingabe an den Fall, der ihn vollkommen absorbiert, sollen ergreifend sein. Er beschäftigt sich überhaupt mit nichts anderem [...]. Die Entscheidung über die Freigabe von Haus und Vermögen, Honoraren etc., deren Beschlagnahme noch fortbesteht, obgleich sie angeblich zur Sicherstellung der Schuld an das Finanzamt erfolgte, soll in höchstens zehn bis zwölf Tagen bevorstehen. Erst dann wird Heins seinen Pass zurückerhalten und nach Zürich kommen. Er ist überwacht zur Zeit und steht und fällt sozusagen mit mir.“[153]

In den Jahren 1933, 1934 und 1935 notierte Thomas Mann in seinem Tagebuch immer wieder negative und hoffnungsvolle Nachrichten von Heins, der insgesamt jedoch nicht recht vorankam.

In jener Zeit wurde auch die Ausbürgerung des Schriftstellers von der Münchener Politischen Polizei betrieben. Lediglich in Berlin zeigten sich die entscheidenden Personen noch zögerlich, dem Betreiben nachzugeben. Im Januar 1934 wandte sich Mann mit einem ausführlichen Brief an den Reichsinnenminister Wilhelm Frick, der sogar nach langem Zögern im Mai 1935 für die Freigabe von Haus und Vermögen votierte. Doch ebenso rasch schritt wieder Heydrich ein, der auf der Ausbürgerung bestand und die Beschlagnahme erneuerte.

Im Mandatsverhältnis zu Thomas Mann setzte nun eine kritische Wendung ein, als der engagierte, aber insgesamt recht erfolglose Rechtsanwalt – zu Recht – eines Tages mit einer Honorarfrage in Höhe von 1 500 Mark vorstellig wurde. Die Abrechnung erfolgte über die Honorare des Fischer-Verlags an seinen Autor.

In einer Tagebucheintragung aus dem Juli 1935 erwähnt der Schriftsteller einen Brief seines Verlegers Fischer, „dass Heins sich weitere 1 000 Mark von meinen Honoraren hat auszahlen lassen, was nicht dafür spricht, dass er der Freigabe des Vermögens sehr sicher ist, von dem er sich bezahlt machen könnte und müsste.“[154]

Den endgültigen und offenen Bruch mit dem Hitler-Deutschland, der letztlich auch zu weiteren einschneidenden Maßnahmen gegen Thomas Mann führen sollte, vollzogen die Ereignisse vom Februar 1936. Der Feuilletonredakteur der Neuen Zürcher Zeitung, Eduard Korrodi, hatte in seinem Blatt in einem Artikel darauf hingewiesen, dass Thomas Manns Werke immer noch in Deutschland erscheinen würden, was indirekt den Eindruck erwecke, dass der Nobelpreisträger auf Distanz zu den anderen deutschen Schriftstellern im Exil gehe bzw. mit den politischen Vorgängen in Deutschland einverstanden sei.

Manns Antwort erfolgte in einem offenen Brief an Korrodi, der am 3. Februar 1936 in der Neuen Zürcher Zeitung[155] erschien. Die entscheidende Passage lautet: „Die tiefe, von tausend menschlichen, moralischen und ästhetischen Einzelbeobachtungen und -eindrücken täglich gestützte und genährte Überzeugung, daß aus der gegenwärtigen deutschen Herrschaft nichts Gutes kommen kann, für Deutschland nicht und für die Welt nicht, – diese Überzeugung hat mich das Land meiden lassen, in dessen geistiger Überlieferung ich tiefer wurzele als diejenigen, die seit drei Jahren schwanken, ob sie es wagen sollen, mir vor aller Welt mein Deutschtum abzusprechen. Und bis zum Grund meines Wissens bin ich dessen sicher, daß ich vor Mit- und Nachwelt recht getan, mich denen zu stellen, für welche die Worte eines wahrhaft adeligen deutschen Dichters gelten:

Doch wer aus voller Seele haßt das Schlechte,
Auch aus der Heimat wird es ihn verjagen.
Wenn dort verehrt es wird vom Volk der Knechte.
Weit klüger ist's, dem Vaterland entsagen,
Als unter einem kindischen Geschlechte
Das Joch des blinden Pöbelhasses tragen.“

Erika Mann[156] telegrafierte daraufhin ihrem Vater beglückt und erleichtert nur die Worte: „dank glueckwunsch segenswunsch“.

Am 3. Dezember 1936 wurde Thomas Mann dann auf Grund des „Gesetzes über den Widerruf von Einbürgerungen und die Aberkennung der deutschen Staatsangehörigkeit" ausgebürgert. Bereits am 19. November 1936 hatte der Schriftsteller seine deutsche Staatsangehörigkeit freiwillig aufgegeben und die tschechoslowakische Staatsbürgerschaft angenommen. Am 28. Februar 1938 erfolgte letztlich die Einziehung des Vermögens der Eheleute Thomas und Katia Mann zu Gunsten des Landes Bayern auf Grund des „Gesetzes über die Einziehung volks- und staatsfeindlichen Vermögens". Haus, Einrichtung, Bankguthaben und Wertpapierdepots waren dadurch endgültig verloren.

Rechtsanwalt Heins sah sich nunmehr am Ende seiner Mandatsübernahme und übermittelte seinem Auftraggeber die Schlussrechung in Höhe von 17000 Reichsmark. Thomas Mann empörte sich darüber: „Brief des Val. Heins mit exorbitanter Forderung, die ihm der Staat verweigert trotz eigener Gesetzgebung".[157]

Damit meinte Thomas Mann das oben erwähnte Gesetz, das den Staat ermächtigte, gegenüber deutschen Staatsbürgern bestehende Verbindlichkeiten Dritter aus dem eingezogenen Vermögen zu befriedigen. Die Rechnung von Heins wurde nicht bezahlt.[158]

Offen blieb nun noch das Schicksal der in München zurückgebliebenen Handschriften von Thomas Mann, allen voran des „Buddenbrook"-Manuskripts.

Valentin Heins hatte sofort nach Mandatsübernahme im April 1933 und seiner Rückkehr nach München die Manuskripte an sich genommen. Neben der persönlichen und literaturwissenschaftlichen Bedeutung besaßen die Handschriften einen nicht unerheblichen Vermögenswert.

Thomas Mann hatte von der Universität Yale das Angebot erhalten, das Manuskript von „Der Zauberberg" für 5000 Dollar anzukaufen. Im Frühjahr 1938 beauftragte er deshalb den ihm bekannten Journalisten Rolf Nürnberg, der 1936 in die Vereinigten Staaten emigriert und mit einem Diplomatenpass ausgestattet war, er solle noch einmal nach Deutschland reisen und die bei Heins deponierten Manuskripte abholen und in die USA bringen. Als Legitimation gegenüber dem Rechtsanwalt sollte ein Schreiben von Thomas Mann dienen. Damit ausgestattet reiste Nürnberg zu Heins nach München. Doch der Rechtsanwalt weigerte sich, irgendwelche Thomas-Mann-Manuskripte an den ihm unbekannten Kurier herauszugeben. Er stritt ihren Besitz vielmehr ab. Die Mission blieb daher erfolglos.

Nach dem Ende des Zweiten Weltkriegs und dem damit verbundenen Ende des Hitler-Regimes bemühte sich Erika Mann um die Wiedererlangung der Manuskripte ihres Vaters. Sie schaltete die Rechtsanwaltskammer München ein, die sich an Valentin Heins wandte.

In einem Antwortschreiben vom 6. Oktober 1945 erklärte der Rechtsanwalt gegenüber Justizrat Veit, dass die Manuskripte des Schriftstellers bei einem Luftangriff in seiner Kanzlei verbrannt seien. Heins räumte ein, dass 1937 oder Anfang 1938 ein Herr in seiner Kanzlei erschienen sei, der sich als Mitglied des tschechoslowakischen Konsulats ausgegeben habe und der die Herausgabe der Manuskripte erbeten habe. Dieses Verlangen habe Heins abgelehnt, und dies mit Recht, weil er trotz mehrfacher Aufforderung seitens der Gestapo zur Bekanntgabe von ihm verwalteter Vermögenswerte Thomas Manns jedes Mal verschwiegen habe, dass er die Manuskripte bei sich verwahrte. Er habe die Handschriften für die Nachwelt erhalten wollen.

Erika Mann bezweifelte diese Darstellung: „Was Valentin anbetrifft, bin ich überzeugt, dass er lügt und dass die Manuskripte der Gestapo übergeben wurden, lange bevor Rolf Nürnberg in München auftauchte [...] Seine finanziellen Ansprüche schreien ebenfalls zum Himmel.“[159]

Der Verfasser[160] der verschwundenen Handschriften selber kommentierte: „Die Manuskripte, die Heins in Verwahrung hatte, sind wohl leider endgültig dahin [...]. Es bleibt unverzeihlich, dass Heins, dem die Dinge als unserem Anwalt von mir anvertraut waren, die Herausgabe verweigert hat. Wenn er es für seine Pflicht hielt, so musste er sie im Augenblick meiner Enteignung dem Staat abliefern, aber keinesfalls durfte er sie gegen meinen ausdrücklichen Wunsch zurückbehalten. Ich kann darin nur die Absicht sehen, Geldeswert von mir in Händen zu haben, eine Absicht, die ihm fehlgeschlagen ist und mir schwer zu berechnenden Schaden zugefügt hat.“

In einem weiteren Brief vom 14. August 1948 an seinen Bruder Viktor erhob Thomas Mann erstmals Zweifel an der Zerstörung der Manuskripte. Es sei ferner merkwürdig, dass Heins alle Akten und Schriftstücke aus seiner Kanzlei hätte retten können, „nur die Manuskripte nicht, die rätselvollerweise der Anwalt den Flammen preisgab.“[161]

Die Zweifel der Familie Mann an der Redlichkeit ihres Rechtsanwalts Heins wirken ungerechtfertigt. Warum hätte ein gewissenhafter Rechtsanwalt wie Heins, der in einer Diktatur lebte und der mit Thomas Mann einen ausgebürgerten Staatsfeind vertrat, einem ihm Fremden wie Rolf Nürnberg so ohne weiteres die Manuskripte, die er offiziell überhaupt nicht besaß, aushändigen sollen? Nürnberg hätte, ausgestattet mit gefälschten Legitimationen, ein Lockspitzel des Regimes sein können. Mit der Herausgabe der Manuskripte hätte sich Heins in Lebensgefahr bringen und die Manuskripte mutwillig der Vernichtung überstellen können. Es ist mithin davon auszugehen, dass die Manuskripte in und mit der Kanzlei des Rechtsanwalts verbrannt sind. Dadurch entstand ein unersetzlicher Verlust für die deutsche Literatur und ihre Geschichte und insbesondere für die Edition der Werke Thomas Manns, der aber nicht dem Anwalt angelastet werden konnte.[162]

Als unbegründet müssen schließlich auch die Vorwürfe und die Entrüstung Thomas Manns und der Seinen hinsichtlich der finanziellen Forderungen von Heins bezeichnet werden. Ganz offensichtlich war Thomas Mann der irrigen Auffassung, er schulde Heins überhaupt kein Honorar, habe dieser das Mandat doch als seine „Herzensangelegenheit“[163] bezeichnet. Nach seiner Auffassung hätte er nur im Erfolgsfall zahlen müssen. Dieser sei jedoch nicht eingetreten. Immerhin erhielt Valentin Heins 7500 Mark als Honorar. Dieser Betrag deckte aber kaum seine Auslagen, war er doch mindestens viermal nach Berlin zu Verhandlungen und dreimal in die Schweiz gereist.[164]

Unzutreffend sind daher die Bemerkungen Katia Manns[165] in ihren „Ungeschriebenen Memoiren“, dass Heins „nur große Rechnungen für seine unnützen Bemühungen schickte“ und „wir uns dann mit ihm entzweit haben, weil er für nichts und wieder nichts uns große Rechnungen präsentierte“. Heins schuldete als Anwalt seinem Mandanten nur seine Tätigkeit, nicht aber den erhofften Erfolg. Der Rechtsanwalt war in engagierter Weise für Thomas Mann tätig gewesen, hatte aber letztlich gegen die Mechanismen eines Unrechtsstaat keine juristische Handhabe besessen.

Was war vom Thomas-Mann-Vermögen in Deutschland nach dem Krieg übrig geblieben? Viele Möbel des Hauses in der Poschingerstraße waren zwangsversteigert, verschollen oder zerstört worden. Vermutlich verbrannt waren die wertvollen Handschriften. Viele wertvolle Bücher aus der Bibliothek des Schriftstellers, die lange Zeit von seinem Freund Hans Feist bewahrt wurden, waren schließlich nach der Beschlagnahme in alle Winde zerstreut worden. Wieder andere Bücher hatte die Politische Polizei der Münchener Stadtbibliothek übereignet, die sie 1949 zurückerstattete. Verschwunden waren auch eine Horch-Limousine, ein Buick Phaeton und Golo Manns DKW, die von der Münchener SA akquiriert worden waren. Durch die Reichsfluchtsteuer, durch Beschlagnahmungen seiner Konten und durch andere Exilierungskosten hat Thomas Mann gewiss die Hälfte seines Vermögens eingebüßt. Ferner hatte die Münchener Politische Polizei 5000 Reichsmark für ihre „Verwaltungstätigkeit“ von den Honorareinnahmen abgezogen.[166]

Das Haus in der Poschingerstraße war zeitweise der Stiftung „Lebensborn“ zur Verfügung gestellt, die sich die Züchtung rassereiner Arier zum Ziel gesetzt hatte. 1940 wurde das Haus in Mietwohnungen aufgeteilt, 1944 von Fliegerbomben getroffen. Das Grundstück wurde im Dezember 1948 von der Wiedergutmachungsbehörde Oberbayern an die Eheleute Mann zurückgegeben. Im Entschädigungsverfahren wegen der Haus- und Vermögensverluste erhielt Katia Mann als Witwe des 1955 verstorbenen Schriftstellers schließlich zwei Jahre später eine Zahlung von 2399 DM.[167]

KLAUS MANN
EIN DUELL UNTER TOTEN

Es geht um das Recht der Gegenwartsliteratur, zeitgeschichtliche Persönlichkeiten kritisch zu behandeln – auch einseitig, auch „verzerrt“, auch „negativ“.

Marcel Reich-Ranicki[168]

Klaus Mann galt zeitlebens als hochbegabter Sohn seines Vaters Thomas Mann, ohne allerdings jemals aus dessen literarischen Schatten treten zu können. Auf gesellschaftspolitischem Parkett allerdings – wo der Vater zögerlich erschien – trat der Sohn zu Beginn der 30er Jahre umso auffälliger und kompromissloser auf. Anders als der Nobelpreisträger opponierte Klaus Mann schon sehr früh öffentlich gegen Hitler. Er hinterließ schließlich mit dem 1936 erschienen Werk „Mephisto – Roman einer Karriere“ einen Aufsehen erregenden Roman über das Dritte Reich, der die bundesdeutschen Gerichte in den 60er Jahren beschäftigte.

Bereits Monate vor dem Verfasser der „Buddenbrooks“, der seine öffentliche Kritik am Hitler-Deutschland noch zurück hielt, war Klaus Mann im März 1933 ins Exil nach Amsterdam geflüchtet. Dort arbeitete er an der Exilzeitschrift „Die Sammlung“, die gegen den Nationalsozialismus gerichtet war. Von seinem Freund und Verleger Fritz Helmut Landshoff erhielt Klaus Mann ein „ziemlich generöses Angebot“, wie er in einem Brief[169] an seine Mutter Katia am 21. Juli 1935 schrieb. Vereinbart wurde eine monatliche Zahlung für die Niederschrift eines Romans, ohne Festlegung von Inhalt und Titel. Neben den gesellschaftspolitischen und satirischen Elementen sollte vor allem das Leben und die Karriere des Staatstheaterintendanten Gustaf Gründgens literarisch verarbeitet werden.

Gründgens war nicht nur eine schillernde Figur der Film- und Theatergeschichte, sondern auch ein früherer Schwager von Klaus Mann. Seine Schwester Erika hatte sich nach einer kurzen Ehe 1929 von Gründgens scheiden lassen. Seinem früheren Schwager war ein kometenhafter Aufstieg als Schauspieler, Regisseur und Intendant im Dritten Reich gelungen. Hermann Göring protegierte und schützte Gründgens, vor allem gegen den ihm feindlich gesinnten Propagandaminister Joseph Goebbels.

Zu dem besonderen Schicksal Gründgens gehörte es, dass sein Aufstieg mit dem des Nationalsozialismus zeitlich zusammenfiel. Am Staatlichen Schauspielhaus Berlin hatten seine Bühnendarstellungen 1932 und 1933 in der Rolle des Mephisto für Furore gesorgt und ihn zu einem gefeierten Mimen gemacht.

Klaus Mann begab sich im Sommer 1935 vereinbarungsgemäß an die Arbeit und schuf in relativ kurzer Zeit den Roman „Mephisto – Roman einer Karriere". Dieser beginnt mit der Schilderung einer Geburtstagsfeier des preußischen Ministerpräsidenten, eines Fliegergenerals, in dem unschwer Hermann Göring zu erkennen ist. Das prunkvolle und ausschweifende Fest findet im Berliner Opernhaus statt. Die Gäste verhalten sich devot und unterwürfig. Als der Propagandaminister den Saal betritt, scheint es, als ersterbe jede Regung im Raum. Von ihm geht eine eiskalte Atmosphäre aus. Trotz seiner Behinderung, die ja auch das reale Vorbild Joseph Goebbels hatte, begibt er sich gewandt durch die Räumlichkeiten und steuert direkt auf den Staatstheaterintendanten Hendrik Höfgen, in dem unzweifelhaft das Pendant zu Gustaf Gründgens wiederzuerkennen ist, zu. Obwohl der Propagandaminister den Intendanten hasst, zeigt er sich den Pressefotografen im Gespräch mit ihm. Eine Rückblende führt den Leser in die Mitte der 1920er Jahre zu den künstlerischen Anfängen Höfgens am Hamburger Künstlertheater. Höfgen, von Selbstzweifeln und Arbeitsüberlastung geplagt, lernt die dunkelhäutige Juliette Martens kennen. Ihr Vater war ein Hamburger Ingenieur und ihre Mutter war eine Afrikanerin. Sie gibt Höfgen Tanzunterricht und wird seine Geliebte.

Hendrik Höfgen lernt Barbara Bruckner, die Tochter des Geheimrats Bruckner, kennen. Als Vorbilder fungieren hier Erika und Thomas Mann. Höfgen und Barbara heiraten überraschend, doch die Ehe hält nicht lange. Höfgen lässt sich scheiden.

Ende der 20er Jahre macht Höfgen eine große Karriere am Staatstheater Berlin. In der Hauptstadt unterhält er ein heimliches Verhältnis mit Juliette.

Anlässlich von Goethes 100. Todestag wird 1932 der „Faust" in den Spielplan aufgenommen. Die Rolle des Mephisto übernimmt Höfgen. Dies wird seine erfolgreichste Rolle. Höfgen kann es kaum glauben, dass die Nationalsozialisten an die Macht kommen sollen, aber am 30. Januar 1933 wird Hitler zum Reichskanzler ernannt. Der preußische Ministerpräsident wird sein Protegé.

Höfgen will auf gar keinen Fall, dass die Nationalsozialisten etwas von seiner Beziehung zu der dunkelhäutigen Juliette erfahren. Er fordert sie auf, das Land zu verlassen und nach Paris zu gehen. Da Juliette sich aber weigert, findet Höfgen keinen anderen Ausweg, als sich an seinen Protegé zu wenden, der Juliette verhaften lässt. Im Gefängnis teilt Höfgen ihr mit, dass man sie nach Paris abschieben und er sie finanziell unterstützen werde.

Der Ministerpräsident und der Propagandaminister geraten über die Neubesetzung des Intendanten für das Staatstheater in Streit. Der Ministerpräsident möchte für den Posten Hendrik Höfgen. Der Propagandaminister ist anderer Meinung, letztendlich setzt sich Höfgens Protegé aber durch. Durch eine gezielte Denunziation kommt Höfgens Verhältnis mit Juliette zu Tage. Ein Gespräch mit dem Führer beendet das Problem.

Höfgen kauft eine riesige Villa in Grunewald und holt seine Schwester und seine Eltern nach Berlin. Er heiratet nun die 30 Jahre jüngere Nicoletta, um endgültig mit dem Gerücht, ein Verhältnis mit einer „Schwarzen" zu haben, abzuschließen.

Seine neue Rolle „Hamlet" spielt er schlecht, worunter er sehr leidet. Die Premiere jedoch wird ein voller Erfolg und die Kritik ist voller Lob. Das Publikum beurteilt mittlerweile nicht mehr die künstlerischen Leistungen, sondern die Beziehung zur Macht. Vom Beifall der Mächtigen umrauscht, kehrt Höfgen heim in sein prunkvolles Haus „Hendrik-Hall", wird von einem kommunistischen Widerstandskämpfer wie von einem bösen Rachegeist heimgesucht und verfällt durch die Einsicht in seine Charakterlosigkeit in Selbstmitleid.

Der Roman versucht, aller Spannungselemente zum Trotz, die Psychologie des vorbehaltlosen gesellschaftlichen Opportunismus darzustellen, jene masochistische Hörigkeit, die – nach Klaus Mann – die Herrschaft des Nationalsozialismus und den Typus des intellektuellen Mitläufers prägt. Der Autor verschärfte damit traditionelle Elemente der von seinem Onkel Heinrich Mann vor allem in „Der Untertan" ausgebildeten bürgerlichen Gesellschaftskritik, die die politische Analyse aus der Thematik von Herrschaft und Sexualität entwickelte. Als Korrelat dazu fungieren bei Klaus Mann Macht und Geist. Dieser Antagonismus geriet ihm jedoch sehr schematisch: Goebbels und Göring sind nur plakativ gezeichnet. Zudem werden die politischen Möglichkeiten der intellektuellen Exilanten überbewertet. Zur Entstehungszeit des Romans wurde das Selbstverständnis Klaus Manns wie der meisten Exilanten von gegensätzlichen Motiven bestimmt. Die unmittelbare Aktion gegen einen Nationalsozialismus, der weitgehend noch als eine sich selbst korrumpierende, rasch besiegbare Macht angesehen wurde, zwang zu einem undifferenzierten Realismus. Klaus Manns immer schärfer auftretende Erkenntnis, dass sich das NS-Regime festigte, verschob jedoch schon den literarischen Akzent auf die intellektuelle Klärung der Ursachen und der Genesis des Nationalsozialismus. Der Roman steht damit deutlich im Schnittpunkt dieser Bewusstseinsveränderung und ist ein zentrales Dokument der Exilliteratur.

Landsberg verkaufte mit Einverständnis Manns das Recht der Erstveröffentlichung des Romans an das deutschsprachige Emigrantenblatt Pariser Tageszeitung. Die Zeitung verkündete in ihrer Ausgabe vom 19. Juni 1936:

> „Ein Schlüsselroman
>
> Das neue Werk von Klaus Mann, mit dessen Veröffentlichung die ‚Pariser Tageszeitung' am Sonntag beginnt, ist ein Theaterroman aus dem Dritten Reich. Im Mittelpunkt steht die Figur eines Intendanten und braunen Staatsrates, der die Züge Gustav Gründgens trägt. Um ihn herum erkennt man den ganzen Tross der nationalsozialistischen Würdenträger. Klaus Mann ist es gelungen, in MEPHISTO ein packendes Zeitgemälde zu entwerfen."

Die Bezeichnung „Schlüsselroman" missfiel sowohl Landsberg als auch Klaus Mann, da man juristische Nachteile befürchtete. Der Schriftsteller beeilte sich mit der Versendung eines richtig stellenden Telegramms an die Schriftleitung der Pariser Zeitung, die eine verkürzte Wiedergabe am 23. Juni veröffentlichte: „Klaus Mann, der Verfasser unseres neuen Romans ‚Mephisto', bittet uns um Abdruck folgenden Telegramms: ‚Mein Roman ist kein Schlüsselroman. Held des Romans erfundene Figur ohne Zusammenhang mit bestimmter Person. KLAUS MANN'.

Dem Dichter lag nicht daran, die Geschichte eines bestimmten Menschen zu erzählen, ihm lag daran, einen Typus darzustellen und mit ihm die verschiedenen Milieus, die soziologischen und geistigen Voraussetzungen, die seinen Aufstieg erst möglich machten. Eine mechanische Schilderung der Wirklichkeit, eine bloße Kopie von tatsächlichen Gegebenheiten ist nicht der Gegenstand des Romans. Wohl aber die dichterische Erfassung eines Zustandes, die eindringliche Gesellschaftsschilderung mit den Mitteln der Dichtung. Deshalb fließen in den ‚Mephisto' vielerlei ‚Züge' zusammen. Seine Figur ist nicht polemisch geformt. Mit umso grösserer Spannung werden unsere Leser dem Dichter folgen."

Der Vorabdruck in der Zeitung erfolgte schließlich mit einigen stilistischen und inhaltlichen Entschärfungen.

Für die Buchausgabe, die mit einer Auflage von ca. 2500 Exemplaren im Oktober 1936 im Amsterdamer Querido Verlag erschien, fügte Klaus Mann noch den Zusatz an: „Alle Personen dieses Buches stellen Typen dar, nicht Porträts. K.M."

Diese Beteuerung wurde nicht glaubhafter durch ihre permanente Wiederholung. Zu transparent wirken die realen Vorbilder auf ihre literarischen Inkarnationen durch.

Thomas Mann[170] äußerte in einem Brief vom 3. Dezember 1936: „Dein Roman also hat mir großes Vergnügen gemacht. Er ist leichtfüßig und amüsant, ja brillant, sehr komisch oft und auch sprachlich fein und sauber. Die Beobachtung kann man ja machen, daß ein so sehr an die Wirklichkeit gebundenes Werk am gefährdetsten ist und gewissermaßen ratlos wird, wo es frei von ihr abweichen und sie verleugnen möchte. Da ist dann leicht nicht alles in Ordnung, manches ist mehr als frei und manches so gar nicht ganz recht – so kommt es uns vor."

Zu einer weiteren Veröffentlichung des Romans zu Lebzeiten von Klaus Mann, der sich am 21. Mai 1949 in Cannes mit einer Überdosis Schlaftabletten umbrachte, kam es nicht mehr. Die bereits kurz nach seinem Tod von seiner Schwester und Sachwalterin Erika Mann unternommenen Publizierungsversuche in der Bundesrepublik scheiterten entweder an den Bemühungen Gründgens' und seiner Anwälte im Hintergrund oder auch an der ängstlichen Haltung der Verleger. Es gelang Erika Mann zunächst nur, im Januar 1955 die Rechte zumindest für eine Veröffentlichung in der DDR an den dortigen Aufbau-Verlag zu vergeben. „Mephisto" erschien dann 1956 in Ost-Berlin.

Im Februar 1963 schlug die Nymphenburger Verlagshandlung der Familie Mann die Herausgabe des Gesamtwerkes von Klaus Mann vor. Erika Mann stimmte dem Plan zu, da das Werk ihres Bruders in Vergessenheit zu geraten drohte. Als erstes Buch wurde 1963 der frühe Roman „Alexander" veröffentlicht. Der Schutzumschlag des Romans wartete bereits mit der Vorankündigung einer Publizierung von „Mephisto" auf.

Gründgens hatte sich in jener Zeit beruflich zurückgezogen und auf eine Weltreise begeben, auf der er, in der Nacht vom 6. auf den 7. Oktober 1963 in Manila – wie Klaus Mann, aber ohne Selbsttötungsabsicht – an einer Überdosis Schlafmittel starb.

Gründgens' Alleinerbe war der Regisseur Peter Gorski, der von Gründgens 1949 adoptiert worden war. Gorski beauftragte den Hamburger Rechtsanwalt Biermann-Ratjen, gegen die Veröffentlichung von „Mephisto" vorzugehen. Da außergerichtliche Einigungsversuche zwischen Gorski und dem Nymphenburger Verlag scheiterten, reichte Biermann-Ratjen am 26. März 1964 Klage auf Unterlassung der Veröffentlichung des Romans beim Hamburger Landgericht ein, um eine drohende Rechtsverletzung zu verhindern. Zur Begründung wurde im Wesentlichen darauf verwiesen, dass in dem Roman „das Lebensbild Gustaf Gründgens' verzerrt und in einer Weise wiedergegeben [wird], die unwahr und dazu geeignet ist, seine Persönlichkeit in der öffentlichen Meinung herabzuwürdigen und daher sein Andenken in der Öffentlichkeit zu verunglimpfen."[171]

Der Hamburger Prozessanwalt Prof. Dr. Kurt Bußmann erwiderte auf Seiten des Verlages, dass das Klaus-Mann-Werk kein Schlüsselroman, sondern ein Kunstwerk sei. Es sei aus der antinationalsozialistischen Gesinnung des Autors in der Emigration und im Kampf gegen das Dritte Reich entstanden. Gutachterliche Stellungnahmen u.a. von Max Brod und Hermann Kesten stellten den „Mephisto" als Werk der Kunst und Dokument der Emigration heraus.

Die 15. Zivilkammer des Landgerichts Hamburg wies die Klage am 25. August 1965 ab. Das Gericht hegte keinen Zweifel daran, dass mit Hendrik Höfgen tatsächlich Gustaf Gründgens gemeint ist. Klaus Mann selber habe in seinem 1942 in New York erschienenen Roman „The Turning Point"[172] den ehemaligen Schwager als Verräter par excellence bezeichnet.

Nach Auffassung der Richter kam es jedoch auf diese Übereinstimmung von Romanfigur und der Person Gründgens' nicht an, da zweifellos ein Kunstwerk vorliege, das unter dem Schutz des Grundgesetzes stehe. Dabei habe eine Abwägung zwischen dem Schutz der Persönlichkeitsrechte Gründgens auf der einen und dem Recht der freien Meinungsäußerung Klaus Manns auf der anderen Seite stattzufinden. Wesentlich für die Abwägung war dabei der Umstand, dass sowohl Klaus Mann als auch Gustaf Gründgens bereits vor Jahren verstorben waren und den „interessierten Kreisen [...] der Inhalt des Romans längst bekannt sei und ein Stück Zeitgeschichte und Dokumentation über die deutsche Emigration darstelle. Es wäre daher mit Art. 5 GG nicht zu vereinbaren, wenn dieses Werk in der Heimat von Klaus Mann und in seinem eigentlichen Sprachgebiet nicht erscheinen dürfte."[173] Und so hatte das Gericht keine Bedenken, die Publikation uneingeschränkt zu gestatten.

Nach dem obsiegenden erstinstanzlichen Urteil brachte die Nymphenburger Verlagshandlung im September 1965 in einer Auflage von 10 000 Exemplaren den „Mephisto" wieder auf den Markt. Gorski hatte mittlerweile Berufung beim Oberlandesgericht Hamburg eingelegt. Durch eine Einstweilige Verfügung versuchte er den weiteren Vertrieb der Auflage – die zu großen Teilen bereits verkauft war – zu verhindern. Der 3. Zivilsenat des Oberlandesgerichts entschied, dass der Roman bis zur Berufungsentscheidung weiterhin mit einem Vorwort erscheinen könne. Der Verlag erklärte sich bereit, in die noch nicht verkauften Exemplare am Beginn des Romans eine so kurze wie kuriose Leseanleitung[174] einzukleben. Sie lautete:

„AN DEN LESER

Der Verfasser Klaus Mann ist 1933 freiwillig aus Gesinnung emigriert und hat 1936 diesen Roman in Amsterdam geschrieben. Aus seiner damaligen Sicht und seinem Hass gegen die Hitlerdiktatur hat er ein zeitkritisches Bild der Theatergeschichte in Romanform geschaffen. Wenn auch Anlehnungen an Personen der damaligen Zeit nicht zu verkennen sind, so hat er den Romanfiguren doch erst durch seine dichterische Phantasie Gestalt gegeben. Dies gilt insbesondere für die Hauptfigur, Handlungen und Gesinnungen, die dieser Person im Roman zugeschrieben werden, entsprechen jedenfalls weitgehend der Phantasie des Verfassers. Er hat daher seinem Werk die Erklärung beigefügt: ‚Alle Personen dieses Buches stellen Typen dar, nicht Porträts.'
Der Verleger".

Im Hauptsacheverfahren verbot das Oberlandesgericht Hamburg dann in seinem Urteil vom 17. März 1966 die weitere Verbreitung des „Mephisto". Anders als die Vorinstanz sahen die Berufungsrichter in dem Werk in erster Linie eine „Schmähschrift in Romanform"[175]. Sie vertraten die Auffassung, dass „die schutzwürdigen Werte der Persönlichkeit [...] die Rechtsfähigkeit ihres Subjekts, die mit dem Tode erlischt", überdauern. Aus diesem Grund hielt man „ein Fortwirken des allgemeinen Persönlichkeitsschutzes von Gründgens für gegeben", wobei allerdings zu beachten sei, dass dieser Schutz eine Beschränkung insofern erleide, als er nicht „der freien Entfaltung der Persönlichkeit nach Art. 2 Abs. 1 GG, sondern seiner Ehre, seinem Ansehen und nicht zuletzt seinem Andenken dient."[176]

Zudem sei der Roman bislang nur in deutscher Sprache erschienen – was nicht zutraf, da es fremdsprachige Übersetzungen gab. Außerdem habe „Gründgens keinen Anlaß zu der negativen Kritik gegeben." Deshalb müsse er sich auch keine Angriffe ehrenrühriger Art gefallen zu lassen. Eine Schmähschrift in Romanform könne zwar ein Kunstwerk sein, rechtfertige jedoch nicht die Verletzung der Ehre Gründgens.

„Klaus Mann hätte", so das Oberlandesgericht[177], „wenn ihm nur daran gelegen gewesen war, ein kritisches Zeitbild zu schaffen und die Zustände an den deutschen Theatern nach 1933 zu geißeln, nicht in Höfgen Gründgens nachzeichnen, sondern Höfgen völlig frei gestalten müssen, daß dessen Charakter nicht auf Gründgens paßt [...]. Die Allgemeinheit ist nicht daran interessiert, ein falsches Bild über die Theaterverhältnisse nach 1933 aus der Sicht eines Emigranten zu erhalten. Klaus Mann hatte um so mehr Veranlassung, seinen Roman umzugestalten, als ihm nach 1945 durch Curt Riess und andere Personen die politisch einwandfreie Haltung von Gründgens nach 1933 bekannt geworden war."

Mit dem Hinweis auf den bekannten Journalisten und Schriftsteller Curt Riess[178] sprach das Gericht auf den Umstand an, dass dieser sich für seinen Freund Gründgens publizistisch eingesetzt hatte, indem er u.a. erklärt hatte:

„Nach Kriegsende stellte sich sehr schnell heraus, vor allem für diejenigen, die nach Deutschland kamen, vorübergehend oder für immer: Gustaf Gründgens war niemals ein Verräter oder gar ein Nazi gewesen. Er war im Gegenteil ein sehr aufrechter Widerstandskämpfer und durfte für sich in Anspruch nehmen – das alles ist hundertmal vor Gericht bewiesen worden – daß er nicht nur einmal sein Lebens riskierte, um Bedrohten oder Gefährdeten zu helfen."

Insgesamt zeichnete das Gericht in Gründgens den Prototyp des „tüchtigen Mitläufers" und erblickte folglich im „Mephisto" einen Generalangriff auf eine damalige Legitimationsgrundlage der Bundesrepublik mit der moralischen Exkulpation der Mitläufer.

Das Oberlandesgericht[179] gestand dem Verlag jedoch die Option zu, dass eine „Neuherausgabe des Romans [...] dann möglich (sei), wenn nach einem längeren Zeitablauf das Andenken an den Schauspieler Gründgens stark gemindert ist, weil jüngere Leser des Romans ihn nicht selbst erlebt haben und ihn in Höfgen daher nicht wiedererkennen können." Zudem sei einer Neuheraugabe in der Zukunft ein aufklärendes Vorwort zu den Hintergründen des Romans beizufügen.

Ende 1966 ging beim Bundesgerichtshof (BGH) der Revisionsantrag der Nymphenburger Verlagshandlung ein.[180] Zwei Jahre später, während der Studentenunruhen der 68er, bestätigte der 1. Zivilsenat des BGH das Urteil. Dem Verleger Berthold Spangenberg blieb der Druck des „Mephisto“ verboten, weil die Freiheit der Kunst ihre Schranken in der persönlichen Ehre Gründgens’ fände. Der Roman vermittle dem Leser den Eindruck, dass Gründgens zu niederträchtigen Handlungen fähig gewesen sei. Zwar dürfe der Künstler an reale Geschehnisse und Umwelterfahrungen anknüpfen, doch sei die Grenze künstlerischer Betätigung dort überschritten, wo das Lebensbild einer bestimmten Person durch frei erfundene Zutaten grundsätzlich negativ entstellt werde – zumindest dann, wenn die Anknüpfung an das Vorbild vom Künstler nicht unerkennbar gemacht werde.

Das Gericht ließ aber erkennen, dass es mit seiner Entscheidung letztlich selbst unzufrieden war und die ursprüngliche Zwangsvorwort-Lösung des Oberlandesgerichts Hamburg grundsätzlich präferierte. Da Spangenberg kein neues Vorwort vorgeschlagen hatte (was der BGH sichtlich als starrsinnig empfand), blieb nur übrig, recht deutlich auf die Möglichkeit eines nochmaligen Publikationsversuchs mit einem vom BGH praktisch schon vorformulierten Vorwort hinzuweisen.[181]

Mit einer 106 Seiten umfassenden Verfassungsbeschwerde ihres Rechtsanwalts Dr. Gerth Arras wandte sich die Nymphenburger Verlagshandlung am 24. Juli 1968 an das Bundesverfassungsgericht. Dabei wurde insbesondere die Verletzung des Grundrechts der Kunstfreiheit durch die Gerichtsurteile beanstandet, obwohl alle Instanzen dem „Mephisto“-Roman den Rang eines Kunstwerks zuerkannt hatten. Der Roman sei zudem nur aus sich und seiner Zeit heraus zu verstehen. In diesem Zusammenhang hätten die beiden letztinstanzlichen Entscheidungen zu wenig die besonderen historisch-politischen Verhältnisse der Emigranten wie Klaus Mann gewürdigt. Außerdem sei der Persönlichkeitsschutz des verstorbenen Gründgens „von ganz untergeordneter Bedeutung gegenüber dem berechtigten und notwendigen Anliegen unseres Volkes, die Zeugnisse von damals kennenzulernen, insbesondere auch die Kunstwerke, die damals im Kampf gegen den Unrechtsstaat entstanden.“[182]

Die Gegenseite argumentierte dagegen, dass der Roman die Kunstfreiheit missbrauche und das Persönlichkeitsrecht von Gründgens in seinem Wesensgehalt treffe. Auch nach Art. 5 Abs. 3 Satz 1 GG sei der Zugriffswille des Künstlers durch die allgemein gültigen Rechtsschranken beschränkt. Eine Güterabwägung scheide aus, weil der Bestimmungsgrund für Klaus Mann nach seinem eigenen Bekenntnis in erster Linie nicht ein Anliegen der Kunst, sondern Hassgefühle gewesen seien. Der Schutz des Art. 5 Abs. 3 GG sei ferner wegen des Interesses der Öffentlichkeit an wahrheitsgemäßer Unterrichtung über Gründgens als einer bedeutenden Persönlichkeit der Zeitgeschichte zu versagen.[183]

Der aus sechs Richtern bestehende Erste Senat des Bundesverfassungsgericht war gespalten. 3 Richter sahen in den Urteilen von OLG und BGH einen Verstoß gegen das Grundrecht der Freiheit der Kunst, die 3 anderen Richter sahen dagegen keine Verletzung. Eine Stimmengleichheit bedeutete nach § 15 Abs. 2 Bundesverfassungsgerichtsgesetz, dass keine Verfassungswidrigkeit der Urteile festgestellt werden konnte. Aus diesem Grunde wurde die Verfassungsbeschwerde am 24. Februar 1971 zurückgewiesen.[184]

Die damalige Urteilsbegründung gilt als intelligenter Extrakt des „Mephisto", weshalb sie von Spangenberg publiziert wurde.[185]

Bemerkenswert ist die Tatsache, dass die „Mephisto-Entscheidung" des Bundesverfassungsgerichts bis heute in aller (Juristen-)Munde ist, denn sie enthält so konzise Überlegungen, dass sie bis zum heutigen Tage die tragende Entscheidung zur Kunstfreiheit schlechthin darstellt. Ausgerechnet ein Buchverbot enthält also bis heute die grundrechtliche Magna Charta für die Kunstfreiheit! Und schließlich ist die Karlsruher Entscheidung auch wegen der Sondervoten berühmt geblieben, mit denen zwei Richter das Publikationsverbot für den „Mephisto" scharf angriffen.[186]

Ende der 70er Jahre brachte die französische Regisseurin Ariane Mnouchkine eine Dramatisierung des „Mephisto" auf die Bühne. Das zugehörige Textbuch wurde in einer Auflage von 10 000 Exemplaren von der Edition Spangenberg im Ellermann Verlag vertrieben, ohne dass eine Klage erfolgte. Schließlich fand 1981 eine Verfilmung des „Mephisto" durch István Szabó mit Klaus Maria Brandauer in der Hauptrolle des Hendrik Höfgen sogar europaweit den Weg in die Kinos.

Ein Jahr zuvor war der Roman inklusive der Bundesverfassungsgerichts-Entscheidung als Raubdruck[187] erschienen, gefolgt von einem separaten Raubdruck der 70seitigen Entscheidung. Diese Entwicklung veranlasste den Verleger Berthold Spangenberg mit dem Rowohlt Verlag die Neuherausgabe des Romans zu wagen. Als Taschenbuch erschien der

„Mephisto“ im Dezember 1980 in einer Auflage von 30 000 Exemplaren. Der Roman war sogleich ein Erfolg und stand monatelang auf Platz Nr. 1 der Spiegel-Bestsellerliste. Da von Seiten des inzwischen im Ausland lebenden Gorski, aber auch behördlicherseits keine juristischen Schritte gegen das Buch unternommen wurden, konnte der Verlag unbeanstandet binnen drei Monaten 300 000 Exemplare verkaufen.

Das Publikationsverbot für den „Mephisto“ gilt heute weitgehend als „Fehlurteil“[188].

Auch im Hinblick auf sein Prozessziel hat der Gründgens-Erbe Gorski nur einen Pyrrhussieg errungen, denn erst die Gerichtsverfahren und die damit verbundene öffentliche Publicity haben dem „Mephisto“, dem „Roman einer Karriere“ die Karriere eines Romans ermöglicht.

ARNO SCHMIDT „SEELANDSCHAFT MIT POCAHONTAS" ODER GOTTESLÄSTERUNG & PORNOGRAPHIE

Am 3. März 1956 erhielt die junge Bundesrepublik des immer noch alten Deutschlands Gelegenheit, sich vor dem zivilisierten Teil der Menschheit zu blamieren. Sie griff beherzt zu: „Der Schriftsteller Arno Schmidt und der Redakteur und Schriftsteller Alfred Andersch werden angeklagt, [...] eine unzüchtige Schrift verbreitet zu haben, indem sie in der Zeitschrift Texte und Zeichen einen von dem Angeschuldigten Schmidt geschriebenen Kurzroman ‚Seelandschaft mit Pocahontas' veröffentlichten, der Religionsbeschimpfungen und Gotteslästerungen enthält und weiterhin Schilderungen sexuellen Charakters bringt, die geeignet sind, das Scham- und Sittlichkeitsgefühl gesund empfindender Menschen in geschlechtlicher Hinsicht zu verletzen."

Gisbert Damaschke[189]

Zur Entstehungsgeschichte des Kurzromans „Seelandschaft mit Pocahontas" (1955) von Arno Schmidt ist überliefert, dass der Schriftsteller seiner Frau Alice anlässlich ihres 37. Geburtstages eine Reise nach Venedig schenken wollte. Angesichts der bescheidenen wirtschaftlichen Verhältnisse, in denen das Paar lebte, ergab eine Abwägung Schmidts zwischen Romantik und häuslicher Wohnbeschaffenheit das Ergebnis, auf die Italienreise zu verzichten. Überliefert ist sein Ultimatum: „Willst du Venedig sehn oder paar Möbel habm: daß's leidlich bei uns aussieht."[190]

Und obwohl die Gattin noch immer Venedig den Vorzug gab, entschied sich der Schriftsteller für die Möbel und bot als Reiseersatz ein paar Tage zum Spazierengehen und Paddeln an den niedersächsischen Dümmer, einem See bei Diepholz, an. So geschehen im Juni 1953.

All das wäre im Grunde bloß eine ungalante und sehr spießige Anekdote aus dem Leben eines ansonsten äußerst skurrilen und eigensinnigen Schriftstellers, hätte sich Schmidt nicht zwei Wochen nach der Rückkehr vom Dümmer durch einen morgendlichen Traum animiert gefühlt, die Reiseepisode zur Basis eines Kurzromans zu machen: „Seelandschaft mit Pocahontas" heißt das Resultat. Er gilt als einer seiner besten Texte.

Das Deutsche Literaturarchiv Marbach bewahrt ein Kästchen mit ca. 750 kleinen Zetteln auf, die Schmidts Einfälle, vor allem Begriffe, Namen, Anspielungen, Zitate und Quellen zur „Seelandschaft mit Pocahontas" notiert enthalten. Zum ersten Mal in seiner Schriftstellerkarriere wandte Schmidt bei dieser Erzählung sein später charakteristisches Verfahren an, Literatur aus Karteizetteln entstehen zu lassen. Die Zettelkästen für die anderen Romane und Erzählungen vernichtete Schmidt später, so u.a. die zu seinem berühmtesten Werk „Zettels Traum", einem „Monstrum von 1334 großformatigen Seiten, unterteilt in drei Textspalten, ergänzt durch zahllose Einschübe, Anmerkungen und Zeichnungen des Autors, Ergebnis jahrelanger Selbstisolation, Destillat aus seltsamen Zettelkästen mit 120000 systematisch geordneten Zetteln – eine Titanenarbeit."[191]

Der Zettelkasten zur Pocahontas-Geschichte blieb erhalten, weil Schmidt sie seinem späteren Verleger Ernst Krawehl schenkte.

Schon zur Zeit der Niederschrift der Erzählung galt der am 18. Januar 1914 in Hamburg geborene Schriftsteller als äußerst schwierig und seltsam. Maskenhaft starrte er aus dicken Brillengläser auf seine Mitmenschen, denen er meist den Eindruck vermittelte, sie höchst widerlich zu finden. Verleger und Lektoren pflegte er gelegentlich wild zu beschimpfen. Die Öffentlichkeit mied er meist sorgsam; Freundschaften existierten für ihn so gut wie überhaupt nicht. Eine der wenigen Ausnahmen bildete Alfred Andersch, „der die Belesenheit des Autors bewunderte, seine Fähigkeit, dem Leser vergessene Literaturwelten zu erschließen. Es gelang ihm, Schmidt regelmäßige Aufträge für den Süddeutschen Rundfunk zu vermitteln, schillernde Autorenporträts, lebhafte Dialoge über Fouque und Schnabel, Moritz und Klopstock, Jules Verne, Karl May, James Joyce und viele Andere, die nachts gesendet werden und dem Autor ein bescheidenes Einkommen bescheren."[192]

Mit dem Namen Andersch ist allerdings auch einer der juristischen Konflikte in Arno Schmidts Leben verbunden.

Am 15. Januar 1955 erschien unter der Herausgeberschaft von Alfred Andersch erstmalig die Literaturzeitschrift Texte und Zeichen im Berliner Luchterhand Verlag. Den Hauptbeitrag des ersten Heftes bildete der Kurzroman „Seelandschaft mit Pocahontas".

Der Ich-Erzähler, ein lediger Autor, fährt mit einem Freund, der Malermeister und Witwer ist, auf dem Motorrad zum Dümmer in einen Kurzurlaub. Sie treffen auf zwei Frauen. Der Name Pocahontas, den der Erzähler seiner Sommerliebe Selma gibt, verweist auf die legendäre Indianer-Prinzessin.

Einzelne Dialogpassagen erregten sogleich die Gemüter mancher Leser. Der Kölner Rechtsanwalt Dr. Karl Panzer glaubte darin Religionsbeschimpfungen und Gotteslästerungen der übelsten Art zu erkennen und stellte daher sowohl gegen den Verleger, den Herausgeber als auch den Autor am 6. April 1955 Strafanzeige wegen Gotteslästerung und wegen Verbreitung unzüchtiger Schriften.[193]

In ähnlicher Weise wie sein Kölner Kollege empfand auch der Berliner Rechtsanwalt Paul Weimann[194], der sich am 18. April 1955 an die Berliner Staatsanwaltschaft wandte und gegen den Inhaber des Hermann Luchterhand Verlages und Arno Schmidt Anzeige wegen Gotteslästerung und Verbreitung unzüchtiger Schriften erstattete. Weimann sah „Seelandschaft mit Pocahontas" auf einer ganz ungewöhnlich niedrigen Kulturstufe stehend und gotteslästerlich an.

Die Strafanzeige enthält einzelne Passagen aus dem Werk, in denen es in Bezug auf die vermeintliche Gotteslästerung u.a. heißt: „Die Bibel: iss für mich'n unordentliches Buch mit 50000 Textvarianten. Alt und buntscheckig genug, Liebeslyrik, Anekdoten, das ist der Ana der in der Wüste die warmen Quellen fand, politische Rezeptur; und natürlich ewig merkwürdig durch gemeinsten äusserlichen Zwang, compelle intrare, gehabt hat. Der ‚Herr', ohne dessen Willen kein Sperling vom Dache fällt oder 10 Millionen im KZ vergast werden: das müsste schon ne merkwürdige Type sein – wenn's ihn jetzt gäbe!"

Als unzüchtig empfand der Anzeigenerstatter vereinzelte Stellen wie: „Das höllenfarbene Mädchen bog den schlanken Stielleib hinüber, Augen belichteten uns kurz, die Kleine wischelte einschlägig; und auch Erich fiel eben unnötigerweise aus der Rubrik ‚Oberschlesisches Liebesgeflüster' noch ein: ‚Warum nimmstu Fin-gärr?: Nimm doch IHN!'" oder „‚Lauf brünieren lassen, dass a nich in der Sonne blitzt!' fügte er, alter Frontsoldat, hinzu, und zog die Badehose noch tiefer, wahrscheinlich um keinerlei Zweifel aufkommen zu lassen, dass er männlichen Geschlechtes sei."

Schon damals – zur Zeit der Strafanzeigen – gehörte Arno Schmidt zu den auffälligsten und bedeutendsten deutschen Schriftstellern des Jahrhunderts. Der Verleger Ernst Rowohlt hatte sich 1949 entschlossen, Schmidts erstes Buch „Leviathan" zu veröffentlichen. Das schmale Bändchen von 116 Seiten mit seinen drei Erzählungen ist Schmidts

Schwester Luzie Kiesler gewidmet. Die etwa 30 Seiten der Titelgeschichte beschreiben knapp drei Tage im Februar 1945. Eine zusammengewürfelte Gruppe flieht vor der vorrückenden Sowjetarmee, indem sie versucht, mit einer Lok und einigen Waggons von Lauban aus Görlitz zu erreichen. Sie legen damit genau die Bahnstrecke zurück, die Arno Schmidt als Fahrschüler täglich gefahren war.

„Leviathan" wurde ein Achtungserfolg, der die Literaturkritik gleichermaßen angenehm berührte wie auch irritierte. Ein Verkaufserfolg wurde das Buch nicht, was mit dazu beitrug, dass das Ehepaar Schmidt in Armut lebte und teilweise seine Miete nicht zahlen konnte.

Schmidt stand dennoch zwischenzeitlich ohne festen Verleger da. Zwar hatte Rowohlt 1953 noch Aus dem Leben eines Fauns herausgebracht, aber man war im Hause Rowohlt mit den Verkaufserfolgen unzufrieden und sicher auch damit, dass der Autor keine Anstalten machte, dem Verlangen des Verlages nach leichterer und verkäuflicherer Ware nachzukommen.

In dieser Situation zeigt sich das noch heute bestehende Dilemma eines literarischen Genius gegenüber der fehlenden Kommerzialität seines Schaffens.

Während die Literaturwissenschaft Arno Schmidts hohen Rang betont, lehnt ihn die große Mehrheit der literarisch Interessierten entweder als „schwierig" und wegen seines Schreibstils als „avantgardistisch" ab oder kennt ihn erst gar nicht.

Lediglich eine kleine eingeschworene Gemeinde hat im Laufe der Jahrzehnte eine Schmidt-Philologie entwickelt, die mit fast religiöser Hingabe die stellenweise kryptischen Texte Schmidts zu „entschlüsseln" sucht.

Arno Schmidts Werke sind gesättigt von Alltagsdingen eines zeitgenössischen Durchschnittsbürgers der Bundesrepublik Deutschland. Seine Sprache orientiert sich dabei oft an Dialekten. Das Schriftbild wirkt auf den ersten Blick ungewöhnlich, da sich Schmidt vor allem in den späteren Werken nicht unbedingt an die Rechtschreibung des Duden hält, sondern eigene, an die Aussprache angelehnte Schreibweisen verwendet.

Gleichzeitig war Schmidt einer der großen Kenner der Literatur des 18. und 19. Jahrhunderts, speziell aus dem deutschsprachigen Raum. Sein besonderes Interesse galt auch Autoren wie Karl May, James Fenimore Cooper und Jules Verne, die er in ihrer literarischen Qualität als verkannt ansah.

Aufgrund der beiden Anzeigen wurde ein Ermittlungsverfahren gegen den Verleger Reifferscheid, den Herausgeber Andersch und den Autor Schmidt eingeleitet. Zunächst beabsichtigten die Behörden, die Beschuldigten zu den Vorwürfen selber zu vernehmen.

Am 10. Juni 1955 gab Reifferscheid[195] gegenüber dem Polizeipräsidium Berlin bekannt, er habe „den Beitrag von Arno Schmidt ‚Seelandschaft mit Pocahontas' erst nach Erscheinen und nach vorgenommener Auslieferung an den Buchhandel gelesen."

Er räumte zwar ein, „ästhetische Bedenken hinsichtlich der Formulierung" einzelner Passagen geäußert, gleichwohl „gegen den Abdruck keine Einwendungen" erhoben zu haben. Weitere Erklärungen wollte der Verleger nicht abgeben; er verwies stattdessen auf die „Berufeneren", d.h. Arno Schmidt und Alfred Andersch.

Der Herausgeber[196] hatte sich am 7. Juli 1955 der Vernehmung durch das Amtsgericht Stuttgart zu stellen. Dabei erklärte er:

„Arno Schmidt kommt es in allen seinen Werken auf die Darstellung der Wahrheit an; um dieser Wahrheit willen kann er nicht auf gewisse Züge der Darstellung verzichten, die vielleicht den einen oder anderen schockieren mögen. Ich halte Arno Schmidt für einen im höchsten Sinne moralischen Autor, der gerade mit Hilfe der Schockwirkung eine moralische Absicht verfolgt."

Nun galt es noch, den Verfasser Arno Schmidt selber zu befragen. Dieser hatte inzwischen zwar sein nächstes Buch, „Das steinerne Herz", fertig gestellt, aber nahezu jede Hoffnung auf einen Verlag verloren. Durch Vermittlung Anderschs besuchte ihn im August 1955 der bereits erwähnte Ernst Krawehl, Mitbegründer des Stahlberg Verlags.

Krawehl hatte von Andersch das Manuskript erhalten und zeigte sich sehr interessiert, Schmidt als Autor zu gewinnen. Angesichts des laufenden Ermittlungsverfahrens hegte der Verleger allerdings Bedenken bezüglich des neuen Schmidt-Romans. Zwar war ihm dieser nicht zu anstößig, doch befürchtete er, man werde die erotischen Stellen zur Indizierung eines eigentlich politisch unliebsamen Romans benutzen.

Im gleichen Monat dieser Kontaktaufnahme, am 22. August, musste Arno Schmidt[197], der zu jener Zeit in Kastel bei Saarburg wohnte, in seinem dortigen Amtsgerichtsbezirk vor dem Amtsgericht Saarburg aussagen. Im Kern berief er sich auf seine künstlerische Herkunft, deren Stilrichtung der Realismus sei. „Wenn ich gefragt werde, ob ich mir keine Gedanken darüber gemacht habe, dass Form und Inhalt meines Kurzromans für weiteste christliche Kreise verletzend wirken und den Anschein haben müssen, als ob es sich hier bei den Schilderungen um die Lust an der Wiedergabe schlüpfriger, moralisch sehr fragwürdiger Lebensvorgänge handele, so kann ich nur nochmals auf das bereits oben erwähnte hinweisen, dass die Schilderungen eine Wiedergabe von Zeitbildern sind und dass den Schriftsteller gestattet sein muss, in realistischer Form diese Dinge in seinem Werk zu schildern, auch wenn es dem einen oder anderen nicht gefallen sollte."

Zunächst wurde das Verfahren gegen den Verleger eingestellt, da er zu spät von der Veröffentlichung des strittigen Romans erfahren hatte – was ein wenig ungewöhnlich erscheint, aber ihm offenkundig nicht zu widerlegen gewesen war. Gegen Schmidt und Andersch wurde dagegen beim erweiterten Schöffengericht Trier am 3. März 1956 Anklage[198] erhoben. Das Gericht erwies sich allerdings als örtlich unzuständig, da Arno Schmidt bereits am 24. September 1955 nach Darmstadt gezogen war, um einen Prozess im katholischen und konservativen Trier zu vermeiden.

Die Akten wanderten nun nach Stuttgart, weil dort der Wohnsitz Anderschs war. Die Stuttgarter Staatsanwaltschaft forderte bei Hermann Kasack, dem Präsidenten der Deutschen Akademie für Sprache und Dichtung, ein Gutachten über „Seelandschaft mit Pocahontas" an.

Kasack[199] führte in seinem achtseitigen Gutachten u.a. aus, dass es immer wieder Dichter gäbe, die Veränderungen der Erzählweise herbeiführen würden – Marcel Proust, James Joyce, Thomas Mann und Franz Kafka beispielsweise. Diese Dichter gingen bei dem, was sie schrieben, das Wagnis des Experiments ein, ohne das es in der Kunst keinen Fortschritt geben könne.

„Ich halte es durchaus für möglich," so Kasack, „dass später einmal die Literaturgeschichte die Prosadichtungen von Arno Schmidt zu den notwendigen Sprachexperimenten unserer Zeit zählen könnte."

Und was sich generell über den bedeutenden literarischen Newcomer sagen ließe, gelte auch speziell für „Seelandschaft mit Pocahontas". Was die Unsittlichkeit, das Pornografische im Roman angeht, so vertrat der Gutachter den Standpunkt: „Wie weit ein Autor, um seine künstlerischen Absichten zu verwirklichen, in erotischer und atheistischer Beziehung gehen darf, ist nicht nur eine Frage des Taktes und Geschmacks, sondern auch eine Frage des Temperaments, der Begabung. Was die beanstandeten Stellen anbelangt, so ist zu betonen, dass sie aus dem Zusammenhang herausgerissen völlig anders wirken müssen als im Rhythmus des Ganzen gelesen. Ich glaube nachgewiesen zu haben, daß es sich bei diesem Prosastück – wie bei allen Arbeiten Arno Schmidts – um ein Werk der Kunst handelt. Literarisch geschulte Leser werden auch die ironische Anspielung im Titel wahrgenommen haben. So wurde in der Presse die Vermutung geäussert: ‚Pocahontas = wenig Scham.' Was an einigen Stellen zur Charakterisierung der erotischen Situation gebracht wird, empfinde ich im Rahmen des Ganzen nicht als Schlüpfrigkeiten oder Unzüchtigkeiten; schon durch die sprachliche Diktion, auf deren Rang auch andere Kritiker hingewiesen haben, unterscheidet sich die Prosastudie grundsätzlich von der pornographischen Literatur."

In Bezug auf den Vorwurf der Gotteslästerung bezeichnete Kasack den Schriftsteller als Atheisten, entsprechende antireligiöse Passagen als künstlerische Stilmittel, die jedoch „nicht als Beschimpfung der christlichen Kirche oder als Gotteslästerung" aufzufassen seien. Zudem wende sich der Kurzroman ohnehin nur an einen kleinen Kreis Literaturinteressierter, die avantgardistischer Experimente dieser Art offen gegenüber stehe, und nicht an die allgemeine Leserschaft. Ohne jeden Zweifel handle es sich bei „Seelandschaft mit Pocahontas" um ein Kunstwerk, das die vorgeworfenen strafrechtlichen Tatbestände nicht verwirkliche.

Das Gutachten wurde zur entscheidenden Grundlage der Verfahrenseinstellung durch den Generalstaatsanwalt beim Oberlandesgericht Stuttgart[200] am 26. Juli 1956. Dort sah man es als erwiesen an, dass es sich bei dem Kurzroman um ein Kunstwerk im Sinne des Art. 5 Abs. 3 Satz 1 GG handelte. Aus der Stellung dieses spezifischen Grundrechtsschutzes der Kunst ergebe sich, dass die Kunst frei sei. Sie sei auch nicht unter bestimmten Umständen einschränkbar, wie etwa die freie Meinungsfreiheit oder die Pressefreiheit. Selbst wenn man eine solche Einschränkung gestatten wolle, wäre sie im vorliegenden Fall nicht anwendbar. „Seelandschaft mit Pocahontas" habe keineswegs das Scham- und Sittlichkeitsempfinden Dritter verletzt. Nach den von der Rechtsprechung entwickelten Grundsätzen werde durch künstlerische Werke eine Verletzung des Scham- und Sittlichkeitsgefühls eines unbefangenen Dritten vermieden, weil sie geschlechtliche Dinge über den geschlechtlichen Reiz hinaus veredeln und durchgeistigen.

Die von den Anzeigeerstattern beanstandeten Stellen könnten nicht jede für sich allein betrachtet werden, sondern nur im Gesamtzusammenhang. Betrachte man diesen Gesamtzusammenhang, fehle es ihnen bei dem künstlerischen Charakter des Ganzen an der objektiven Eignung, das Scham- und Sittlichkeitsgefühl eines unbefangenen Lesers zu verletzen. Das Gleiche gelte für die Religionsbeschimpfung. Die beanstandeten Einzelstellen bedeuten, auch wieder im Zusammenhang des Ganzen gesehen, weder eine Lästerung Gottes noch eine Beschimpfung christlicher Religionsgesellschaften, ihrer Einrichtungen und Gebräuche und sie seien auch in Anbetracht der künstlerischen Natur des Ganzen nicht geeignet, ein Ärgernis zu geben. Wenn die beiden Anzeigeerstatter an einzelnen Stellen des Stückes ernsthaften Anstoß genommen hätten, so sei dies, von ihrer Anschauung aus gesehen, verständlich. Es stehe aber der getroffenen Feststellung nicht entgegen.

Interessanterweise sollte die bundesdeutsche Rechtsprechung in späteren Jahren – man denke an die „Mephisto-Entscheidung“[201] – eine andere Auslegung des Kunstfreiheitsbegriffs vornehmen.

Drei Monate nach dem Verfahrensende erschien mit einjähriger Verspätung endlich Arno Schmidts bis dahin längster und sicher auch wichtigster Roman „Das steinerne Herz“. Dieser Roman, ein literarisches Resultat der finanziellen Not, der Hoffnungslosigkeit und einer ernsthaften Herzerkrankung, stellte einen ersten Gipfel in seinem Werk dar.

Im Sommer 1979 erlitt Arno Schmidt einen Hirnschlag. Am 3. Juni des Jahres starb er in einem Krankenhaus in Celle. Erhalten blieb eines der schwierigsten Schriftstellerwerke der deutschen Literaturgeschichte.

CHARLES BAUDELAIRE
„DIE BLUMEN DES BÖSEN" IM SPIEGEL DER JUSTIZ

> Es heißt, man solle die Abscheulichkeiten in den Brunnen der Vergessenheit versenken und ins Grab verschließen; das durch Schrift und Druck wieder auferweckte Böse verseuche die Sitten der Nachwelt; doch das Laster hat keineswegs das Wissen zur Mutter, und die Tugend ist nicht die Tochter der Unwissenheit.
>
> Théodore Agrippa d'Aubigné[202]

Es kommt nicht oft vor, dass sich die Justiz eines Landes mit dem Inhalt eines Gedichtbandes beschäftigen muss. Noch seltener kommt es vor, dass sich ein Staat über ein Jahrhundert lang immer wieder mit einem Buch beschäftigen muss und in diesem Zeitraum sogar ein Gesetz erlässt, das den Autor rehabilitiert. Bei Charles-Pierre Baudelaire und seinem Lyrikband „Les Fleurs du Mal" (dt: „Die Blumen des Bösen") war Beides der Fall.

Der französische Dichter Baudelaire gilt heute als einer der größten Lyriker überhaupt. Dass gerade er für einen Literaturskandal sorgte, verwundert bei Betrachtung seiner problematischen Lebensumstände und angesichts seiner persönlichen und dichterischen Extravaganzen auch im Nachhinein nicht unbedingt.

Der Vater, ein vermögender ehemaliger Verwaltungsbeamter, starb, als Baudelaire sechs Jahre alt war; die Wiederverheiratung der Mutter mit einem autoritären Offizier geriet zum Alptraum für den Heranwachsenden. Während die Wohnorte zwischen Paris und Lyon mehrfach wechselten, entwickelte sich Baudelaire zu einem schwierigen, sich ungeliebt und haltlos fühlenden, häufig depressiven Jugendlichen.

Er verbrachte Jahre in Internaten und wurde noch kurz vor dem Baccalauréat (Abitur) wegen Ungehorsams von der Schule verwiesen. Es gelang ihm 1839, das Abitur nachzuholen und anschließend Jura zu studieren.

Doch anstelle eines intensiven Studiums wandte sich der Jungstudent den Versuchungen und Freuden der Pariser Literaten- und Künstler-Bohème zu, was ihm reichhaltige Erfahrungen mit Schulden, Prostituierten und Geschlechtskrankheiten bescherte. In dieser Zeit entstand allerdings auch der Gedanke, den künftigen Lebensunterhalt mit der Dichtkunst zu verdienen.

Mit Erreichen der Volljährigkeit erlangte Baudelaire 1842 seinen vom Vater hinterlassenen Erbanteil in Höhe von circa 75 000 Francs, was ihm in den nächsten Jahren ein luxuriöses Dandy-Leben im Stile eines exzentrischen Dichters wie Oscar Wilde ermöglichte. Baudelaires exorbitante Verschwendungssucht – die auch ein wenig an seinen Lands- und Zeitgenossen Honore de Balzac erinnert – führte allerdings bald dazu, dass ihn seine besorgte Familie durch Beschluss des Friedensrichters des 11 Arrondissements am 21. September 1844 gerichtlich unter die finanzielle Vormundschaft eines Notars stellen ließ[203], was ihn zutiefst kränkte und vermutlich einen Selbstmordversuch auslöste.

In jenen äußerst kritischen Jahren entstanden bereits die ersten Gedichte, die Baudelaire schon damals, wie auch später, gerne rezitierte, so dass mancher Freund das eine oder andere Poem, ehe es überhaupt gedruckt war, selber auswendig kannte. Seinem Freund Charles Asselineau zeigte der Dichter Ende 1851 zwei Quartbände einer heute verlorenen Prachthandschrift seiner Gedichte, die er auf eigene Kosten bei einem Pariser Kalligraphen in Auftrag gegeben hatte; und im August desselben Jahres ist in einem Brief an die Mutter von seinem Gedichtband die Rede als von etwas, das längst hätte erscheinen können und sollen.[204]

Baudelaire plante seit Mitte der 40er Jahre die Herausgabe einer Gedichtsammlung, die zunächst den Titel „Les Lesbiennes“ erhalten sollte. Dieser Titel wies bereits in eine bestimmte Richtung. Erotische Neigungen und Verhältnisse zwischen Frauen, wie sie vor allem Schauspielerinnen, doch auch der Schriftstellerin George Sand, nachgesagt wurden, haben zu Baudelaires Jugend unter anderen Honoré de Balzac in seiner Erzählung „Das Mädchen mit den Goldaugen“ (1834/35) und Theophile Gautier in seinem Roman „Mademoiselle de Maupin“ (1835) behandelt. Der von Baudelaire gewählte Titel sollte dem Leser offenbar Aufreizendes und Geheimnisvolles suggerieren.

Ende 1848 favorisierte der Dichter den Titel „Les Limbes“. Geplant war eine Buchveröffentlichung bei Michel Levy in Paris und Leipzig am 24. Februar 1849, dem Jahrestag des Ausbruchs der Revolution von 1848. Dieser Titel, der wörtlich „Die Vorhölle“ bedeutet, findet sich dann 1849 bis 1852 wiederholt angekündigt.[205]

Ein Buch unter diesem Titel erschien nie; wohl jedoch im Juni 1850 in dem Magasin des familles zwei und im April 1851 in Le Messager de l'Assembée elf Gedichte von Baudelaire mit dem Vermerk, sie seien einem künftig erscheinenden Gedichtband „Les Limbes" entnommen.

Der endgültige Titel des Sammlung „Les Fleurs du Mal", der vermutlich auf den Kritiker Hippolyte Babou zurückgeht, erschien erstmalig, als die Revue des Deux Mondes am 1. Juli 1855 Baudelaire, der inzwischen haschisch-, opium- und alkoholabhängig war, 25 Seiten einräumte und darin einen Zyklus von achtzehn bisher unveröffentlichten Gedichten aus dem künftigen Sammelband abdruckte.

Allerdings hatte François Buloz, der Herausgeber der Zeitschrift, einen seiner Mitarbeiter beauftragt, den Zyklus durch einen Begleittext[206] abzuschirmen: „Durch die Veröffentlichung der hier abgedruckten Verse glauben wir unseren Lesern einen weiteren Beweis dafür zu liefern, wie sehr wir stets geneigt sind, die Ansätze, die Versuche in den verschiedensten Richtungen zu fördern. Was uns hier des Interesses würdig erscheint, ist der lebhafte und, selbst in seiner Gewaltsamkeit, merkwürdige Ausdruck gewisser Anwandlungen, gewisser Anfälligkeiten und seelischer Leiden, die, ohne sie zu teilen oder zu bestreiten, als ein Zeichen unserer Zeit zur Kenntnis zu nehmen man gehalten ist. Im übrigen sind wir der Ansicht, daß es Fälle gibt, wo die Öffentlichkeit keineswegs nur eine Ermutigung darstellt, wo sie den Einfluß eines förderlichen Rates ausüben und das wahre Talent ermuntern kann, seine Fesseln abzustreifen, sich seiner Kräfte zu versichern, indem es seine Enge überwindet und seinen Gesichtskreis erweiten."

Baudelaires Gedichte läuteten eine neue Epoche in der Lyrik ein, die ihm u.a. den Ruf eines „Nacht- und Grabdichters" einbrachte.

Die lyrischen Blumen schildern den Menschen vor allem als überwiegend hässlich und morbide; als eine Kreatur, die zwischen den Mächten des Hellen und Guten und denen des Dunklen und Bösen hin und her gerissen wird. Die Grundstimmung der einzelnen Gedichte ist düster und – wie nicht wenige Zeitgenossen fanden – obszön und blasphemisch.

Le Figaro[207] befand über Baudelaire: „Er ist ein literarisches Schreckgespenst, das immer aussieht, als wäre es einer unterirdischen Höhle entstiegen. Irgendwo im Dunkeln hält er – als Drohung – Bücher versteckt, die gar nicht existieren, denn seit zehn Jahren hat er so gut wie nichts geschrieben [...]".

Doch hierin sollte sich das Blatt irren. Inzwischen hatte der Dichter geschäftlichen Kontakt mit dem Verleger Auguste Poulet-Malassis und dessen Schwager Eugene De Broise geknüpft. Zwischen den Beteiligten wurde am 30. Dezember 1856 ein Verlagsvertrag unterzeichnet, der u.a. die Herausgabe des Gedichtbandes „Les Fleurs du Mal“ zum Inhalt hatte.

Im Juni 1857 erschien der Sammelband mit einer Auflage von 1100 Exemplare auf Velinpapier zu 3 Francs und etwa 20 Exemplare auf besserem Papier zu 6 Francs. Der Band enthielt 101 Gedichte und eine Widmung; Umschlag und Titelblatt trugen das Motto von Agrippa d'Aubigne. Die zwanzig Vorzugsexemplare waren ausschließlich für den Dichter selbst bestimmt, der zwölf davon mit eigenhändiger Widmung und zum Teil in kostbaren Einbänden an verschiedene Personen wie Alexandre Dumas den Älteren, Theophile Gautier und Prosper Merimée verschenkte.[208]

Der Gedichtband sorgte sogleich nach seiner Veröffentlichung für reges Aufsehen. So empörte sich Le Figaro[209]: „Noch nie hat man so glänzende Gaben so töricht vergeuden sehen. Es gibt Augenblicke, da man an Herrn Baudelaires Verstand zweifelt; und andere, da man nicht mehr zweifelt. [...] Hier findet man das Niedrige Seite an Seite mit dem Widrigen, das Abstoßende im Verein mit dem Ekelerregenden. Noch nie hat man auf so wenigen Seiten in soviel Brüste beißen und sie gar zerkauen sehen; noch nie hat man einer solchen Heerschau von Dämonen, Fötussen, Teufeln, Chlorosen, Katzen und Gewürm beigewohnt, [...] nichts kann einen Mann über dreißig rechtfertigen, dergleichen Ungeheuerlichkeiten durch ein Buch an die Öffentlichkeit zu bringen [...].“

Auch die Staatsanwaltschaft zeigte sich wenig erfreut und lud Anfang August Baudelaire und seinen Verleger Poulet-Malassis zur Vernehmung vor den Untersuchungsrichter.

„Am vergangenen Donnerstag habe ich meine Richter gesehen,“ so der Dichter in einem Brief[210] an eine Freundin. „Ich will nicht behaupten, sie seien nicht schön; sie sind ganz abscheulich häßlich; und ihre Seele gleicht bestimmt ihrem Gesicht.“

Sehr schnell wurde klar, dass es den Justizbehörden weniger um Fragen des literarischen Geschmacks, sondern um die Wahrung der öffentlichen Moral ging. Insbesondere sechs Gedichte des Sammelbandes – „Les Bijoux“ (Die Geschmeide), „Le Lethe“ (Lethe), „A Celle qui est trop gaie“ (An jene, die allzu fröhlich ist), „Lesbos“ (Lesbos), „Femmes dammees. Delphine et Hippolyte“ (Verdammte Frauen. Delphine und Hippolyta) und „Les Metamorphoses du Vampire“ (Die Verwandlungen des Vampirs) – waren zu Angriffszielen justizieller Prüfung avanciert.

Autor und Verleger bemühten sich, die Vorbehalte zu zerstreuen. Über seinen Freund Prosper Merimée, der damals in hohem Ansehen stand und die Gunst der Kaiserin genoss, versuchte Baudelaire höchste Fürsprecher in seiner Sache zu gewinnen. Doch Merimée hütete sich in die öffentliche Skandaldebatte einzugreifen und seinen Einfluss geltend zu machen.

Die Pariser Staatsanwaltschaft erhob Anklage sowohl gegen Charles Baudelaire als auch gegen die beiden Verleger wegen Verletzung der guten Sitten und Verletzung der religiösen Moral (Gotteslästerung).

Die 6. Strafkammer des Tribunal de la Seine verhandelte am 20. August 1857 über den Fall.

In seinem Plädoyer erklärte der Staatsanwalt Ernest Pinard[211]: „Ein Buch vor Gericht zu ziehen, weil es gegen die öffentliche Moral verstößt, ist stets eine heikle Angelegenheit. Führt das Verfahren zu keiner Verurteilung, so bereitet man dem Verfasser einen Erfolg, ja fast ein Piedestal[212]; er triumphiert und man hat ihm gegenüber den Schein des Verfolgers auf sich genommen [...].“

Auf Seiten der Beklagten agierte der Strafverteidiger Gustave Chaix-d'Est-Ange[213]: „Charles Baudelaire ist nicht nur der große Künstler, der tiefe und leidenschaftliche Dichter, dessen Talent vor der Öffentlichkeit anzuerkennen der ehrenwerte Vertreter der Staatsanwaltschaft selber für angebracht hielt. Er ist mehr: er ist ein aufrechter Mensch, und darum ist er ein überzeugter Künstler. Sein Werk ist die Frucht reiflicher Überlegung, die Frucht von mehr als acht Jahren Arbeit; er hat es mit Liebe in seinem Geist getragen und es reifen lassen, wie eine Mutter in ihrem Leib das Kind ihrer Zärtlichkeit trägt [...]“

Der Staatsanwalt zitierte nun aus einzelnen Gedichten des Buches, um vor allem dessen Obszönität zu belegen.

Der Verteidiger hielt ihm insbesondere entgegen, dass die Justiz mit zweierlei Maß messe. Während man dem ernsthaften Dichter Baudelaire den Prozess mache, ließe man die alltägliche so genannte „Herrenliteratur des Tages“[214] ungeprüft in der Öffentlichkeit.

Noch am Verhandlungstag wurde das Urteil[215] verkündet: „Hinsichtlich des Vergehens der Verletzung der religiösen Moral: In Erwägung, daß eine Schuld nicht nachgewiesen wurde, werden die Angeklagten freigesprochen. Hinsichtlich der Verletzung der öffentlichen Moral und der guten Sitten: In Erwägung, daß der Irrtum des Dichters, in der Verfolgung seines Zieles und auf dem dabei eingeschlagenen Wege, unerachtet seiner stilistischen Bemühungen [...] nicht dazu angetan ist, die verderbliche Wirkung der dem Leser vorgeführten Bilder aufzuheben, welche in den betreffenden Stücken durch einen das Schamgefühl verletzenden krassen Realismus notwendigerweise zur Aufreizung der Sinne führt [...] werden [...] Baudelaire zu einer Geldstrafe von 300 Francs, Poulet-Malassis und de Broise von je 100 Francs verurteilt [...]."

Die Anklage wegen Gotteslästerung war fallengelassen worden.

Neben den Geldstrafen wurden ferner die sechs in dem Buch enthaltenen inkriminierten Gedichte verboten. Zudem hatten die Angeklagten die Kosten zu tragen.

Baudelaire und seine Mitangeklagten ließen das Urteil rechtskräftig werden. Die Verleger schnitten aus den noch unverkauften Exemplaren die Seiten mit den verbotenen Gedichten heraus. Baudelaire war von dem Prozess sogar enttäuscht. Das Urteil erschien ihm nicht hart genug, um in der Öffentlichkeit als der von ihm insgeheim erhoffte publicityträchtige Skandal empfunden zu werden. Auf der anderen Seite behinderte das Verbot der einzelnen Gedichte den weiteren Verkauf des Buches. Durch einen Bittbrief an Kaiserin Eugénie erlangte der Dichter 1858 eine Strafminderung auf 50 Francs.

Zehn Jahre nach dem Urteil starb Charles Baudelaire völlig verarmt, körperlich zugrunde gerichtet und geistig verwirrt.[216]

Schon sehr bald nach der Urteilsverkündung plante Baudelaire eine zweite Ausgabe der „Blumen des Bösen". Vor allem ging es ihm darum, die durch das Verbot von sechs Gedichten beeinträchtigte Architektur des Bandes als eines durchkomponierten Ganzen wiederherzustellen oder womöglich noch strenger herauszuarbeiten.

Am 10. November 1858 heißt es in einem Brief[217] an Alphonse de Calonne, den Herausgeber der Revue contemporaine: „Die neuen Fleurs du Mal sind begonnen; sie erhalten jedoch erst dann Verse von mir, wenn genügend vorhanden sind, um EINEN BOGEN zu füllen. Das Gericht fordert nur die Ersetzung von sechs Stücken. Ich werde vielleicht zwanzig schreiben."

Baudelaire und seine beiden mitverurteilten Verleger schlossen am 1. Januar 1860 einen Vertrag über vier Buchtitel, darunter die um zwanzig neue Gedichte vermehrte Zweitausgabe der „Fleurs du Mal". Tatsächlich wurden es am Ende 32 neue Gedichte.

Die Neuauflage wurde schließlich Anfang Februar 1861 ausgeliefert. Sie enthielt 95 meist überarbeitete Gedichte der Erstausgabe und die 32 neuen Gedichte. „Zum ersten Mal in meinem Leben bin ich fast zufrieden. Das Buch ist beinahe wohlgeraten, und es wird bleiben, dieses Buch, als ein Zeugnis meines Ekels und meines Hasses auf alle Dinge", bekannte der Dichter.[218]

Die Resonanz in der Presse war verhalten; nur wenige Rezensenten äußerten sich zur Neuauflage. Ein großer Erfolg wollte sich nicht einstellen.

Baudelaire[219] selber äußerte sich über das Schicksal seines umstrittenen Buches: „‚Les Fleurs du Mal', ein vergessenes Buch! Das ist zu dumm. Es wird immer nach ihnen verlangt. Vielleicht beginnt man in einigen Jahren, sie zu verstehen. [...] Muß ich es Ihnen erst sagen, der Sie es ebensowenig erraten haben wie die andern, daß ich in dieses furchtbare Buch mein ganzes Herz, meine ganze Zärtlichkeit, meine ganze Religion (travestiert), meinen ganzen Haß hineingelegt habe? Freilich werde ich das Gegenteil schreiben, ich werde bei allen Göttern schwören, dies sei ein Buch der reinen Kunst, nichts als Grimassen und Gaukelstücke, und ich werde lügen wie ein Jahrmarkts-Zahnausreißer."

Es folgten in den nächsten Jahren weitere Publikationsabsichten, die zunächst scheiterten

Nach Baudelaires Tod wurden die Rechte an seinem Gesamtwerk im Wege einer öffentlichen Versteigerung von Michel Levy für 1750 Francs erworben. Levy beschloß die Herausgabe einer siebenbändigen Gesamtausgabe von Baudelaires Werk. Die Freunde des Dichters, Charles Asselineau und Theodore de Banville, besorgten dabei auch die dritte Ausgabe der „Fleurs du Mal" als den ersten Band dieser Gesamtausgabe. Sie wurde im Dezember 1868 ausgeliefert. Diese posthume dritte Ausgabe wurde gegenüber der zweiten Auflage um 25 Stücke erweitert.

In Brüssel – vom Zugriff der französischen Justiz befreit – publizierte Poulet-Malassis 1869 unter dem Titel „Complement aux Fleurs du Mal de Charles Baudelaire" das umstrittene Buch inklusive der sechs verbotenen Gedichte.

In der Textgestalt und Anordnung der ersten von Levy initiierten Gesamtausgabe wurden die „Fleurs du Mal" fünfzig Jahre lang verkauft und gelesen.[220]

Was Baudelaire nicht ahnen konnte und was in dieser Weise bis heute auch einmalig in der französischen Justiz ist, ist der Umstand, dass am

31. Mai 1949 in Paris die Strafkammer des Kassationsgerichtshofes noch einmal über die Erstauflage des Buches „Les Fleurs du Mal" verhandelte. Das juristische Kuriosum bestand darin, dass das bereits ergangene Urteil seit fast 100 Jahren rechtskräftig war und dass die Angeklagten seit mehr als 50 Jahren nicht mehr lebten. Ein ausschließlich für diesen Fall erlassenes Gesetz[221] der französischen Justiz von 1946, das aus nur einem einzigen Artikel bestand, hatte bestimmt:

„Die Wiederaufnahme des Verfahrens findet statt gegen Urteile wegen Verletzung der guten Sitten, begangen durch Veröffentlichung eines Buches, wenn seit Rechtskraft des Urteils zwanzig Jahre vergangen sind [...]."

Der Grund für das Gesetz muss in der Absicht des französischen Staates, vor allem seiner Justiz gesehen werden, sich mit einer förmlichen Geste gegenüber einem seiner unruhigsten Geister zu entschuldigen. Es bedurfte nun noch der Umsetzung dieses einmaligen Gesetzes durch die Judikative.

Die Strafkammer entschied letztlich auch im Sinne der gesetzgeberischen Intention und beschloss die Aufhebung des Urteils gegen Charles Baudelaire und seine Mitangeklagten.[222]

Diese posthume Freisprechung wiederum veranlasste die Großnichte des Verlegers Poulet-Malassis, Madame Renault de Broise, gegen 23 französische Verleger, die im Laufe der Zeit die verbotenen Gedichte Baudelaires dennoch veröffentlicht hatten, auf Honorar in Höhe von 1 Million Francs zu klagen. Baudelaire selber hatte im Übrigen nur 250 Francs mit seinem Buch verdient. Die Klägerin scheiterte jedoch mit diesem Versuch letztinstanzlich am 10. Mai 1965 – wegen Ablaufs der Urheberrechtsfrist bei Klageerhebung.

SCHRIFTSTELLERALLTAG

SCHRIFTSTELLERALLTAG

Phantasielose Kritiker warfen Karl May häufig vor, er habe nie wirklich die Indianer kennen gelernt und sei nie in Wirklichkeit auf abenteuerlichen Wegen durch den Orient gereist. Wie könne er also exakte Reiseberichte zum Besten geben und gegenüber seinen Lesern so tun, als sei er tatsächlich gereist, obwohl er die beschriebenen exotischen Länder nur aus Lexika und anderen Sachbüchern kenne? Seine Antwort lautete ähnlich wie bei Molière einfach: „Man darf das Gute nehmen, wo man es findet.“[223]

Wie die meisten seiner Schriftstellerkollegen, betrieb auch der Radebeuler Fabulierer Quellenstudien, um Motive und Grundlagen für seine Werke zu finden.

Daniel Defoe zum Beispiel griff für seinen berühmten Roman „Robinson Crusoe“ auf Berichte und Aussagen des schottischen Seemannes Alexander Selcraig zurück, der vier Jahre und vier Monate einsam auf der unbewohnten Insel Juan Fernandez westlich der chilenischen Küste im Stillen Ozean zugebracht hatte.

Alexandre Dumas (Vater) war ein Meister im Verarbeiten realer politischer Skandale zu bunten Abenteuerromanen. In „Die drei Musketiere“ schildert Dumas die Intrigen um Anna von Österreich, die mit dem französischen König Ludwig XIII. eine unglückliche Ehe führte und die vom berüchtigten Kardinal Richelieu der Mittäterschaft an mehreren Verschwörungen gegen ihren Mann beschuldigt wurde. Nicht die verwegene Figur des Musketiers d'Artagnan, sondern Königin Anna ist die eigentliche Hauptfigur des Romans. Doch selbst d'Artagnan wurde nicht von Dumas erfunden, sondern der Wirklichkeit entnommen. Seinen Erlebnissen am französischen Hof lagen die Aufzeichnungen von Gatien de Courtilz de Sandras unter dem Titel „Les Mémoires de d'Artagnan“ von 1700 zu Grunde, die auszugsweise 1843/44 in der Zeitung Le siècle veröffentlicht worden waren.

Wendet man sich der Neuzeit zu, fallen Autoren wie John Grisham auf; ein Dichterjurist, der regelmäßig im Februar jedes Jahres ein neues Buch veröffentlicht, das meist im juristischen Milieu spielt. In Büchern wie „Die Firma“, „Der Richter“ oder „Die Jury“ verarbeitet der ehemalige Rechtsanwalt juristische Stoffe zu Thrillern. Es sind zwar keine eigenen Fälle, aber die Stoffe sind der Welt der Gerichte, Anwälte und Staatsanwälte entnommen, in der er sich bestens auskennt. Neben der Spannung ist es vor allem die Authentizität, der Griff ins nackte Leben, von der Grishams Bücher leben.

Das Prinzip der literarischen Motivsuche in der Wirklichkeit des Alltags ist demnach so alt wie die Schriftstellerei selber und eine gängige Praxis. Das haben auch die vorangegangenen Beispiele dieses Buches, angefangen von Goethes „Faust", über Kempowskis „Ein Kapitel für sich" bis hin zu Klaus Manns „Mephisto" gezeigt.

In diesem Sinne arbeitete auch Theodor Fontane, als er sich in den 90er Jahren des 19. Jahrhunderts eines realen Themas annahm. Gerade das Duell-Thema war der Literatur nicht neu gewesen, hatten sich doch bereits vor Fontane Dostojewski in „Die Dämonen" oder Tschechow in „Das Duell" damit beschäftigt. Das Thema Duell war jedoch gerade zu Fontanes Zeit zu einem der Modethemen der bürgerlichen Gesellschaft in Deutschland geworden. Das Statistische Reichsamt[224] vermerkte Verurteilungen wegen durchgeführter Duelle zwischen 170 im Jahre 1884 und 154 im Jahre 1913 – was den jährlichen offiziellen „Duelldurchschnitt" widerspiegelt. Und viele dieser Verurteilungen gingen seinerzeit durch die Presse und wurden Gesprächsgegenstände in den Salons. Fontane griff in „Effi Briest" ein gesellschaftliches und juristisches Modethema auf, das ihm letztlich einen großen literarischen Erfolg bescherte.

Zum Alltag eines Schriftstellers gehört neben der Motivsuche, dem Schreiben und Publizieren auch die Hoffnung, sich Lob und Anerkennung zu erwerben. Aber es dürfte keinen Literaten geben, der sich nicht mehr oder weniger regelmäßig den Tadel seiner Mitmenschen zuzieht. In besonders schmerzvoller Weise äußern sich dabei vor allem Kollegen und hauptamtliche Kritiker über die Bücher anderer. Der vermutlich bekannteste deutsche Literaturkritiker Marcel Reich-Ranicki[225] stellte einmal folgende 10 Gebote der Literaturkritik auf:

„Zehn Gebote für Literaturkritiker

Du sollst nichts Wichtigeres haben neben dir als die Kritik.

Du sollst keinem anderen dienen als der Literatur und ihren Lesern.

Du sollst keinen Dichter anbeten und keinem gefällig sein.

Du sollst nicht langweilen.

Du sollst deiner Lust oder Unlust beim Lesen gehorchen und die Gründe für sie finden.

Du sollst Mut haben, dich deiner eigenen Urteilskraft zu bedienen, entschieden

zu loben oder zu tadeln und in deiner Entscheidung zu fehlen, sollst Übertreibungen nicht meiden, Provokationen nicht scheuen und Feinde nicht fürchten.
Du sollst nicht unklares Zeugnis ablegen über ein Buch.
Du sollst das Verständnis für Literatur und das Vergnügen an ihr befördern.
Du sollst die Namen großer Dichter nicht mißbrauchen, indem du kleine mit ihnen vergleichst.
Du sollst nicht begehren, selbst zu dichten."

Sein Kollege Eckhard Henscheid befolgte bei der Rezension des Heinrich-Böll-Romans „Und sagte kein einziges Wort" offenkundig einen anderen Gebots-Katalog und löste deshalb einen Rechtsstreit aus, den er verlor. Während Henscheid glaubte, kunstgerechte und satirisch erlaubte Kritik zu üben, sah Bölls Sohn hierin eine Beleidigung seines Vaters. Der Fall verdeutlicht das ständige Spannungsverhältnis zwischen der Kunst und ihrer Kritik, wie auch der persönlichen Befindlichkeit und den Rechten der Beteiligten.

Die Rechte von Schriftstellern an der Verwertung ihrer Werke werden seit Beginn an immer wieder durch Dritte verletzt. Das größte und erfolgreichste Raubdruckunternehmen im deutschsprachigen Raum war in der zweiten Hälfte des 18. Jahrhunderts der Wiener Verlag von Thomas von Trattner, der in großem Stil alle deutschen Klassiker nachdruckte und in den österreichischen Gebieten verkaufte. Dies geschah mit Zustimmung des Wiener Hofes. Um die Nachdrucke erfolgreicher vertreiben zu können, versuchten süddeutsche und österreichische Raubdrucker Ende des 18. Jahrhunderts sogar eine Messe speziell zum Handeln mit Raubdrucken zu etablieren, den so genannten Hanauer Bücherumschlag. Diese wurde allerdings bereits nach wenigen Jahren von den kaiserlichen Behörden in Wien verboten. Auf Betreiben der Verleger und Buchhändler, einzelner Autoren und einzelner deutscher Bundesstaaten kam am 2. April 1835 ein Beschluss der Bundesversammlung des Deutschen Bundes in Wien zustande, der ein allgemeines Nachdruckverbot in allen deutschen Landen festlegte.

Die Vereinigten Staaten boten auf dem Literaturmarkt lange Zeit einen wahren wilden Westen, was die Rechte von Schriftstellern anbetraf. Es gab kein international gültiges Copyright. Amerikanische Verlage druckten die Romane von britischen Erfolgsautoren wie Charles Dickens nach, bezahlten kein Honorar und verdienten viel Geld damit, mit dem sie vorzugsweise den nächsten Raubdruck finanzierten statt es in heimische Talente zu investieren. Etablierte Romançiers wie James Fenimore Cooper finanzierten die Herstellung ihrer Bücher selbst, bezahlten ihre Verleger für Produktion und Vertrieb und strichen am Ende den Gewinn ein. Wer sich eine solche Vorfinanzierung nicht leisten konnte, war auf die Literaturmagazine angewiesen.

Aus diesem Grunde verfiel auch der kauzige Mark Twain schließlich auf die Idee, sich selbst zu vermarkten, musste jedoch immer wieder feststellen, dass auch andere von seinen Werken ungebeten profitieren wollten. Immerhin genossen Werke amerikanischer Autoren auch im 19. Jahrhundert in den USA bereits Urheberrechts- und Copyrightschutz. Um einen solchen Schutz zum Beispiel im „Commonwealth-Ausland" zu erlangen, war jedoch auch ein amerikanischer Autor gezwungen, mal eben – wenn auch nur für wenige Stunden – seinen Wohnsitz dort zu begründen.

Das schlimmste Problem wie auch der gravierendste Vorwurf gegen einen Schriftsteller ist das Plagiat, das auch Bertolt Brecht mit seinem Bühnenstück „Die Dreigroschenoper" vorgeworfen wurde. Der Dramatiker ging dabei ebenso burschikos wie freizügig mit den Schöpfungen anderer um.

Als Alex Capus sein Buch „Reisen im Licht der Sterne" veröffentlichte, worin er der Frage nachgeht, ob es die Schatzinsel aus dem weltberühmten Roman von Robert Louis Stevenson tatsächlich gibt, kombinierte der Autor Stevensons Leben und seine Romanidee zu einer eigenen Nachbereitung des Themas um die Abenteuer von Jim Hawkins und Long John Silver. Hatte er deshalb ein Plagiat begangen? Wohl kaum, denn die Eigenständigkeit seiner literarischen Schöpfung ist unstreitig.

Auch der – allerdings strittige – „Fall Tannöd" ist ein Beispiel für die Adaption vorhandener Quellen, die zu einem eigenständigen literarischen Ergebnis geführt hat. Der Roman „Tannöd" von Andrea Maria Schenkel verarbeitet Details eines Mordfalls, der sich 1922 in der oberbayerischen Einöde Hinterkaifeck ereignet hat. Dieser Fall ist 1978 und 1997 von dem Autor Peter Leuschner in zwei Sachbüchern dokumentiert worden. Leuschner reichte im April 2007 bei der 21. Zivilkammer des Landgerichts München I eine Klage gegen die Autorin wegen Urheberrechtsverletzung ein. Diese wurde am 21. Mai 2008 abgewiesen, da die Richter kein Plagiat feststellen konnten: „Der Roman Tannöd ist nach allem gegenüber dem Buch des Klägers trotz der bestehenden Parallelen wegen seines Stils, Aufbaus und sprachlicher Gestaltung eigenschöpferischen Gehalts ohne Weiteres als selbstständig und urheberrechtlich unbedenklich anzusehen."[226] Das Oberlandesgericht München[227] bestätigte am 12. November 2009 das Urteil.

Anders als im „Fall Tannöd" lagen Anfang 2010 die Vorkommnisse um das sowohl überraschende als auch beeindruckende Romandebüt „Axolotl Roadkill" der erst siebzehnjährigen Schriftstellerin Helene Hegemann. In recht unverblümter Weise hatte die Jungautorin textlich beim Blogger-Kollegen Airen[228] abgeschrieben.

„Ich habe mich überall bedient, wo ich dachte, das entspricht jetzt der Lebensweise, über die ich schreiben will",[229] erklärt Helene Hegemann ihre Arbeitsweise. Für sie ist die Aufnahme von Bezügen aus Internetforen, Blogs, Liedtexten und Büchern künstlerisches Programm und kein Zeichen von eigener Ideenlosigkeit. Die Autorin vertritt die Auffassung, dass es keine Originalität mehr gibt, „nur Echtheit" – eine Auffassung, mit der sie bei weiteren literarischen Erzeugnissen durchaus ernsthaften juristischen Konflikten entgegengeht.

Die Technik des Adaptierens bemühte auch der Bestsellerautor Dan Brown für seinen Roman „Sakrileg". Für den Bestseller um die vermeintliche Erblinie Jesu Christi und entsprechende Hinweise über eine Ehe zwischen Jesus und Maria Magdalena griff der amerikanische Schriftsteller auf zahlreiche Quellen zurück und verarbeitete diese zu einer fiktiven neuen Geschichte. Die Autoren einer dieser Quellen protestierten und prozessierten gegen Dan Brown bzw. den Verlag wegen Plagiats. Auch der „Fall Sakrileg" zeigt daher die rechtliche Gefahr, in der sich ein Schriftsteller stets befindet, wenn er auf fremde Quellen zurückgreift.

Anders liegt der Fall bei Joanne K. Rowling, die mit ihrem Zauberlehrling Harry Potter Literaturgeschichte geschrieben hat, sich aber auch in einem ständigen juristischen Zweikampf mit Autoren befindet, die von ihrer Idee profitieren wollen. Dass Rowling für ihre Harry-Potter-Reihe auf viele kleine literarische Puzzlestücke zurückgegriffen hat, zeigt sich auch dem Nichtliteraturwissenschaftler recht schnell. Aber auch Rowling schuf letztlich ein eigenständiges Gesamtwerk, das Traditionen und eigene Visionen zu einem neuen Bild zusammenfügte. Aus diesem Grunde stellen die Tanja Grotters & Co., die mittlerweile aufgetaucht sind, zweifelsohne Plagiate dar. Dass man diese nicht immer und überall als solche verfolgen kann, ist ein juristisches und politisches Problem, das es zu lösen gilt.

THEODOR FONTANE
DIE WAHRE GESCHICHTE DER „EFFI BRIEST"

Eine Romanbibliothek der rigorosesten Auswahl, und beschränkte man sie auf ein Dutzend Bände, auf zehn, auf sechs – sie dürfte ‚Effi Briest' nicht vermissen lassen.

Thomas Mann[230]

Zwischen Oktober 1894 bis März 1895 erschien in der Deutschen Rundschau der Vorabdruck des neuen Romans „Effi Briest" von Theodor Fontane. Sehr rasch sah das Lesepublikum in diesem Werk den bedeutendsten Roman seines Verfassers und stellte ihn auf die gleiche literarische Stufe wie Gustave Flauberts „Madame Bovary" und Leo Tolstois „Anna Karenina". Der Ehebruchsroman erschien 1895 auch als Buch und verstärkte dadurch seine flächendeckende Wirkung bei Leserschaft und Kritik.

Der Berliner Romancier Fontane war so etwas wie ein Spätberufener in Sachen Schriftstellerei. Erst im Alter von 60 Jahren hatte er mit dem hauptberuflichen Schreiben begonnen und bis zu seinem Tod am 20. September 1898 noch 17 Romane veröffentlicht. Werke wie „Der Stechlin" oder „Vor dem Sturm" verschafften dem gelernten und viele Jahre praktizierenden „Apotheker erster Klasse" – wie das damals nach erfolgter Approbation hieß – Weltruhm.

Auch über 100 Jahre später hat der Roman „Effi Briest" seine zeitlose Präsenz bewahrt, gehört er nach wie vor zum Kanon schulischer Pflichtlektüre und wird von verschiedenen Verlagen jedes Jahr neu aufgelegt. Eine besondere literarische Würdigung fand „Effi Briest" auch durch den Günter-Grass-Roman „Ein weites Feld" von 1995, der durch Titel (ein Briest-Zitat) und Inhalt eine künstlerische Hommage an Fontanes Meisterwerk darstellt.

„Effi Briest" belegt, dass auch Fontane seine literarischen Themen nicht einfach nur erfand, sondern die Sujets dem realen gesellschaftlichen und sozialen Leben entnahm. Und so gab es auch für diesen Roman eine Vorlage aus der Realität, die seinerzeit für Aufsehen im konventionellen Preußen gesorgt hatte. Effi Briest lebte tatsächlich – wenn auch unter anderem Namen. Und auch ihre Geschichte war echt – wenn auch literarisch verfremdet.

Im Mittelpunkt des Romans steht die 17jährige lebensunerfahrene Effi von Briest, der von dem 38jährigen Baron von Innstetten, einem früheren Verehrer ihrer Mutter, der Hof gemacht wird. Das Werben wird erhört, es wird geheiratet. Das Paar zieht nach der italienischen Hochzeitsreise nach Kessin in Hinterpommern, wo der Baron als Landrat residiert. Der literarische Ort entspricht dabei nicht dem tatsächlichen Kessin, Fontanes Leitbild bildete vielmehr Swinemünde. Die junge Effi wird in Kessin nie richtig glücklich. Sie leidet unter ihrer Angst vor einem angeblichen Spuk im geräumigen landrätlichen Haus: Sie ist davon überzeugt, dass in manchen Nächten ein Chinese erscheine, der einst in Kessin gelebt und ein sonderbares Ende gefunden haben soll. In dieser Angst wird Effi durch die Haushälterin Johanna bestärkt. Neun Monate nach der Hochzeit bekommt Effi ihre Tochter Annie. Eines Tages erscheint Major von Crampas, ein ehemaliger Kamerad aus Innstettens Militärzeit, in Kessin. Crampas ist das Gegenteil des Barons, ein emotionaler und leichtlebiger Hasardeur, der Effi zu Abwechslung und Leichtsinn ermuntert. Anfangs widersteht Effi dem Verführer, doch dann kommt es zu einer heimlichen Affäre. Einige Wochen später wird Innstetten nach Berlin berufen, um dort für das Ministerium zu arbeiten. Effi empfindet das Leben in der Großstadt im Vergleich zum ländlichen Kessin als Befreiung und ist relativ glücklich. Nach sechs Jahren, während Effi zur Kur in Bad Ems weilt, findet Innstetten Crampas' Briefe in Effis Nähkasten. Die Korrespondenz enthüllt die Affäre der beiden. Der Ehrenkodex verlangt von dem Baron, den Major zu einem Duell herauszufordern. Dabei wird Effis einstiger Liebhaber tödlich getroffen. Effis Eltern senden ihrer Tochter einen Brief, in dem sie erfährt, dass sie aufgrund der gesellschaftlichen Konventionen nicht mehr nach Hohen-Cremmen, ihrem Heimatort und Sitz des elterlichen Anwesens, zurückkehren könne. Verstoßen von Ehemann und Eltern, zieht sie in eine kleine Wohnung in Berlin, um dort zu leben. Nach einem Besuch ihrer Tochter, die sie lange Zeit nicht sehen durfte, erleidet Effi einen Zusammenbruch. Ihre Eltern beschließen auf Anraten eines Arztes, ihre Tochter doch wieder zu sich zu nehmen. Effis gesundheitlicher Zustand verbessert sich zunächst zwar, doch kommt sie über den Schmerz, der sich in ihr Herz bohrte, als sie ihre kühle, vom Vater instruierte Tochter erleben musste, nicht hinweg. Angesichts des nahenden Todes spricht sie ihren früheren Gatten von jeglicher Schuld frei. Effi Briest stirbt mit 29 Jahren in ihrem Elternhaus an gebrochenem Herzen. Ihre Mutter glaubt, eine Mitschuld am Tod ihrer Tochter zu tragen, weil sie Effis früh eingegangener Ehe mit einem 20 Jahre älteren Mann zugestimmt hatte. Der Vater unterbindet jedoch die weitere Diskussion mit den Worten: „Ach, Luise, laß [...], das ist ein zu weites Feld.“[231]

Mit „L'Adultera“ hatte Theodor Fontane 1882 seinen ersten Berliner Gesellschaftsroman veröffentlicht und sich damit neben literarischer Anerkennung auch den Vorwurf der Indiskretion erworben. Das Geschehen einer tatsächlichen Eheaffäre spiegelte zu sichtbar zwischen den Zeilen hindurch und sorgte bei den Betroffenen für Aufregung. Fontane verteidigte sich damals mit den Worten, dass ein Schriftsteller das Recht habe, „ein Lied zu singen, das die Spatzen auf den Dächern zwitschern.“[232]

Motivisch ist „L'Adultera“ (dt. „Die Ehebrecherin“) eng mit dem „Effi Briest“-Roman verwandt. Auch hier gibt es die junge Ehefrau, die geheiratet hat, ehe sie auch nur ansatzweise eine eigene Persönlichkeit entwickeln konnte. Auch hier gibt es den sehr viel älteren Ehemann, der seiner jungen Gattin das Leben schwer macht. Aber der weitere Verlauf der Geschehnisse gestaltet sich denn doch recht unterschiedlich. An den „Effi Briest“-Stoff geriet Fontane eher zufällig. Seit 1870 arbeitete er u.a. auch als Theaterkritiker und Korrespondent. Als Kritiker in Diensten der traditionsreichen Vossischen Zeitung verkehrte Fontane im Haus von Emma Lessing, der Frau des Berliner Landgerichtsdirektors Carl Robert Lessing. Als Haupteigentümer und Herausgeber der Vossischen Zeitung gehörte dieser zu den wichtigsten Personen der Hauptstadt. Sein 1866 von Martin Gropius erbautes Wohnhaus in der Berliner Dorotheenstraße 15 bildete den Treffpunkt für einflussreiche Politiker, Künstler und Kunstsammler der Gründerjahre. Zu diesen Gästen gehörten einige Zeit auch ein Adjutant im preußischen Generalstab, Armand Leon von Ardenne, und seine Frau Elisabeth, geborene Edle und Freiin von Plotho-Zerben. Auch Fontane war das Ehepaar bekannt, weshalb er sich eines Tages bei der Gastgeberin nach dem Offizier erkundigte, den er im Hause der Lessings schon längere Zeit nicht mehr gesehen hatte: „Meine Gönnerin Lessing (von der Vossin) erzählte mir auf meine Frage: Was macht denn der? [...] die ganze Effi-Briest-Geschichte [...]“[233]

Was war geschehen?

Am 26. Oktober 1853 wurde auf dem Gut Zerben bei Parey an der Elbe Elisabeth Edle Freiin von Plotho-Zerben geboren. Die Adelsfamilie von Plotho prägte seit dem 10. Jahrhundert den Ort Parey im heutigen Sachsen-Anhalt. Diese Verbundenheit zeigt sich noch immer im Pareyer Ortswappen, in dem die Plothosche Lilie dargestellt ist.

Die junge Elisabeth wurde schon sehr früh nur Else gerufen. Sie wuchs als unbefangenes und fröhliches Mädchen auf dem elterlichen Gut auf. Mit 17 Jahren verlor sie den Vater, was den weiteren Lebensweg negativ prägen sollte. Die Mutter plante eine standesgemäße Verbindung der Tochter, weshalb ihr der sehr bald in Elisabeths Leben tretende fünf Jahre ältere Fähnrich Armand Leon von Ardenne als geeigneter Kandidat erschien. Der junge Fähnrich war ein Sohn des Königlich Belgischen Generalkonsuls für das Königreich Sachsen in Leipzig. Er brachte eine angesehene Herkunft und Bildung sowie eine aussichtsreiche Zukunft als preußischer Berufsoffizier mit. Seinerseits wollte er sich unbedingt mit einer Frau aus dem brandenburgischen Adel verbinden. Elisabeth wurde das Objekt seiner Wünsche, das er regelmäßig von Rathenow aus, wo sein Regiment stationiert war, besuchte. Die junge Freiin stand den Begehrlichkeiten zunächst recht ablehnend gegenüber. Sie sah sich durch das ständige Werben von Ardennes eher in ihrem Freiheitsdrang beschränkt. In ihren Lebenserinnerungen[234] berichtet sie später: „Schon wenn ich wilde Spiele mit meinem Fünfergespann spielte, sagte mir der Schäfer, auf die herein reitenden Offiziere weisend, mach man, daß Du in's Schloß kommst, sonst kriegst Kenen von denen noch aff. Das kam mir lächerlich vor. Dagegen argerte ich mich wütend, sah ich unseren Carl, den Bedienten suchend kommen, mit der üblichen Order, Elseken, mach rasch daß Du rein kommst, Du sollst den Fähnrich v. Ardenne Klavier spielen hören, sagt die Frau Mama."[235]

Nur widerwillig kam Elisabeth diesen Wünschen nach. Die Werbungsversuche des Fähnrichs führten zu einer noch größeren Abneigung ihrerseits. Letztlich brach der Kontakt sogar ganz ab. Erst der Spätsommer 1870 brachte eine unerwartete Wendung. Inzwischen war der deutsch-französische Krieg ausgebrochen. Von Ardenne wurde verletzt und kurierte sich an seinem Garnisonsstandort Rathenow aus. Der Kontakt wurde wieder hergestellt. Am 7. Februar 1871 verlobte sich Elisabeth vermutlich auf Druck der Mutter mit Armand von Ardenne im Gut ihres Onkels Bredow in Stechow. Die Hochzeit folgte am Neujahrstag 1873. Das junge Paar zog noch am Hochzeitstag nach Berlin. Während der Ehemann in der Folgezeit seine Offizierskarriere an der Kriegsakademie betrieb, blieb seine junge Ehefrau weitgehend sich selbst überlassen. In Elisabeths Lebenserinnerungen[236] heißt es: „Wir lebten sehr still, [...] das ungewohnte Stadtleben (fiel mir) schwer."

In jener Zeit bildeten vor allem die Abendgesellschaften im Hause der Lessings eine willkommene Abwechslung und bescherten dem Paar u.a. auch die bereits erwähnte Bekanntschaft mit Theodor Fontane.

Nachdem von Ardenne nach Rathenow versetzt wurde, kehrte die junge Familie – zu der inzwischen auch die Tochter Margot gehörte – auf das Land zurück. Elisabeth lebte wieder in ihrer Heimat. 1877 wurde das zweite Kind, Egmont, geboren. Anschließend führte Elisabeth das typische Leben einer Offiziersgattin: von 1877 bis 1879 war von Ardenne bei den Husaren in Düsseldorf, 1879 wurde er Adjutant des Kommandeurs der Kavallerie-Brigade in Metz. Elisabeth begleitete ihn auf all seinen Stationen.

Im Jahr 1881 wurde von Ardenne zum Rittmeister und Eskadronchef bei den Elften Husaren in Düsseldorf befördert. Während die militärische Karriere des Ehemannes voranging, nahm Elisabeth Kontakt zu ihren Bekanntschaften aus der Düsseldorfer Zeit auf. Vor allem bei der Künstlervereinigung „Malkasten" fand sie einen Kreis von Freunden, denen es nicht um Dienstlich-Militärisches, sondern ausschließlich um Musisches geht. Einer dieser Freunde berichtete: „Wir waren oft, ein enger kleiner Freundeskreis, in dem blumenduftenden Garten eines wundersamen Rokokoschlosses bei Wein und Liedern, Gedichten und Gesängen an weichen stimmungsvollen Sommertagen bis tief in die sternenhelle Nacht hinein um eine aristokratische Frau vereint. Die Nachtigall schmetterte ihr sehnsuchtsvolles Locklied, der Vollmond breitete seinen fahlblauen Lichtschleier über die Wiesen, und gespenstig standen im Hintergrund die Bäume des Waldes. Wir saßen um die schöne blasse Frau mit den wundersamen Rätselaugen und der silberhellen Stimme im wassergleitenden Kahn und küßten der Zauberin die schlanke Hand, wenn sie uns die funkelnden Pokale mit würzigem Wein füllte [...]. Die Herrin, wie sie sich selbst nannte und genannt sein wollte, war Else Freifrau von Ardenne. Ihr Mann, Rittmeister bei den Düsseldorfer Husaren, lag mit seiner Schwadron in der kleinen Garnison Benrath [...]. Wir sahen uns fast täglich. Im Winter unter dem Weihnachtsbaum, bei den Geburtstagen, bei den Malkastenfesten, im Theater oder auf dem Eise, bei

Regen, Schnee und Sonnenschein. Im Sommer unter ewigem Wechsel der Szenerie zum Entsetzen der klatschsüchtigen Welt, gefördert und begeistert von der Anmut und der Poesie jener sich stets gleichbleibenden Frau. Indem sie in ihrer Natürlichkeit und Sicherheit sich in ungebundener Freiheit gab, wirkte sie durch ihr ganzes Wesen und ihre intensiven geistigen Anregungen auf uns alle in einer beglückenden Weise dergestalt ein, daß ein jeder von dem Zeitpunkte an, wo er in ihren Bannkreis trat, fühlte, wie seine Schaffenskraft gesteigert wurde. Daß ein solcher Verkehr durch die Macht der Verhältnisse bei einem Freunde mit der Zeit eine solche Kraft der Gefühle aufspeichern mußte, daß eines Tages die gewaltsam zurückgehaltene Glut der Empfindungen die Selbstbeherrschung durchbrechen würde, sahen wir mit wachsendem Bangen voraus."[237]

Mit diesem Freund war der vierfache Familienvater und Düsseldorfer Amtsrichter Emil Hartwich gemeint – ein hoch gewachsener Mann, schlank, mit selbstbewusster Haltung und freiem Blick. Der gebürtige Danziger war ein Jahrzehnt älter als Elisabeth und offenbar nicht sonderlich glücklich in seiner Ehe. Seit 1879 war er als Amtsrichter in Düsseldorf tätig, eine Tätigkeit, die er als reinen Broterwerb, nicht als Berufung betrachtete. Als passionierter Sportler war Hartwich ein weithin bekannt Mann. Er galt außerdem als ein Pionier der Jugend- und Volkssportbewegung. Daneben faszinierten ihn die Malerei, die Oper und das Schauspiel. Bei den Düsseldorfer Künstlerfesten war er ein ebenso gerne gesehener Gast wie in Kammermusikkreisen oder in der „Uel" – einer frohsinnigen Gesellschaft liberaler und kunstsinniger Düsseldorfer Bürger.

Kurzum: Hartwich vereinte sehr viele für eine Frau wie Elisabeth anziehende Facetten. Die beiden begannen eine Affäre. Als von Ardenne im Herbst 1884 ins Kriegsministerium nach Berlin versetzt wurde, blieb sie in regelmäßigem, vor allem brieflichen Kontakt mit Hartwich, der sie gelegentlich in Berlin besuchte. 1886 schmiedeten sie sogar Heiratspläne. Doch von Ardenne schöpfte Verdacht. Er verschaffte sich Zugang zu Briefen, die Elisabeth in einer Kassette verschlossen verwahrte. In der Ehescheidungsklage[238] heißt es später: „In Folge der in der Nacht vom 24. zum 25. November [...] vorgenommenen Suche fielen dem Ehemann die von der Frau sorgfältig aufbewahrten Briefe – ein ganzes Paket – in die Hände; sie datieren von Anfang September bis November dieses Jahres, sind sämtlich von Hartwich geschrieben, und enthalten den unzweideutigen Beweis, daß die Ehefrau und Hartwich Geschlechtsgemeinschaft gehabt, daß sie getrennt von einander in der Phantasie diese Gemeinschaft mit glühender Leidenschaft fortgesetzt (haben)".

Zur Rede gestellt, gab Elisabeth alles zu. Sie musste innerhalb von 24 Stunden die Wohnung verlassen und fand Zuflucht bei ihrer Schwester Luise von Gersdorff in Jerichow; die Kinder wurden vorübergehend bei ihrer Großmutter in Leipzig untergebracht, um sie vor ihrer Mutter zu schützen.

Der betrogene Ehemann leitete jedoch nicht nur zivilrechtliche Schritte ein. Ein Mann wie Armand Leon von Ardenne empfand die heimliche Liebesbeziehung seiner Ehefrau nicht nur als unmittelbare Provokation; er sah sich auch seinem Ruf als Offizier verpflichtet. Er forderte Hartwich telegrafisch auf, nach Berlin zu kommen. Als dieser noch am 25. November in Berlin eintraf, kam es auch zum Geständnis. Von Ardenne, der sich schon mehrmals duelliert hatte, forderte Hartwich, der ein ausgezeichneter Pistolenschütze war, zum Duell auf schwere Pistolen.

Die Duellanten trafen sich am 27. November 1886 auf der Berliner Hasenheide. Dem Geforderten stand der erste Schuss zu; er gab ihn ungezielt in die Luft ab. Von Ardenne traf dagegen mit seinem ersten Schuss den Kontrahenten in den Unterleib. Der schwer verwundete Hartwich bat seinen Gegner wegen der ihm zugefügten Kränkung noch um Verzeihung, bevor er am 1. Dezember schließlich starb.

Mit dem tödlichen Ausgang des Duells empfand von Ardenne seine Ehre als wiederhergestellt. Doch die rechtlichen Folgen des Duells standen noch aus. Zwar hatte Hartwich noch auf dem Sterbebett getreu dem Zweikampf-Codex der damaligen Zeit über die Hintergründe und den Todesschützen Stillschweigen bewahrt, doch bekannte sich dafür von Ardenne zur Tat. Sofort wurde ein militärgerichtliches Verfahren gegen ihn eingeleitet. Im Reichsstrafgesetzbuch von 1871 wurde der Zweikampf mit tödlichen Waffen als Sondertatbestand mit geringerer Strafandrohung definiert. Als Sanktion war die Verhängung von Festungshaft für eine Dauer von drei Monaten bis zu fünf Jahren festgeschrieben. In der Praxis zeigte sich, dass die Angehörigen der (Militär-)Gerichtsbarkeit und der Regierungen häufig überhaupt nicht gerichtlich verfolgt wurden und wenn doch, dann nur sehr milde bestraft oder nach kurzer Strafverbüßung begnadigt wurden.

Der „Fall von Ardenne" fiel zufällig in eine Zeit des öffentlichen Disputs: Am 13. Dezember 1886 stand auf der Tagesordnung des Reichstages die erste Beratung des vom Abgeordneten des Zentrums Reichensperger eingebrachten Gesetzentwurfs zur Ergänzung des Strafgesetzbuches und zur Beratung einer Resolution über das Unwesen des Duells.[239]

In den Berliner und Düsseldorfer Zeitungen wurde über das Ereignis des 27. November – allerdings ohne Namensnennungen – ausführlich berichtet.

Von Reue und Nachdenklichkeit war bei von Ardenne nichts zu erkennen. Er schrieb in jener Zeit an seine Mutter: „Es ist mir nun klar geworden, daß der Verlust meiner sonnigen Vergangenheit zunächst es ist, der mir so weh that. Ich kann beinahe an keine Periode unseres Lebens, seit ich erwachsen bin zurückdenken, ohne daß wie ein düsterer Schleier das Bewußtsein darüber herabsinkt, daß das Licht, was sie damals überstrahlte u(nd) verschönte, ein falsches Licht war u(nd) nun erloschen ist. Dann aber ist noch ein Gedanke, der mir besonders weh thut. Du weißt, daß schon die kleinen Mädchen in der Tanzstunde mich nicht leiden konnten. In meiner Frau glaubte ich ein Herz gefunden zu haben, das mich liebte. Das war ein Traum. Sie hat es mir eingestanden, daß sie mich nie geliebt hat und selbst als Braut daran gedacht hat, unsere Verlobung aufzulösen. So komme ich mir wie ein Paria unter den Männern vor, und mir ist, als müßte ich dem ärmsten u(nd) häßlichsten Weib danken müssen, das mich um meiner selbst willen lieben könnte."[240]

Das Militärgerichtsverfahren endete am 15. Dezember 1886 mit einer Verurteilung zu zwei Jahren Festungshaft. Auf eigenen Wunsch wurde er nach Magdeburg eingewiesen, wo er den Festungskommandanten kannte und dadurch Hafterleichterung erhielt. Außerdem trafen täglich Akten aus dem Kriegsministerium ein, die er bearbeiten sollte. Die Kinder Margot und Egmont wurden während der Inhaftierung ihres Vaters bei dessen Schwester Camilla in der Berliner Wohnung betreut.

Anfang Januar trat von Ardenne in der Magdeburger Zitadelle seine Haftzeit an. Sie dauerte keine drei Wochen. Kaiser Wilhelm I. begnadigte von Ardenne am 22. Januar 1887, weil er damit „diesem verdienten Offizier eine eklatante Genugtuung vor der ganzen Armee geben"[241] wollte. Zwei Tage später wurde von Ardenne nach nur 18 Tagen Haft aus der Festung entlassen. Die demokratisch gesinnten Zeitungen wie das Berliner Tageblatt protestierten heftig. Bald nach seiner Entlassung wurde der Offizier noch zum Major befördert. Nach seiner Entlassung aus der Festungshaft betrieb von Ardenne die Ehescheidung weiter. Am

15. März 1887 wurde die Ehe zwischen Armand und Elisabeth von Ardenne schließlich geschieden. Elisabeth erhielt eine Abfindung von 32 000 Mark; die Kinder wurden der väterlichen Vormundschaft unterstellt, während man der Mutter ein Besuchsrecht einräumte. Die Einzelheiten dieses Besuchsrechts wurden jedoch nicht näher geregelt, was es von Ardenne ermöglichte, später mit Erfolg jeden Kontakt zwischen Elisabeth und ihren Kindern zu verhindern. Er versuchte auch bei den Kindern Margot und Egmont die Erinnerung an ihre Mutter gänzlich zu tilgen.

Von Ardenne heiratete im Mai 1888 die Soubrette Julie Peters, die seinetwegen die Bühne verließ und ihm in die Garnison Darmstadt folgte. Die Heirat wurde von seiner Familie als unstandesgemäß zutiefst missbilligt. Die militärische Karriere schritt dagegen voran: 1896 wurde von Ardenne Oberst und Regimentskommandeur; als Generalleutnant und Divisionär nahm er 1906 den Abschied vom aktiven Dienst und arbeitete als Militärhistoriker bis zu seinem Tod am 20. Mai 1919.[242]

Elisabeth war noch ein langes Leben beschieden. Nach der Scheidung ergriff sie den Beruf der Krankenschwester. In diesem Beruf arbeitete sie in den folgenden Jahrzehnten in zahlreichen Nervenkliniken und Sanatorien. Der Kontakt zu den Kindern blieb lange Zeit verwehrt. Nach über 17 Jahren suchte Margot 1904 als Erste wieder Kontakt zu ihrer Mutter. Ein erstes Wiedersehen fand statt. In einem Brief vom 18. Juni des selben Jahres schlug Elisabeth ihrem geschiedenen Mann von Ardenne vor – um der Kinder und Enkel willen – Frieden zu schließen. Doch dieser wies die Bitte zurück. Er betrachtete fortan seine Tochter als Abtrünnige und verbat sich jede weitere Zeile von Elisabeth.

Erst der Schwiegervater Egmonts – der Hamburger Kaufmann Mutzenbacher – ermöglichte anlässlich eines Familienfestes das erste Wiedersehen des Sohnes mit der Mutter nach 23 Jahren. Dieses Wiedersehen wurde allerdings in den Familien von Ardenne und Plotho für Jahrzehnte als Tabu behandelt. Erst bei Elisabeths 90. Geburtstag im Jahre 1943 kam es zu einem offenen Gespräch zwischen dem Enkel Manfred, dem 1907 in Harnburg geborenen Sohn Egmonts, und der Großmutter. Der Enkel bekannte: „Ich hätte damals genauso gehandelt wie du!“[243]

Zwischen Enkel und Großmutter entwickelte sich eine vertrauensvolle Beziehung, in deren Verlauf Manfred von Ardenne die Korrespondenz seiner Großmutter mit Hartwich zwischen 1883 bis 1885 als Geschenk übermittelt bekam. Der begleitende Brief[244] schließt mit den Sätzen:

„Du bist der einzige, der mich nach ihm gefragt hat. So sollst Du auch das wenige bekommen, das ein hartes Schicksal mir von dem strahlenden Menschen gelassen hat. Daß Dir die Freude wurde, durch einen Verwandten in ein gerechtes gutes Licht den Mann gerückt zu sehen, der unendliches Leid, aber auch unendliches Glück in mein Leben gebracht hat, war mir ein Geschenk. Deshalb lege ich Euch die leichten Briefe bei, die einen Einblick gewähren in den Frohsinn und die Unbeschwertheit unseres Sonnendaseins – damals."

Im Februar 1952 starb Elisabeth im Alter von 99 Jahren in Lindau. Auf dem Südwestfriedhof in Berlin-Stahnsdorf vor den Toren Potsdams liegt sie begraben.

Die literarische Verarbeitung der Geschichte der Freifrau von Ardenne geborene Freiin von Plotho-Zerben wurde ein großer Erfolg für Theodor Fontane.

Schon die Rezensenten des Jahres 1895 und die Leser der ersten Auflagen des Romans im Zeitschriftenvorabdruck und noch mehr die unzählbare Leserschaft seither spürten, dass „Effi Briest" nicht nur ein Frauenschicksal auf meisterhafte Weise darstellte, sondern in diesem Werk „menschliche Rührung, kritische Zeitanalyse und dichterische Gestaltung eine in der Literatur selten vollendete Verschmelzung eingegangen sind".[245]

Der Dichter selber bekannte: „Ja, die arme Effi! Vielleicht ist es mir so gelungen, weil ich das Ganze wie mit einem Psychographen geschrieben habe. Sonst kann ich mich immer der Arbeit, ihrer Mühe, Sorgen und Etappen erinnern – in diesem Fall gar nicht. Er ist so wie von selbst gekommen ohne rechte Überlegung und ohne alle Kritik."[246]

Mit Rücksicht auf noch lebende Personen hatte Fontane die handelnden Personen verschlüsselt und auch die Schauplätze verlegt. Über die Hauptpersonen schrieb er: „Vielleicht interessiert es Sie, daß die wirkliche Effi übrigens noch lebt, als ausgezeichnete Pflegerin in einer großen Heilanstalt. Innstetten, in natura, wird mit nächstem General werden. Ich habe ihn seine Militärcarriere nur aufgeben lassen, um die wirklichen Personen nicht zu deutlich hervortreten zu lassen."[247]

Mit „Effi Briest" gelang Fontane ein herausragendes dichterisches Protokoll über gefährdete oder gestörte zwischenmenschliche Beziehungen, über die Verstrickung persönlicher Beziehungen in gesellschaftliche Normen, die ihr persönliches Glück bedrohen oder zerstören. Das besondere Augenmerk Fontanes galt dabei solchen Ehen, die aus finanziellen oder gesellschaftlichen Erwägungen geschlossen werden. „Die Details sind mir gleichgültig – Liebesgeschichten, in ihrer schauderösen Ähnlichkeit, haben etwas Langweiliges –, aber der Gesellschaftszustand, das Sittenbildliche, das versteckt und gefährlich Politische, das die Dinge haben […], das ist es, was mich sehr daran interessiert.“[248]

Daneben machte Fontane die Veränderlichkeit des Zeitgefühls bis hin zur Darstellung der Fragwürdigkeit des Duells als Mittel zur Wiederherstellung verletzter Ehre deutlich. „Effi Briest“ steht für vieles, was Fontanes Werk als literarischer Mikrokosmos des geistigen Lebens seiner Zeit ausmacht. Der Roman verrät viel von der Skepsis und Kritik des Dichters am Fortbestand und den Prinzipien der wilhelminischen Weltordnung.

HEINRICH BÖLL
SATIRE ODER SCHMÄHKRITIK? DER „FALL HEINRICH BÖLL"

Der Böll war als Typ wirklich Klasse.
Da stimmten Gesinnung und Kasse.
Er wär' überhaupt erste Sahne,
wären da nicht die Romane.

Robert Gernhardt[249]

Mit Theodor Mommsen, Gerhart Hauptmann, Thomas Mann und Günter Grass hat der Schriftsteller Heinrich Böll zwei Gemeinsamkeiten: Erstens waren die Genannten alle Deutsche und zum Zweiten wurde jedem von ihnen der Nobelpreis für Literatur verliehen. Bei Böll geschah dies 1972 für eine Dichtung, die durch ihre Verbindung von zeitgeschichtlichem Weitblick und liebevoller Gestaltungskraft erneuernd in der deutschen Literatur gewirkt hat. Es war nicht die erste literarische Auszeichnung für ihn gewesen. Zuvor hatte der Schriftsteller bereits u.a. den Georg-Büchner-Preis und den Deutschen Kritikerpreis erhalten.

Zu den Hauptwerken des 1917 in Köln geborenen Böll zählen die Romane und Erzählungen „Ansichten eines Clowns", „Gruppenbild mit Dame" und „Die verlorene Ehre der Katharina Blum oder: Wie Gewalt entstehen und wohin sie führen kann".

Nun haben diese Auszeichnungen sicher nicht alles für einen Menschen und Künstler zu bedeuten, aber sie repräsentieren immerhin die literarischen Bewertungen herausragender nationaler wie internationaler Fachgremien, von denen man annehmen kann, dass sie wussten, was sie da taten.

Es gibt Berufe, bei denen es zum guten Ton gehört, nicht über die Kollegen der eigenen Profession herzuziehen. Nicht so bei Schriftstellern. Sie halten selten mit kritischen Urteilen zu den Werken ihrer Mitbewerber auf dem literarischen Markt hinter dem Berg, ja, es ist ihnen sogar ein Hauptvergnügen, mit Hingabe an einer möglichst treffenden Invektive zu feilen. Thomas Mann beispielsweise schreckte nicht davor zurück, seinen Bruder Heinrich in Briefen zu loben, jedoch hinter dessen Rücken recht uncharmante Auffassungen über dessen Bücher zu verbreiten.

Als bekannt gewordene Großmeister dieser Kollegengattung können zweifelsohne u.a. Georg Christoph Lichtenberg, Gottfried Benn, Arno Schmidt, Robert Gernhardt, aber auch Eckhard Henscheid angesehen werden.

Besagter Eckhard Henscheid nahm sich Anfang der 90er Jahre den verdienten Heinrich Böll zur literaturkritischen Brust. In der Zeitschrift „Der Rabe" publizierte er eine Rezension zu dem Böll-Roman „Und sagte kein einziges Wort", der von dessen Hausverlag Kiepenheuer & Witsch im Rahmen einer Neuherausgabe des dichterischen Gesamtwerks des 1987 verstorbenen Schriftstellers publiziert wurde.

„Heinrich Böll

Und sagte kein einziges Wort
Werke 1951–54/Romane und Erzählungen/Hrsg. von Bernd Balzer/Köln: Kiepenheuer & Witsch
Es ist schon schlechterhin phantastisch, was für ein steindummer, kenntnisloser und talentfreier Autor schon der junge Böll war, vom alten fast zu schweigen – und mehr noch: Er war, gegen's allzeit und bis heute kurrente Klischee und mit Sicherheit gegen seine eigene Selbsteinschätzung, auch einer der verlogensten, ja korruptesten. Daß ein derartiger z.T. pathologischer, z.T. ganz harmloser Knallkopf den Nobelpreis erringen durfte; daß Hunderttausende lebenslang katholisch belämmerte und verheuchelte Idioten jahrzehntelang den häufig widerwärtigen Dreck weglasen; daß heute noch die Grünen auf eben ihm Stiftungshäuser erbauen – ist das nicht alles wunderbar?
Die Literatursoziologie und die Germanistik – falls es die noch gibt – sind abermals aufgerufen.
PS: Haus ohne Hüter und Das Brot der frühen Jahre dürften, so ahne ich kraft einer Halberinnerung, übrigens noch blöder sein; und eben das ist gleich noch wunderbarer.

H."[250]

H. = Eckhard Henscheid.

Der breiten Lesermasse ist der Name Eckhard Henscheid deutlich weniger bekannt als der Name des von ihm rezensierten Heinrich Böll.

Der studierte Germanist und Publizist Henscheid arbeitete viele Jahre für die verschiedensten Satirezeitschriften wie Titanic und pardon und publizierte ein umfassendes Gesamtwerk von Erzählungen, Romanen, Idyllen, Märchen, Satiren, Essays, Lyrik, Nonsens-Dichtung, Polemiken und Glossen, Literatur-, Kunst- und Musikkritiken. Dabei verknüpfte er eigenständige sprachliche Virtuosität mit Motiven aus der Romantik und dem gesellschaftskritischen Impetus der Frankfurter Schule. Er selber bezeichnete sich einmal als „ein Klimbim- oder auch Krawallschriftsteller“[251]. In der Öffentlichkeit wurde sein Name immer wieder mit spektakulären gesellschaftspolitischen Ereignissen und Vorgängen in Zusammenhang gebracht, etwa seiner Teilnahme an der Besetzung des Springerhochhauses 1970 oder seiner Wolgareise mit Schriftstellern und Politikern 2004 im Staatsauftrag der damaligen Präsidenten Rau und Putin. Henscheids literarische Vorbilder sind vor allem Fjodor M. Dostojewski und Franz Kafka, während die stilistische Rücksichtslosigkeit seiner Prosa erkennbar von Arno Schmidt beeinflusst wird.

Henscheid erweist sich seit Jahrzehnten als ein Virtuose der Schmähung. Schon zum Tod von Heinrich Böll notierte er, nun sei ja „eine Baskenmützenträger-Planstelle vakant“[252]. Da drohte noch kein Prozess mit dem Dichtersohn, der diese intellektuelle Entgleisung unbeantwortet ließ.

Dem „zwangsarbeiterhaft ehrgeizigen Zigarettenmultimillionenerben“[253] Jan Philipp Reemtsma bescheinigte Henscheid einen „vielleicht nur psychologisch relevanten Selbstreinigungswillen“, dem „Wichtigkeitskasper“[254] Günter Grass „ragende Idiotie“, und den „Beethoven-Zombie“[255] Joachim Kaiser titulierte er auch als einen „Schwafelhans von Spitzengraden“. Hildegard Hamm-Brücher wurde von ihm als das „Exemplifikat von Frauenemanzipation in Form einer windelweichen Flachschwätzkarriere“[256] bezeichnet.

Das Lieblingsobjekt seiner Attacken bildet Marcel Reich-Ranicki. Seit Jahren verhöhnt Henscheid den so genannten Literaturpapst u.a. als „obersten Kulturganoven“[257], dessen „von den Dummen viel bewundertes Wissen sich einem ebenso geräumigen wie hohlen Kopf verdankt, in den halt ungeordnet viel hineingeht“.

Schmunzelnd bekannte Henscheid einmal, dass Reich-Ranicki – der in Frankfurt sein Nachbar war – ihn auf der Straße angesprochen und ihm angeboten habe, er könne etwas für ihn tun, wenn er aufhöre, ihn als den dümmsten aller Kritiker zu bezeichnen.

Der Literaturzirkus war Henscheid allzeit ebenso gleichgültig wie die Befindlichkeiten der von ihm Kritisierten. Dass man mit einer solchen Einstellung gelegentlich Kontakt zu den Justizbehörden bekommt, verwundert nicht weiter. Erst recht nicht bei einer Rezension wie der über Heinrich Bölls „Und sagte kein einziges Wort“.

„Was wollen diese Narren?“ entrüstete sich einst Jean Paul[258] über die Gilde seiner Kritiker. „Sie rezensieren sich selbst in ihrer Dummheit.

Ich wäre nicht ich, schriebe ich anders, und was diese meine Schreibweise mich kostet, ahnet das Volk auf seinem Miste nicht."

René Böll, der Sohn des 1987 verstorbenen Schriftstellers, erblickte in Henscheids Kurzbesprechung des Romans „Und sagte kein einziges Wort" keine ärgerliche Kritiker-Narretei, sondern eine Verletzung der Menschenwürde seines verstorbenen Vaters. Er verklagte daher Henscheid vor dem Landgericht Berlin auf Unterlassung der im Raben publizierten Äußerungen.

Das Landgericht Berlin[259] gab der Klage statt und verurteilte Henscheid, „es bei Vermeidung eines vom Gericht für jeden Fall der Zuwiderhandlung festzusetzenden Ordnungsgeldes bis zu 500 000 DM, ersatzweise Ordnungshaft, oder Ordnungshaft bis zu sechs Monaten, zu unterlassen, unter Bezugnahme auf den verstorbenen Schriftsteller Heinrich Böll die folgenden Äußerungen zu tätigen, zu vervielfaltigen und/oder zu verbreiten bzw. vervielfältigen und/oder verbreiten zu lassen:

a) er sei ein ‚steindummer, kenntnisloser und talentfreier' Autor gewesen;
b) er sei ‚einer der verlogensten, ja korruptesten' Autoren gewesen:
c) er sei ein ‚z.T. pathologischer, z.T. ganz harmloser Knallkopf' gewesen;
d) bei seinen Werken handele es sich um ‚häufig widerwärtigen Dreck'."

Das Landgericht sah in seiner Entscheidung vom 5. März 1992 in den aufgezählten Passagen eine Verletzung der Menschenwürde Heinrich Bölls, die auch über den Tod hinaus fortwirke und durch die Verankerung im Grundgesetz geschützt sei.

Als Sohn des verstorbenen Schriftstellers sei René Böll zu seiner Klage berechtigt gewesen. Bei einer Abwägung zwischen der Menschenwürde seines verstorbenen Vaters auf der einen Seite und der gleichfalls vom Grundgesetz geschützten Kunstfreiheit Henscheids auf der anderen Seite hätten die Grundrechte des Kritikers zurückzustehen. Henscheid könne sich nicht auf die Garantie der Kunstfreiheit berufen, da es sich bei der Rezension um keine Satire handeln würde. Es sei anerkannt, dass Kunstkritik selber nicht ihrerseits Kunst sei. Für eine Ausnahme von dieser Regel spreche hier nichts. Das Grundrecht der Meinungsfreiheit rechtfertige Henscheids Äußerungen über Heinrich Böll nicht. Zwar handele es sich um Werturteile, die den Schutz dieses Grundrechts genießen würden, doch sei dieses Grundrecht nicht vorbehaltlos gewährleistet. Es finde seine Schranken in den allgemeinen Gesetzen und dem Recht der persönlichen Ehre. Bei der erforderlichen Abwägung zwischen der Meinungsfreiheit Henscheids und der Menschenwürde Bölls überwiege letztere, denn die Äußerungen im Raben seien als unerlaubte Schmähkritik anzusehen.

Henscheid reichte daraufhin beim Kammergericht Berlin Berufung gegen das Urteil ein, sie wurde jedoch am 15. Dezember 1992 zurückgewiesen.

Der Kritiker ging nun prozessual den nächsten Schritt. Er legte Verfassungsbeschwerde ein. Das Bundesverfassungsgericht[260] bestätigte jedoch in seinem Beschluss vom 25. Februar 1993 den Standpunkt der beiden Vorinstanzen, dass Kunstkritik selber keine Kunst sei, und wies die Beschwerde zurück.

Die Verwendung spezifischer Stilmittel – auf die sich Henscheid berief – genüge nicht. Der Begriff der Stilmittel gehe weit und könne Texten aller Art eigen sein. Eine Einkleidung der Rezension in eine eigenständige künstlerische Form, etwa eine Satire, sei jedoch im vorliegenden Streitfall nicht gegeben. Auch die sonstigen Merkmale für Kunst lägen nicht vor.

Es sei zwar richtig, dass es sich bei den umstrittenen Rezensionspassagen um Werturteile handelte, die ohne Rücksicht auf Inhalt, Form, Wert und Begründung den Schutz der Meinungsfreiheit genießen[261]. Die Meinungsfreiheit sei jedoch nicht vorbehaltlos gewährleistet. Sie müsse sich an anderen Gesetzen messen lassen. Die Zivilgerichte hätten dieses Erfordernis erkannt und richtig angewandt.

Die Bundesverfassungsrichter verwiesen darauf, dass die Meinungsfreiheit regelmäßig hinter den grundrechtlich geschützten Achtungsanspruch des einzelnen zurücktrete, wenn es sich bei einer Äußerung um Schmähkritik handele.[262] Danach sind solche Werturteile verboten, bei denen nicht die Auseinandersetzung in der Sache, sondern die Diffamierung und Herabsetzung der betroffenen Person im Vordergrund steht.[263]

Der Achtungsanspruch wirke, weil er in der Menschenwürde wurzele, auch über den Tod hinaus.[264] Im Interesse der Meinungsfreiheit dürfe der Begriff der Schmähkritik allerdings nicht weit ausgelegt werden.[265] Eine Meinung wird nicht schon wegen ihrer herabsetzenden Wirkung für Dritte zur Schmähkritik. Auch eine überzogene und selbst eine ausfällige Kritik macht für sich genommen eine Äußerung noch nicht zu Schmähung. Sie müsse vielmehr jenseits auch polemischer und überspitzter Kritik in der Herabsetzung der Person bestehen.[266]

Henscheid habe seine Äußerungen über Heinrich Böll nicht im Rahmen einer inhaltlichen oder ästhetischen Auseinandersetzung mit dessen Werk getan. Die Neuauflage des Buches Und sagte kein einziges Wort habe vielmehr nur als Anlass für herabsetzende Äußerungen über die Person des Autors im Allgemeinen gedient.

Dass es sich bei dem Text um eine Rezension handele, werde allein aus der Rubrik, unter der es erschienen ist, und den vorangestellten bibliographischen Angaben, nicht aus dem Artikel selber erkennbar. Bezüge zu Inhalt oder Form des rezensierten Romans insgesamt oder zu einzelnen Textstellen fehlten gänzlich. Auch einem Kenner des Böllschen Werks erschließe sich nicht einmal über Anspielungen, ob und gegebenenfalls welchen sachlichen Hintergrund die Werturteile hätten. Die Äußerungen seien auch nicht etwa abseits des literarischen Werks in eine Auseinandersetzung mit sonstigen Anschauungen oder Verhaltensweisen Bölls eingebettet. Sie stünden für sich und erschöpften sich in dem schmähenden Inhalt. Aus diesen Gründen wurde die Verfassungsbeschwerde zurückgewiesen.

Henscheid hatte endgültig verloren.

Vordergründig ging es in dem „Böll/Henscheid-Fall“ um die interessante Fragekombination: Was ist Satire und was erlaubt sie?

In einem Lexikon heißt es über Satire u.a.: „[...] Literaturgattung, die durch Spott, Ironie, Übertreibung bestimmte Personen, Anschauungen, Ereignisse oder Zustände kritisieren oder lächerlich machen will.“[267]

Die etymologische Herleitung aus dem lateinischen „Satura“, also der gemischt gefüllten Fruchtschale, deutet ebenfalls auf die Vielseitigkeit der Genres und der Formen hin, mit denen Satire betrieben werden kann, jedoch nicht auf den Aspekt der Kritik. Es sind satirische Rezensionen, Romane und Comics möglich.

Dem Begriff Satire ist immer etwas nicht nur Kritisches, sondern auch Offensives, Aggressives inhärent; Satire ist eine Kunstform der Verurteilung und der Anprangerung.

Schon Gottfried Herder[268] schrieb Anfang des 19. Jahrhunderts: „Kritik und Satyre begegneten einander; diese grüßete jene und nannte sie Schwester“, was er im Folgenden mit der Moralität von Satire begründete.

Eckhard Henscheid selber bezeichnete Satire als etwas schwer Fassbares, das dennoch zwingend gegen Literaturgattungen wie Polemik oder Invektive abgegrenzt werden müsse. Für ihn bedeute Satire „bald dieses, bald jenes; meist alles, nur nichts Gutes“.[269]

Alle diese Stimmen umschreiben damit in juristisch unbrauchbarer, weil abstrakter Formulierungsweise das Wesen der Satire.

Das Reichsgericht[270] wies der Satire einen Platz neben dem Scherz und dem Witz zu. Bei diesen Ausdrucksformen handele es sich nicht um verdeckte bzw. sich versteckende Behauptungen. Witz, Scherz und Satire meinten vielmehr, was sie sagen bzw. darstellen, auch und gerade in ihrem überpointierten Ausdruck. Satire wolle nicht nur scherzen, sondern sei offen auf Angriff und Verletzung angelegt.

Die Besonderheit der Satire gegenüber schlichten Meinungsäußerungen, die durch das Grundrecht der allgemeinen Meinungsfreiheit geschützt sind, liegt nun darin, dass ihr – aufgrund eigener künstlerischer Prägung – die Verfassungsgarantie der Kunstfreiheit als rechtliche Legitimationsgrundlage zugewachsen sein kann. Sie gewährleistet bekanntlich die Freiheit der Kunst vorbehaltlos und scheint damit mehr Schutz zu verbürgen als die allgemeine Meinungsäußerungsfreiheit. Nun kennzeichnen sich manche Satiren durch ein hohes Maß an verletzender Aggressivität – was die Nähe zur Kunst nur schwer nachvollziehen lässt.

Was aber ist Kunst und damit schutzwürdig im Sinne der grundgesetztlichen Kunstfreiheit?

In seinem „Mephisto-Beschluss“[271] befand das Bundesverfassungsgericht: „Das Wesentliche der künstlerischen Betätigung ist die freie schöpferische Gestaltung, in der Eindrücke, Erfahrungen, Erlebnisse des Künstlers durch das Medium einer bestimmten Formensprache zu unmittelbarer Anschauung gebracht werden [...]. Beim künstlerischen Schaffen wirken Intuition, Phantasie und Kunstverstand zusammen; es ist primär nicht, Mitteilung, sondern Ausdruck und zwar unmittelbarster Ausdruck der individuellen Persönlichkeit des Künstlers.“

Aber schon für die Abgrenzung der Satire von Kunst und Nichtkunst hilft die Unterscheidung des Bundesverfassungsgericht aus dem „Mephisto-Beschluss“ nicht weiter, insbesondere wenn es darum geht, konventionelle Kunstnormen zu sprengen.

Dies dokumentiert eindrucksvoll der Beschluss des Bundesverfassungsgericht im „Fall Böll/Henscheid“. Die obersten Bundesrichter versagten der Henscheid-Rezension die Satire-Eigenschaft und damit den Schutz der Kunstgarantie. Ob die Rezension primär Mitteilung oder Ausdruck der Künstlerpersönlichkeit ist, ließ sich nicht eindeutig klären, weshalb das Bundesverfassungsgericht auf eine nähere Begründung verzichtete. Es sagte nur soviel: Kunstkritik sei nicht per se Kunst, auch dann nicht, wenn spezifische Stilmittel verwendet würden. Dass die Rezension Henscheids in die eigenständige künstlerische Form der Satire eingekleidet sein sollte, wollte das Gericht nicht anerkennen.

Diese Auffassung des Bundesverfassungsgerichts ist nicht ohne Kritik[272] geblieben. Henscheids Rezension habe sehr wohl typische Kriterien einer Satire gezeigt.

Sie mochte zwar wenig mit den klassischen Satiren von Aristophanes gemeinsam haben, was sich vor allem in der vulgären Sprache zeige. Die Besonderheit der Satire liege aber ja gerade in ihrem Protest gegen den jeweils aktuellen Umgang mit der Wirklichkeit, gegen ihre praktizierten Regelverständnisse des Zeitgeistes – worunter man eben auch eine provokante literaturkritische Besprechung eines Buches aus der Feder eines Literaturnobelpreisträgers verstehen kann. Henscheids Rezension stehe in der Tradition von polemischen Kurzkritiken, deren Merkmal es sei, mit teilweise grotesken Übertreibungen und Zuspitzungen Werturteile aufzustellen, aber nicht zu begründen. Der Leser solle durch provokante, mitunter auch absurde Thesen zur Überprüfung eigener Meinungen verführt werden: Etwa den „Klassiker Böll“[273], den jeder zu kennen glaubt, nochmals zur Hand zu nehmen. Indem das Literaturdenkmal Böll mit „Lehmbrocken und Zaunlatten“[274] beworfen wird, provoziere Henscheid, um Aufmerksamkeit zu erregen, damit das eigentliche Ziel erreicht werden könne, nämlich „nachwachsende Leser aufzuklären“, was mit Wortschöpfungen wie etwa „talentfrei“ geschehe, und durch Beschreibung der Zielrichtung: Hunderttausende Leser als Adressaten! Diese Methode mit diesem Ziel sei auch juristisch gerechtfertigt.

Der Fall verdeutlicht, dass es zwischen dem Persönlichkeitsrecht des Künstlers oder Literaten wie Heinrich Böll und dem Grundrecht auf Kunstfreiheit – auf das sich ein Kritiker wie Eckhard Henscheid beruft – immer ein Abwägungsproblem geben wird. Die Jurisprudenz bietet nun einmal kein „in dubio pro arte“.[275]

MARK TWAIN
STREIT UM HUCKLEBERRY FINN

Mit Huckleberry Finn hat Mark Twain ein viel bedeutenderes Werk geschaffen, als er selbst ahnen konnte. Vielleicht haben alle großen Kunstwerke viel mehr zu sagen, als ihre Schöpfer ursprünglich beabsichtigt haben.

T.S. Eliot[276]

Kaum ein anderes Buch der amerikanischen Literatur hat im Laufe der Jahrzehnte ein solch widersprüchliches Echo hervorgerufen wie Mark Twains „Abenteuer und Fahrten des Huckleberry Finn". Es wurde viel gerühmt und viel gelesen, es wurde empfohlen und verboten, es wurde als Meisterwerk gelobt und als rassistischer Schund verdammt.

Als Mark Twain im Juli 1876 mit der Niederschrift des Romans begann, plante er lediglich eine Art Gegenstück zum kurz zuvor veröffentlichten Erfolgsbuch „Die Abenteuer des Tom Sawyer" zu verfassen.

Tom Sawyer ist eine typische Lausbubengeschichte, die in der Mitte des 19. Jahrhunderts in dem kleinen Ort St. Petersburg am Mississippi spielt. Tom wächst gemeinsam mit seinem Bruder Sidney als Waise bei seiner Tante Polly auf. Er schwänzt gerne die Schule, prügelt sich, erlebt seine erste Liebe und zieht nachts heimlich mit seinem besten Freund Huckleberry Finn durch die Wälder an den Ufern des Mississippi. Huckleberry Finn ist eine Mischung aus jugendlichem Rebell und Diogenes, der elternlos und frei in einer Tonne am Waldrand haust.

Den Höhepunkt der Geschichte bildet ein Mordfall, den die beiden Jungen beobachten und der sie im Laufe der Handlung als unliebsame Zeugen in Lebensgefahr bringt. Die Geschichte endet mit einem Happy End und Mark Twain[277] deutete in seinem Schlusswort schon an: „Eines Tages mag es sich lohnen, die Geschichte der Jüngeren wieder aufzugreifen und zu sehen, was für Männer und Frauen sie geworden sind; deshalb wird es das klügste sein, augenblicklich von diesem Teil ihres Lebens nichts zu enthüllen."

Bereits im Juli 1876 begann er mit der Niederschrift der „Abenteuer und Fahrten des Huckleberry Finn", die insgesamt mit Unterbrechungen sieben Jahre dauerte. Heraus kamen am Ende 1 361 handschriftliche Seiten.

Aus der ursprünglichen Fortsetzung einer Abenteuergeschichte hatte sich ein gesellschaftskritischer Roman entwickelt, in dessen Mittelpunkt die Freiheitssuche des Sklaven Jim und die antizivilisatorische Haltung des Titelhelden Huckleberry Finn stehen.

Die unterschiedlich motivierte Flucht von Jim und Huck entlang des Mississippi bildet den Erzählstrang, mit dessen Hilfe Mark Twain Ereignisse, Geschichten an Geschichten reihen sowie Typen und Landschaften in seiner Erinnerung vorbeiziehen lassen kann.

Das Buch liefert eine detailreiche Beschreibung der Menschen und Orte am Ufer des Mississippi River und gibt ernüchternde und bissige Einblicke in die fest verwurzelten Verhaltensweisen dieser Zeit, insbesondere den Rassismus und die Sklaverei. Das Buch wird bisweilen selbst als rassistisch missverstanden, was u.a. an Passagen wie der folgenden liegt: „Tom hat gesagt, er hätt Jim seinen Hut vom Kopf gehascht und an 'nem Ast direkt über ihm aufgehängt, und Jim hätt sich 'n bisschen gerührt, aber wär nicht aufgewacht. Hinterher hat Jim gesagt, die Hexen hätten ihn verhext und in Trance versetzt und durch den ganzen Staat geritten und dann wieder unter den Bäumen abgesetzt und seinen Hut an 'nen Ast gehängt, daß man sah, wer's gewesen war. Und wie Jim das nächste Mal davon erzählte, hat er gesagt, die hätten ihn nach New Orleans geritten; und danach, immer, wenn er davon erzählte, hat er's immer breiter getreten, bis er am End sagte, die hätten ihn durch die ganze Welt geritten und ihn bald zu Tode erschöpft, und sein Rücken wär über und über voll mit Sattelbeulen gewesen. Jim war ungeheuer stolz drauf, und es kam so weit, daß er die anderen Nigger kaum noch beachtet hat. Meilenweit kamen Nigger her, um Jim davon erzählen zu hören, du er hatte mehr Ansehen als irngein Nigger sonst in der Gegend. Fremde Nigger standen mit offnem Maul da und beglotzten ihn von oben bis unten, ganz so, wie wenn er 'n Wunder wär."[278]

Doch Mark Twain übernahm mit derlei Schilderungen und Ausdrucksweisen eine zu jener Zeit gebräuchliche Beschreibung und Anrede für Afroamerikaner, so wie der Autor die handelnden Figuren sich auch in unterschiedlichen regionalen und subkulturellen Dialekten äußern lässt.

Der Roman gilt als eine der klassischen Verkörperungen des amerikanischen Traums, des Strebens nach Glück, wie es in der Amerikanischen Unabhängigkeitserklärung proklamiert wurde. Er kann dadurch, dass Twain darin ganz selbstverständlich Jim und Huck gemeinsam diesem „Glück“ entgegen streben ließ, vor allem als eine eindeutige politische Stellungnahme gegen den Rassismus angesehen werden, der „Schwarze“ zu der beschriebenen Zeit und noch lange danach von diesem nur theoretisch für „alle“ proklamierten Recht ausschloss. Obwohl die „schwarze Presse“ den Roman lange Zeit ignoriert hat, wurde er später auch von vielen Afroamerikanern als bedeutsam für die Entwicklung der amerikanischen Literatur anerkannt.

In mancherlei Hinsicht bewegt sich Mark Twain nicht zuletzt wegen seines Meisterwerks „Abenteuer und Fahrten des Huckleberry Finn“ auf der literarischen Höhe eines Henry Miller oder J.D. Salinger. Seine detailgetreue Beschreibung vor allem der Südstaatenszenerie und sein Humor faszinieren noch heute Millionen Leser; die Vulgarität seiner Sprache und sein Hang zur Obszönität und zur Blasphemie erschreckten nicht wenige Zeitgenossen.

Als Samuel Clemens war er am 30. November 1835 in Florida, Missouri, zur Welt gekommen. Vier Jahre später zog die Familie in die Kleinstadt Hannibal in Missouri, dem Schauplatz der wichtigsten Romane „Tom Sawyer“ und „Huckleberry Finn“.

Die Clemens' gehörten der unteren sozialen Schicht an. Als Samuel elf Jahre alt war, starb sein Vater. Der Junge begann bei der Zeitung Missouri Courier eine Ausbildung als Schriftsetzer. Er reiste durch den Osten und Mittleren Westen und besuchte Großstädte wie St. Louis, Philadelphia, New York und Washington D.C. Schon während dieser Zeit verfasste er Geschichten und bemühte sich, sich autodidaktisch weiterzubilden. Ab 1855 lebte Clemens in St. Louis und versuchte erstmals, Steuermann auf einem Mississippidampfer zu werden. Zwei Jahre später begann er eine Ausbildung zu diesem Beruf, in dem er ab 1859 schließlich vollzeitig arbeitete.

Der Ausbruch des Sezessionskriegs 1861 brachte die Flussschifffahrt auf dem Mississippi und Missouri zum Erliegen, und Clemens wurde arbeitslos. Er setzte er sich nach Westen ab. Nach einem Scheitern als Goldgräber griff er 1862 wieder zur Feder und wurde Reporter für den Territorial Enterprise in Virginia City. Am 3. Februar 1863 nutzte er erstmals das Pseudonym „Mark Twain“, unter dem er seine schriftstellerische Karriere ernsthaft begann. Mark Twain ist ein Ausdruck aus der Seemannssprache, der „zwei Faden“ (Wassertiefe, d.h. rd. 3,70 m) bedeutet und der eine Erinnerung an seinen Lebensabschnitt als Steuermann ist.

Ab 1864 durchwanderte Twain die Vereinigten Staaten, während 1864/65 erstmals in der Wochenzeitschrift The Californian Geschichten von ihm erschienen. Die 1865 veröffentliche Erzählung „Der berühmte Springfrosch von Calaveras" brachte den Jungschriftsteller erstmals in das Rampenlicht der US-amerikanischen Öffentlichkeit. Danach konnte er durch Reden im Rahmen eines Weiterbildungsprogramms für die amerikanische Bevölkerung seinen Lebensunterhalt verdienen. Gleichzeitig begann er für Zeitschriften aus New York zu schreiben. Sein erstes Reisebuch „Die Arglosen im Ausland" basierte auf einer fünfeinhalbmonatigen Schiffsreise nach Europa und dem Nahen Osten, die er 1867 unternahm. In Bummel durch Europa verarbeitete Twain Erlebnisse und Erfahrungen seiner zweiten Europareise von 1878, die ihn durch Deutschland, die Schweiz und Italien führte. 1870 heiratete er Olivia Langdon, die seit ihrem sechzehnten Lebensjahr durch einen Sturz auf dem Eis zum Teil gelähmt war und infolgedessen zwei Jahre nicht aufstehen konnte. Unter seiner Pflege und mit ihrer eigenen Willensstärke erholte sie sich nach und nach. Sie wurde die wichtigste Stütze seines Lebens und stets seine erste kritische Leserin neuer Manuskripte.

Samuels und Olivias erstes Kind, Langdon Clemens, kam als schwächliche Frühgeburt zur Welt. Das Kind starb zwei Jahre später. Im selben Jahr, 1872, wurde die Tochter Susy geboren.

1871 ließ sich die Familie in Hartford, Connecticut, nieder, wo Mark Twain siebzehn Jahre lang als erfolgreicher und bekannter Autor lebte. Er wohnte dort in der unmittelbaren Nachbarschaft von Harriet Beecher-Stowe, die seine negative Haltung zur Sklaverei ungemein bestärkte. 1874 erstand Mark Twain in Boston eine Remington-Schreibmaschine und lieferte mit „Die Abenteuer des Tom Sawyer" zwei Jahre später als erster Autor seinem Verlag ein maschinengeschriebenes Buchmanuskript ab.

Was den Erscheinungstermin des neuen Romans „Huckleberry Finn" anging, verschob sich dieser immer wieder. Ein wesentlicher Grund für die arg verzögerte Veröffentlichung war die Verlagsfrage.

Nachdem die Niederschrift von „Huckleberry Finn" im September 1883 abgeschlossen war, stand Mark Twain vor der Entscheidung, in welchem Verlag das Buch nun erscheinen sollte.

Der Kritiker Joel Chandler Harris[279] meinte im Rahmen einer Rezension einmal: „Bis dato hat Mr. Clemens, dem es zu eigen ist, sehr auf seinen Vorteil zu achten, keine große Liebe für Verleger gezeigt. Er neigt dem Glauben zu, bei Verlegern handele es sich um die Erfindung einer neuen und sehr einträglichen Art der Wegelagerei, und er vertritt die Theorie, derjenige, der ein Buch schreibt, solle sich von Erträgen wenigstens so viel in die Tasche stecken wie derjenige, der es druckt."

Für einen solchen Wegelagerer hielt Mark Twain u.a. auch Elisha Bliss, obwohl dessen Verlag American Publishing Company in Hartford (Coneticut) mit 100 000 abgesetzten Exemplaren von Die Arglosen im Ausland für einen ungewöhnlichen Erfolg gesorgt hatte. Die Erfolgsstrategie des Verlags bestand in seiner aggressiven Subskriptionspolitik. Mit Hilfe eines Heeres von „abgebrochenen Geistlichen, alten Jungfern, Strohwitwen und Studenten"[280] wurden die Bücher an den Haustüren Amerikas zur Leserschaft gebracht und nicht etwa in Buchhandlungen angeboten.

Diese Vorgehensweise hatte dafür gesorgt, dass sich Mark Twain als Volksschriftsteller etablieren konnte. Da er allerdings davon überzeugt war, dass ihn die American Publishing Company betrogen hatte – ohne dass er jemals Beweise dafür vorlegen konnte – hatte er den Verlag gewechselt.

Die nächsten Bücher „Der gestohlene weiße Elefant", „Der Prinz und der Bettelknabe" und „Leben auf dem Mississippi" waren dann von dem angesehenen Bostoner Verlagshaus James R. Osgood and Company verlegt worden. Die Verkaufszahlen hatten sich allerdings nie zur Zufriedenheit des Autors entwickelt, der aus seinem Unmut darüber keinen Hehl machte. Um Twain dennoch als Autor halten zu können, hatte Osgood bei „Leben auf dem Mississippi" ebenfalls die Subskriptionsmethode für den Absatz gewählt, war damit jedoch nicht sehr erfolgreich gewesen.

Mark Twain zeigte sich wenig angetan von Osgoods verlegerischen Bemühungen; auch entsprachen dessen Vertragsvorstellungen nicht denen des Schriftstellers. Dem schockierten Verleger schrieb er[281]: „Der Prinz und Bettelknabe und Mississippi sind die einzigen meiner Bücher, die ein Misserfolg waren. Der erste Misserfolg war noch erträglich – aber dieser zweite war so komplett, daß das nicht gerade ein Thema ist, über das ich ruhig sprechen kann. Mir fehlen 50 000 $ bei diesem letzten Buch – soll heißen, der Verkauf, der bei 80 000 hätte liegen sollen (wenn wir bedenken, daß die Kanadier beim ersten nicht mit im Rennen waren), beträgt bloß 30 000. [...] Juristisch gesehen hat man für Schaden ebensoviel zu zahlen wie für Nutzen, moralisch gesehen aber nicht. Sie mögen wohl von Anfang an für möglich gehalten haben, daß die Verkaufszahlen unter 50 000 liegen könnten; aber ich hatte so etwas noch nie erlebt und es nie in Betracht gezogen. Ich hätte mich bei 30 000 auf keinerlei Tantiemezahlungen einlassen können und würde auch bei 50 000 nicht viel zahlen wollen, wenn der Verkauf da stagnieren sollte."

Der betroffene Verleger[282] versicherte: „Wir sind uns absolut sicher, alles getan zu haben, was irgendwer für dieses Buch nur tun konnte."

Es half ihm nichts, denn Mark Twain trennte sich von Osgood, dessen Verlag 1885 bankrott ging. Eine Rückkehr zur American Publishing Company schloss der Schriftsteller ebenso aus wie engere Kontakte zu anderen etablierten Verlagsalternativen.

Stattdessen sprach er im Februar 1884 seinen angeheirateten Neffen Charles L. Webster an. Unter dessen Namen wurde ein neuer Verlag gegründet, der die Publizierungsprobleme des Onkels beheben sollte. Gemeinsam mit einem erfahrenen Verlagsmitarbeiter an der Seite sollte Webster – der bislang lediglich Erfahrungen als Generalagent für Osgood gesammelt hatte – die Buchvermarktung für Twains Werke vorantreiben. Der Schriftsteller erwartete von dem Verlegernovizen außerordentlich viel: Er sollte die Herstellung, den Vertrieb und den Verkauf des „Huckleberry Finn" organisieren – und natürlich einen enormen Gewinn erwirtschaften. Als Mark Twain die ersten Korrekturfahnen erhielt, ging sein Südstaatentemperament mit ihm durch. Er[283] wütete in einem Brief an den Neffen: „Charley, dein Korrektor ist ein Idiot und nicht bloß ein Idiot, sondern blind dazu; und nicht bloß blind, sondern größtenteils tot. Stellenweise – genauer gesagt, an den meisten Stellen – sehen die Zeilenabstände absolut abscheulich aus; aber dieser gottverdammte Esel sieht das einfach nicht. Bei Gott, er sieht überhaupt nichts; er ist blind und tot und verfault und gehört in den Abwasserkanal geworfen [...] Der Setzer [...] ist gar kein Setzer, sondern ein Lehrling mit dreiwöchiger Berufserfahrung."

Es gehörte zu Twains Naturell, sich regelmäßig in gewaltige Wutausbrüche hineinzusteigern, aber sich auch wieder schnell zu beruhigen – eine Wesensart, mit der sein Neffe nur schlecht umzugehen vermochte. Er bemühte sich meist wortreich um Erklärungen und Entschuldigungen, die ihn in eine dauerhafte Defensivposition gegenüber dem berühmten Schriftsteller versetzten. Twain steigerte sich im Laufe der gemeinsamen Jahre in eine fast feindselige Haltung hinein, für die kein sachlicher Grund vorlag. Der unerfahrene, aber überaus fleißige Webster musste als Sündenbock für manches geschäftliche Missgeschick herhalten, für das er nichts konnte. Twain war sich dessen offenbar nicht bewusst:

„Ich habe nie ein Wesen mit dem hunderttausendsten Teil jenes Abscheus gehasst, den ich für eine Laus in Menschengestalt namens Webster empfinde,“[284] schrieb Twain später.

In einem anderen Brief[285] des Schriftstellers wurde Webster wüst beschimpft; er sei „kein Mensch, sondern ein Schwein.“

Tatsächlich bemühte sich Webster stets zum Wohle der Firma und damit auch zum Wohle seines Onkels, dessen Erwartungen an den geschäftlichen Erfolg stets die Grenzen der Realität überstiegen – eine Schwäche, die er ebenso wie die zeitweise immensen Schulden mit dem französischen Schriftstellerkollegen Honoré de Balzac gemeinsam hatte.

Im Oktober 1884 erschien in der New York World und anderen amerikanischen Zeitungen eine Ankündigung der Frank Leslie's News Company. Der Verlag aus Alabama bot eine siebenbändige Paperback-Ausgabe von Twain-Werken – u.a. auch „Tom Sawyer“ – an.

Die Einzelwerke waren zuvor bei der American Publishing Company erschienen und die jetzt angekündigte Ausgabe war nicht von Mark Twain genehmigt worden. Webster informierte seinen Onkel über den Vorgang und erhielt zur Antwort: „Wenn du mir schon Raubdruckanzeigen schickst, die darauf abzielen, mich wütend zu machen, dann würde ich mir wünschen, du könntest mir auch mal einen vorgedruckten Brief an die American Publishing Company mitschicken, um die Sache zu bereinigen. Du erlegst mir auf, plötzlich und wie von Sinnen etwas vom Zaun zu brechen, obwohl es dafür gar keinen Anlaß gibt. Im übrigen macht mir diese Episode das Arbeiten für eine ganze Woche unmöglich. Mit dieser Raubdruckerei habe ich Zeit im Wert von 3 000 Dollar vergeudet, und ich erkenne nicht, wofür das alles gut ist, es sei denn, die Anzettelung eines Streits mit der Publishing Company fällt unter die Bezeichnung ‚gut‘.“[286]

In der ungenehmigten Ausgabe, dessen Textgrundlage auf Twains früheren Verlag American Publishing Company zurückging, sah der Schriftsteller eine Verletzung seines Urheberrechts. Er beauftragte nun seine New Yorker Anwälte Alexander & Green mit der Wahrnehmung seiner Interessen. Bevor es zu einem juristischen Eklat kommen konnte, intervenierte die American Publishing Company erfolgreich, um den Raubdruck zu verhindern.

An Weihnachten 1885 erschien ein Buchkatalog, der „Huckleberry Finn“ zu einem ermäßigten Preis (2,15 $ statt 2,75 $) anbot. Dies geschah zu einem Zeitpunkt, als noch kein einziger Vertreter überhaupt ein Exemplar besaß. Es lässt sich leicht vorstellen, welche emotionale Eruption diese Ankündigung bei dem dünnhäutigen Mark Twain hervorrief. Der Schriftsteller[287] schickte Webster eine aus dem Katalog heraus gerissene Seite, verbunden mit der Aufforderung: „Charley, wenn das hier Schwindel ist, sollen Alexander & Green sie auf der Stelle auf Schadensersatz verklagen. Und wenn wir vor Gericht keine Chance haben, dann sag's mir gleich, und ich werde sie öffentlich zu Dieben und Schwindlern ausrufen."

Beigefügt war außerdem eine Erklärung, die Webster jedem Subskriptionswerber zukommen lassen sollte:

„Huckleberry Finn.

Mein neues Buch ist noch nicht aus der Druckerei gekommen, bisher verfügt niemand über ein Exemplar; denoch behaupten Estes & Lauriat aus Boston, es sei ‚jetzt fertig' und bei ihnen erhältlich – zudem zu ermäßigtem Preis. Diese Leute haben mit dieser Behauptung vorsätzlich die Unwahrheit gesagt. Da es sich um die Lüge handelt, die für sie in keiner Weise von praktischen Nutzen ist, muß es sich notwendigerweise um eine Lüge handeln, deren einzige Absicht darin besteht, mich zu verletzen, der ich ihnen in keinster Weise etwas getan habe.

Diese Leute werden unverzüglich Gelegenheit erhalten, sich vor Gericht zu erklären, und für diese Gelegenheit zur Erklärung werden sie zahlen müssen.

MARK TWAIN"[288]

Webster verzichtete jedoch darauf, der Weisung des Onkels Folge zu leisten. Estes & Lauriat hatten in der Vergangenheit bereits Bücher Twains zu beträchtlichen Preisnachlässen bei den Agenten eingekauft. Auch im Fall von „Huckleberry Finn" war die Firma an einen Vertreter Websters herangetreten und hatte den frühen Abkauf eines Kontingents zugesagt. Die Firma Estes & Lauriat existierte seit 1872 und wurde von Dana Estes und seinem Partner Charles Emelius Lauriat geführt.

Mark Twain erklärte seinem Neffen kurz nach Weihnachten: „Ich habe einen aus der Chefetage von Estes & Lauriat im Zug getroffen und er sagte, die Firma hätte angenommen, mein Buch komme noch vor Weihnachten heraus, sonst hätten sie die Anzeige nicht verbreitet. Ich hab gesagt, wir könnten nichts für das, was sie annehmen, und wir kämen nicht umhin, von ihnen zu verlangen, daß sie für die Annahme so schädlicher Dinge zahlen."[289]

Die Androhung des Schriftstellers wurde auch in die Tat umgesetzt. Am 30. Dezember 1884 reichte Mark Twain beim Bostoner Bezirksgericht eine Unterlassungsklage gegen Estes & Lauriat ein. Damit sollte die weitere Verbreitung des fraglichen Katalogs unterbunden werden.

Verschiedene Buchhändler versuchten noch zu vermitteln und den Schriftsteller zu einer außergerichtlichen Vereinbarung zu bewegen. An Mark Twains Starrköpfigkeit scheiterten alle entsprechenden Versuche. „Ich habe ganz entschieden nichts dagegen", so erklärte der Schriftsteller[290] gegenüber Estes & Lauriat, „daß Sie jedes beliebige meiner Bücher zu jedem beliebigen Preis verkaufen, sofern sie es gekauft und bezahlt haben. Wogegen ich etwas habe, ist, daß Sie ein Buch von mir zu einem ermäßigten Preis anbieten, das Sie nicht gekauft haben und nicht besitzen. Ein solches Angebot muß mich notwendigerweise schädigen. Es legt meinen Vertretern unüberwindliche Steine in den Weg."

Die Sorge des Schriftstellers galt dem Umstand, dass geheime Absprachen zwischen den Buchhändlern und Websters Vertretern entstehen könnten, indem Estes & Lauriat zu einem deutlich ermäßigten Preis beliefert werden und damit das Subskriptionsgeschäft erheblich stören könnten.

Olivia Clemens[291] sorgte sich dagegen um das gesamte Wohlergehen ihres aufbrausenden Schriftstellergatten und schrieb ihm während einer seiner Lesereisen deshalb am 2. Januar 1885: „Mein lieber Jungspund, wie ich mir doch wünschen würde, du würdest nicht so streitsüchtig sein, sondern eher einmal bereit, die Sichtweise anderer Leute zu sehen. [...] Wenn du ihnen schreibst, schreib wenigstens höflich."

Mark Twain ließ sich jedoch auch von seiner besonnenen Ehefrau nicht aufhalten. Am 14. Januar 1885 kam es zur gerichtlichen Anhörung der Parteien vor dem Bostoner Circuit Court unter dem Vorsitz von Richter Colt. Der Schriftsteller erschien in Begleitung seiner Anwälte George L. Huntress und S. Lincoln, während die Gegenseite von J. Elder vertreten wurde.

Das Hauptargument der Twain-Seite bestand in der Darlegung, dass der Handelspreis von Estes & Lauriat niemals unter dem vom Verlag für seine Subskribenten festgelegten 2,75 $ für „Huckleberry Finn" liegen dürfe. Eine solche Unterschreitung, wie im Verlagskatalog mit seinen 2.25 $ angekündigt, sei nicht marktüblich und hätte der Zustimmung von Mark Twains Verlag bedurft. Außerdem habe das Buch alleine über die Subskriptionsmethode verkauft werden sollen.

Richter Colt folgte jedoch nicht der Rechtsauffassung Mark Twains und seiner Anwälte. Die Firma Estes & Lauriat dürfe sehr wohl auch noch nicht erschienene Werke wie „Huckleberry Finn“ erwerben und in ihren Katalogen ebenfalls verbilligt weiterveräußern.

Mark Twain entrüstete sich in der ihm eigenen Art, „daß ein Richter aus Massachusetts soeben in öffentlicher Verhandlung entschieden hat, ein Bostoner Verleger darf nicht nur sein Eigentum auf freie und ungehinderte Weise verkaufen, sondern ebenso ungehindert Eigentum, das nicht seines ist, sondern meines – Eigentum, das er nicht erworben hat und das ich nicht verkauft habe.“ Der Schriftsteller schlug vor, „einfach das Haus jenes Richters öffentlich zum Verkauf anzubieten, und wenn ich einen so guten Preis erziele, wie ich erwarte, dann mach ich so weiter und verkauf auch noch den Rest seines Eigentums.“[292]

Auch die Berufung gegen die erstinstanzliche Entscheidung scheiterte. Zwischen Estes & Lauriat und Mark Twain kam es jedoch letztlich noch zu einer Beilegung des Streits durch einen außergerichtlichen Vergleich.

In der Zeit zwischen dem 5. November 1884 und dem 18. Februar 1885 befand sich Mark Twain gemeinsam mit George Washington Cable auf einer Lesereise. Die beiden Männer trugen wechselseitig verschiedene Prosastücke vor. Dabei las Mark Twain auch aus Vorabdrucken von „Huckleberry Finn“. Diese neue Form der Werbestrategie erregte teilweise auch Unmut in der Presse: „Die Ungehörigkeit und Scharlatanerie eines Schriftstellers, der im Land herumzieht und aus den Druckfahnen eines Buches liest, welches demnächst erscheinen soll, ist entwürdigend für die Literatur“, empfand der Pittsburgh Dispatch am 30. Dezember 1884.

Beim Publikum kam die Tournee ausgezeichnet an. Neben der reinen Werbung und einer Nettoeinnahme von 15 000 $ für Mark Twain war sie auch von urheberrechtlicher Bedeutung. So achtete der Schriftsteller darauf, dass die Lesereise am 10. Dezember 1884 auch ins kanadische Toronto führte. Dort hielt er sich mehrere Stunden auf, wodurch er das rechtliche Erfordernis der „Wohnsitznahme“ nach britischem Recht (aufgrund der Commonwealth-Zugehörigkeit Kanadas) erfüllte. Das britische Verlagshaus Chatto & Windus sowie die Montrealer Firma Dawson Brothers brachten nämlich in Absprache mit Twain bzw. Webster schon an diesem Tag eine britische bzw. kanadische „Huckleberry Finn“-Ausgabe heraus. Dadurch, dass Twain Wohnsitz auf britischem Boden – wenn auch nur für kurze Zeit – genommen hatte, wurde er durch das britische Urheberrecht geschützt, was jeder nicht autorisierten Herausgabe von „Huckleberry Finn“ entgegenstand.

Am 3. Dezember 1884 hatte die Charles L. Webster and Company zur Sicherung des amerikanischen Urheberrechts bei der Washingtoner Library of Congress den Titel „Huckleberry Finn“ hinterlegt. Zehn Tage darauf erhielt das Copyright Office die zwei erforderlichen Exemplare der amerikanischen Ausgabe.

Die erste amerikanische Auslieferung des Romans in einer Auflage von 30 000 Exemplaren erfolgte am 18. Februar 1885. Es gab drei verschiedene Varianten: einmal in blauem oder olivgrünen Leinen mit schlichtem Kopfschnitt für 2,75 $; einmal in schaflederner Bibliotheksbindung mit gesprenkeltem Schnitt für 3,25 $; und in Halbsaffian mit marmoriertem Schnitt zum Preis von 4,25 $.

Der Erfolg des Buches beim Publikum war außerordentlich; die Resonanz in der Öffentlichkeit völlig unterschiedlich: Die New York Sun bezeichnete Mark Twain in ihrer Ausgabe vom 15. Februar 1885 als den größten lebenden Kenner sowohl des Mississippi als auch der jugendlichen Gehässigkeiten. Er breite in „Huckleberry Finn“ „in endloser Reihe aufregende Handlung, Flussfolklore, menschliche Natur, Philologie und Späße“ aus.

Joseph Pulitzers New York World beschimpfte das neue Buch dagegen am 2. März als „billiges und schädliches Zeug.“

Erste Bibliotheken wie die Concord Public Library belegten „Huckleberry Finn“ sehr bald mit einem Verbot. Als Begründung wurde angegeben: „Es befasst sich mit einer Reihe von Abenteuern auf sehr niedrigem moralischen Niveau; es ist in die Sprache eines rohen, unwissenden Dialekts gekleidet, und auf sämtlichen Seiten wird systematisch eine fehlerhafte Grammatik und eine Fülle von ungehobelten, derben, uneleganten Ausdrücken benutzt. Außerdem ist es sehr unehrerbietig. Um zusammenzufassen: Das Buch ist leichtfertig und respektlos in seinem Stil. Es befasst sich mit einer Reihe von Begebenheiten, welche ganz gewiß nicht erhebend sind. Das ganze Buch gehört einer Kategorie an, die in Elendsvierteln mehr Wiederhall findet als bei angesehenen Bürgern, und es ist Schund reinsten Wassers.“[293]

Diese Meldung vom ersten Bibliotheksverbot für „Huckleberry Finn“ sorgte nicht nur für landesweite Beachtung, sondern auch für einen weiteren Werbeschub. Mark Twain machte sich über die „Dummköpfe in Concord“ lustig und frohlockte, dass durch die zusätzliche Publicity „mindestens 25 000 Exemplare mehr“ verkauft würden[294].

Seiner Schwester Pamela schrieb er am 15. April: „Diese Idioten in Concord sind kein Gericht höchster Instanz, und von ihren moralischen Verrenkungen lasse ich mich nicht verstören. Von keinem anderen meiner Bücher habe ich innerhalb von zwei Monaten nach der Auslieferung so viele Exemplare verkauft wie von diesem.“[295]

„Huckleberry Finn“ wurde letztlich ein großer Verkaufserfolg, doch der Roman verhinderte nicht, dass sein Verfasser einem finanziellen Fiasko entgegenging. Um den Verlag Charles L. Webster and Company weiter auf der Erfolgsspur zu halten, betätigte sich Twain als Verleger vor allem von Biographien ehemaliger Bürgerkriegsgeneräle und einer Biographie über Papst Leo XIII. mit zum Teil unwirtschaftlichen Vorschuss- und Tantiemeregelungen. In den 90er Jahren des 19. Jahrhunderts verlor zudem das Subskriptionsgeschäft seine Bedeutung. Hinzu kam der Börsenkrach vom Juni 1893, der neben anderen zweifelhaften Geschäften von Mr. Clemens dazu führte, dass sich im Sommer 1895 eine Gesamtschuldensumme von etwa 600 000 $ für den Schriftsteller angehäuft hatte. Der Verlag meldete Konkurs an.

Dank seiner Popularität und einer mehrjährigen „Tour um die Welt“ mit unzähligen Auftritten und Lesungen schaffte es Mark Twain, seinen gigantischen Schuldenberg abzubauen. Die New York Times feierte ihn schließlich am 13. Oktober 1900 als den „heldenhaftesten Autor aller Literatur.“

Als vermögender Mann starb Mark Twain schließlich am 21. April 1910. In literarischer Erinnerung blieben vor allem seine beiden Romane „Die Abenteuer des Tom Sawyer“ und „Die Abenteuer und Fahrten des Huckleberry Finn“.

BERTOLT BRECHT „ERST KOMMT DAS FRESSEN, DANN KOMMT DIE MORAL.“

Keineswegs glaube ich, dass er [Bertolt Brecht] seinen Charakter jemals ändern kann, da er selbstsüchtig ist und immer sein wird.

Lotte Lenya[296]

Bertolt Brecht zählt zu den meist gelesenen und bedeutendsten Dramatikern des 20. Jahrhunderts. Seine Theaterstücke gehören auch sechs Jahrzehnte nach seinem Tod noch immer zum aktuellen Repertoire zahlreicher Theaterbühnen. Einst von der DDR als Staatsdichter gefeiert, im Westen lange Zeit umstritten, gilt Brecht auch heute noch als politisch extremer und sozialkritischer Dichter, der mit „Die Dreigroschenoper“[297] einen Meilenstein deutscher Theatergeschichte geschaffen hat.

Brecht galt als Pädagoge unter den Dichtern, der mit seinen Texten etwas bewegen wollte. Er träumte von einem aktiven, politisch engagierten Publikum; seine Dramen sollten zum Nachdenken anregen und zu Entscheidungen zwingen. Dabei probierte er neue Stilelemente aus und arbeitete mit Verfremdungseffekten. Der Zuschauer sollte nicht durch Kulissen abgelenkt werden, sondern sich auf den Kern des Stücks konzentrieren. Die Schauspieler sollten sich nicht in die Rolle hineinversetzen, sondern vielmehr die Handlungen zeigen und gleichzeitig bewerten. Brechts Ziel bestand darin, dem Publikum stets vor Augen zu halten, dass es sich im Theater befand. Er prangerte vor allem die Doppelmoral der Gesellschaft an.

„Erst kommt das Fressen, dann kommt die Moral“[298], lautet so auch das wohl bekannteste Brecht-Zitat aus der „Dreigroschenoper“. Doch dieses Werk ist nicht nur eines der erfolgreichsten und populärsten Bühnenstücke überhaupt; seine Entstehungsgeschichte ist zugleich ein Paradebeispiel für das häufig anzutreffende Nebeneinander von originärer Genialität und Urheberrechtsverletzung. Die Genese des Dramas offenbart auch eine künstlerische Doppelmoral Brechts, die ihm offen den Vorwurf des Plagiats einbrachte.

Nun werden die Texte Dritter schon immer von Autoren aller Epochen seziert, filetiert, adaptiert, schlicht abgeschrieben oder als Inspiration für eigene Werke benutzt.[299]

Es komme in der literarischen Welt häufig vor, meinte bereits Johann Peter Eckermann[300] am 16. Dezember 1828 zu Goethe, dass man „an dieses oder jenes berühmten Mannes Originalität zweifelt und die Quellen auszuspüren sucht, woher er seine Kultur hat." „Das ist sehr lächerlich!" antwortete Goethe.[301] „Man könnte ebenso gut einen wohlgenährten Mann nach den Ochsen, Schafen und Schweinen fragen, die er gegessen und die ihm Kräfte gegeben haben. Wir bringen wohl Fähigkeiten mit, aber unsere Entwicklung verdanken wir tausend Einwirkungen einer großen Welt, aus der wir uns aneignen, was wir können und was uns gemäß ist."

Doch nicht nur die bewusste Übernahme von Ideen und Anregungen Dritter bereichern die Werke vieler Schriftsteller, sondern auch unbewusste Anleihen, was nicht selten vorkommt. In der Psychologie ist der Vorgang bekannt, dass aufgenommene Eindrücke in die Dämmerung des Unterbewussten absinken und irgendwann als eigene Empfindung, eigene Schöpfung wieder auftauchen können (Kryptomnesie).

So weist Carl Gustav Jung[302] vor allem auf den Neuromantiker Friedrich Nietzsche hin, der in seinem „Also sprach Zarathustra"[303] Details bei dem schwäbischen Romantiker Justinus Kerner entlehnt hat, den der 14jährige Nietzsche drei Jahrzehnte zuvor gelesen hatte.

Der Vorwurf des Plagiats ist schnell zur Hand. Was aber steckt genau hinter diesem Wort? Eines steht fest: Es handelt sich dabei um keinen Rechtsbegriff im eigentlichen Sinne. Seine Ursprünge gehen bis in die Antike zurück. So bezeichnete der römische Dichter Martialis[304] seinen Kollegen Fidentius als einen plagiarius, einen „Seelenverkäufer", nachdem dieser seine Gedichte als eigene Geisteskinder öffentlich vorgetragen und verbreitet hatte. Er sah in seinen Gedichten Sklaven, die er mit der Veröffentlichung freilasse; wer sich ihrer bemächtige, begehe Menschenraub (plagium).[305]

Aus dem Lateinischen wanderte der Begriff in die moderne Sprachwelt. So heißt es im Italienischen plagio, plagiario, im Englischen plagiarism, plagiarist, während es im Französischen le plagiat, plagiaire etc. lautet.[306]

Im 19. Jahrhundert bürgerte sich der französische Begriff in die deutsche Sprache als Fremdwort ein. Im Rechtssinne versteht man unter einem Plagiat die bewusste Aneignung fremden Gedankenguts[308], d.h. die Behauptung, Urheber nicht eigener Geistesleistungen zu sein.

Dabei wird der Begriff des Plagiats heute nicht mehr in einem so engen Sinne verwandt, dass darunter etwa nur das weitgehend unveränderte ältere Werk als eigenes ausgegeben wird, sondern eher unspezifisch als bewusste Nachahmung einer fremden Leistung.[309]

Ein Plagiat im urheberrechtlichen Sinne begeht jeder, der ohne Einwilligung des Urhebers des älteren Werkes bewusst eine Umgestaltung, eine Bearbeitung oder eine Entnahme vornimmt und anschließend als sein eigenes Werk ausgibt. Wer unberechtigt umgestaltet, bearbeitet oder nachdruckt, aber den Verfasser des Originalwerkes nennt, oder wer ohne Einwilligung des Originalurhebers Teile seines Werks für eine eigene Bearbeitung verwendet, den Originalautor aber wenigstens angibt, begeht zwar eine Urheberrechtsverletzung, aber kein Plagiat. Umgekehrt ist auch derjenige ein Plagiator, der zwar die Einwilligung des Originalurhebers zur Bearbeitung eingeholt hat, dann aber die benutzte Quelle verschweigt, also das Werk als sein eigenes ausgibt; das Vorliegen einer Urheberrechtsverletzung gründet sich dann allerdings nicht auf §§ 23 oder 24 Abs. 2 UrhG[309], sondern auf § 13 UrhG.[310] Der Verwender einer fremden Quelle hat nach dieser Vorschrift stets den Urheber zu nennen, wenn dieser das verlangt – wovon man in der Praxis zumeist ausgehen muss.

Von dem letztgenannten Sonderfall einmal abgesehen, stellt sich grundsätzlich für die literarische Nutzung eines fremden Werks die Frage, ob eine einwilligungsbedurftige Umgestaltung nach § 23 UrhG oder eine freie Benutzung nach § 24 UrhG vorliegt.

Wie bereits erwähnt, zieht sich der Plagiatsvorwurf durch alle Literaturepochen, wobei die Verletzung fremden Gedankenguts auf verschiedene Arten erfolgen kann.

Da sind vor allem jene Fälle, in denen – wie im Fall des römischen Dichters Martialis – große Textteile von Kollegen wörtlich entnommen, sprich: ganz einfach mehr oder weniger wörtlich abgeschrieben werden. Und genau dieser Vorwurf wurde gegen Bertolt Brecht nach seiner Niederschrift der „Dreigroschenoper“ erhoben.

Die Entstehungsgeschichte der „Dreigroschenoper“ weist ein kompliziertes Geflecht von Vorgängen und Personen auf, die auf recht unterschiedliche Weise zur – gelegentlich auch ungenehmigten – Genese beigetragen haben.

Auf der Suche nach einem geeigneten Stoff für ein neues deutschsprachiges Bühnenstück war 1927 Elisabeth Hauptmann, eine enge Mitarbeiterin Brechts, auf John Gays „Beggar's Opera" gestoßen. Vom 5. Juni 1920 an war dieses Bühnenstück mehr als drei Jahre lang im Lyric Theatre des Londoner Stadtteils Hammersmith mit sensationellem Erfolg aufgeführt worden.

Es handelte sich dabei um eine Wiederaufführung eines Bühnenwerks, das bereits 1728 mit Musik von Christoph Pepusch in London gelaufen war und das eine bittere Satire auf die damaligen politischen Zustände der britischen Hauptstadt enthielt.

Elisabeth Hauptmann überzeugte Brecht von der Attraktivität des Stoffes auch für die deutschen Bühnen. Sie begann mit der Übersetzung von „Beggar's Opera" ins Deutsche, da Brecht selber über keine ausreichenden Englischkenntnisse verfügte.

Den übersetzten ursprünglichen Plot bearbeitete Brecht anschließend zu einem neuen Stück, was an sich zunächst keinerlei urheberrechtlichen Bedenken unterlag – zumal auf das Original hingewiesen wurde. Obwohl „Die Dreigroschenoper" im viktorianischen London spielt, zielte Brecht mit der Satire auf die Gesellschaft der Weimarer Republik.

1928 trat der Dichter mit dem Intendanten Ernst Josef Aufricht vom Berliner „Theater am Schiffsbauerdamm" in Kontakt. Aufricht hatte das Theater erst Anfang des Jahres gekauft.

Zunächst versuchte Brecht vergeblich, Aufricht für sein neues Stück „Joe Fleischhacker" zu begeistern. Als er die Ergebnislosigkeit seines Bemühens erkannte, erwähnte Brecht beiläufig noch ein weiteres „Nebenwerk": „Beggar's Opera", dem er zunächst den Titel Gesindel gegeben hatte und das größtenteils bereits fertig gestellt sei.

Aufricht war sofort Feuer und Flamme, da er instinktiv spürte, dass er mit diesem Stoff ein Erfolgsstück für die Neueröffnung seines Theaters in die Hände bekam. Wenige Tage nach diesem ersten Gespräch mit Brecht erhielt er die bereits fertig gestellten Blätter zu lesen und griff sofort zu. Er knüpfte seine Zusage allerdings an die Bedingung, dass das Werk erst in einem renommierten Bühnenvertriebsverlag erscheinen müsse. Brecht zeigte sich einverstanden und man verständigte sich auf den damals bekannten und erfolgreichen Verlag Felix Bloch Erben.[311]

Nun erforderte das geplante Bühnenstück noch die Mitwirkung eines Komponisten. Brecht brachte den Dessauer Kurt Weill ins Spiel, den er im Vorjahr kennen gelernt hatte. Der junge Komponist war ein aufstrebender und hochbegabter Schüler Humperdincks und Busonis. Weill war von den Gedichten Brechts tief bewegt gewesen und hatte ihn zu einer Zusammenarbeit für das Festival der „Deutschen Kammermusik" in Baden-Baden im Juli 1927 bewegen können. Und obwohl Aufricht von Weills Beteiligung an dem geplanten Projekt begeistert war, stimmte er Brechts Vorschlag zu, den jungen Komponisten mit einzubeziehen.

Am 26. April 1928 kam es zwischen dem Verlag Felix Bloch Erben, Kurt Weill und Bertolt Brecht zum Abschluss eines Gesellschaftsvertrags, der die „gemeinsame Verwertung des geistigen Eigentums an dem von den Herren Bert Brecht und Kurt Weill bearbeiteten bzw. vertonten Werk The Beggar's Opera vereinigen" [312] sollte.

Es war zu jener Zeit üblich, insbesondere mit unerfahrenen Künstlern Gesellschaftsverträge zur Werkverwertung abzuschließen und eben keine Bühnenvertriebsverträge. Das Wesen eines Bühnenvertriebsvertrages besteht darin, dass ein oder mehrere Autoren ihr Werk nicht unmittelbar einer Bühne zur Ausführung überlassen, sondern einen Bühnenverlag zwischenschalten, der entsprechende Aufführungslizenzen vergibt.[313]

Der Anhang des Vertrags verrät über die Honorarverteilung: „Die Bühnen-Tantieme des Werks werden zwischen Herrn Bert Brecht, Herrn Kurt Weill und Frau Elisabeth Hauptmann, die an dem Buch mitarbeitet, wie folgt verteilt: Herr Brecht erhält 62,5 %, Herr Kurt Weill erhält 25 %, Frau Elisabeth Hauptmann erhält 12,5 %."[314]

Ein vertragsrechtliches Nebenproblem bestand noch in dem Umstand, dass Weill seit dem Frühjahr 1924 bei dem damals bekannten Wiener Musikverlag Universal Edition A. G. unter Vertrag stand. Für das Brecht-Projekt gab die Universal ihre Bühnenrechte unter der Bedingung an Weill zurück, dass sie an den Erträgen beteiligt wurde und noch ein Musikverlagsvertrag mit Brecht geschlossen werden sollte.[315] Damit war der Weg frei zur gemeinsamen Fertigstellung der „Ludenoper".[316]

Was den literarischen, textlichen Teil anbetraf, so zeichnete dafür keineswegs nur Brecht – unterstützt durch Elisabeth Hauptmann – alleine verantwortlich.

Bereits der endgültige Titel stammte nicht von Brecht. Im Kreise bekannter Schauspieler und Schriftstellerkollegen wurde eines Tages heftig über den Namen der Oper debattiert:

„Das Gespräch ging um die ‚Dreigroschenoper', die noch nicht so hieß, ihr Name wurde in diesem Kreis beraten. Viele Vorschläge wurden gemacht, Brecht hörte sich's ruhig an, gar nicht so, als wäre es sein

Stück, und das er sich die letzte Entscheidung vorbehielt, war ihm während des Gesprächs nicht anzumerken. Es wurden so viele Vorschläge gemacht."[317]

Der Vorschlag „Die Dreigroschenoper" stammte letztlich von Lion Feuchtwanger, der auf sein Urheberrecht und damit auch auf Tantiemen verzichtete.

Sein Wiener Kollege Karl Kraus fügte dem Eifersuchtsduett eine zusätzliche Strophe bei. Vom Dschungelbuch-Autor Rudyard Kipling entnahm Brecht – übersetzt von Elisabeth Hauptmann – einige Balladen, die er in sein Stück einbaute. Diese Kollegenunterstützung bewegte sich urheberrechtlich noch auf weithin unbeanstandeter Ebene.

Problematisch wurde dagegen ein anderer Kniff Bertolt Brechts: Neben Kiplings Balladen verwendete er auch solche des sogenannten „Gangster-Bohemian" François Villon, dem 1431 in Paris geborenen, nach 1463 verstorbenen François de Montcorbier oder François des Loges (der genaue Name ließ sich bis heute nicht einwandfrei ermitteln), dem bedeutendsten Dichter des französischen Spätmittelalters.

In seinen zahlreichen Balladen verarbeitete Villon die Erlebnisse seines abenteuerlichen Lebens als Vagant und Krimineller. Während für die Zeitgenossen vermutlich vor allem die satirischen Strophen auf zeitgenössische Pariser Honoratioren von Interesse waren, schätzt man ihn seit der Romantik wegen seiner eindringlichen Gestaltung der stets aktuellen Themen Liebe, Hass, Hoffnung, Enttäuschung und Tod.

Nachdem propädeutische Studien an der Artistenfakultät der Pariser Universität absolviert hatte, erlangte er vermutlich 1449 zunmächst den Grad eines Bakkalaureus und anschließend 1452 den eines Magister Artium. Ein weiterführendes Studium, eher wohl Theologie als Kanonisches Recht oder Medizin, hat er nach eigener Aussage zwar begonnen, aber nicht beendet. Warum Villon sein Studium abbrach, ist nicht bekannt. Möglicherweise spielte aber der fast einjährige Streik der Pariser Professoren 1453–1454 eine Rolle, den die Studenten mit allerlei Unfug, aber nicht nur harmlosen Aktivitäten überbrückten. Villon glitt ab in das akademische Proletariat der Stadt und schloss sich vermutlich sogar den in ganz Nordfrankreich gefürchteten kriminellen Banden der Coquillards an, die in den Wirren des Hundertjährigen Krieges entstanden waren.

Im Juni 1455 brachte er mit einem Messer einem ebenfalls messerbewaffneten Priester im Streit eine tödliche Wunde bei. Villon flüchtete.

Ab 1456 schuf er seine ersten Balladen, während er gleichzeitig das Leben eines Vagabunden und Räubers führte. Vermutlich entstanden ab 1462 seine schwer verständlichen Balladen im Gaunerjargon, in denen er in der Rolle eines Gauners zu den Pariser Gaunern spricht, vielleicht um sich so endgültig mit dem Kriminellenmilieu zu identifizieren.

Eines Tages wurde er inhaftiert und anschließend zum Tode verurteilt. Der oberste Pariser Gerichtshof kassierte das Urteil am 5. Januar 1463 und wandelte es in zehn Jahre Verbannung aus der Stadt und der Grafschaft Paris um. Villon verschwand daraufhin und alle Spuren verloren sich bis heute. Während in England schon 1846 erste Gedicht-Übertragungen und 1878 eine erste Übertragung des Gesamtwerks erschienen, wurde Villon im deutschen Sprachraum erst um 1890 entdeckt, und zwar von Richard Dehmel, der 1892 zwei Balladen ins Deutsche übertrug.

Die erste fast vollständige Gesamt-Übertragung übernahm der Österreicher Karl Anton Klammer. Klammer hatte sich bereits als 14jähriger Gymnasiast der französischen Sprache und Dichtung angenommen. Auch später blieb er den französischen Lyrikern treu. Er machte sich schließlich – mittlerweile als Berufssoldat im österreichischen Galizien stationiert – nebenher, aber äußerst professionell an die Übersetzung von Villons Gangster-Balladen.

Inzwischen zum Rittmeister der k. u. k. Militärverwaltung aufgestiegen, veröffentlichte Klammer im Jahr 1907 unter dem Pseudonym K. L. Ammer die Balladen Villons.[318] Die Veröffentlichung sorgte in literarischen Kreisen für kurzes Aufsehen. Insbesondere Stefan Zweig schwärmte von der Übersetzung, doch alsbald verschwand diese Aufmerksamkeit für den Hobby-Übersetzer. Er geriet mehr oder weniger fast in Vergessenheit.[319]

Doch Brecht – und an dieser Stelle schließt sich der Kreis um die Entstehungsgeschichte der „Dreigroschenoper“ wieder – wusste um die Villon-Übersetzung von Klammer.

Ein Teil dieser Balladen wurde von Brecht – in der Diktion und im Satzbau etwas umgestellt – abgeschrieben und ohne Kenntlichmachung des wahren Autors in den Text der „Dreigroschenoper“ integriert.[320] Auf den Übersetzer Klammer wies Brecht mit keiner Silbe hin. Er ging dann noch einen Schritt weiter und publizierte ein Jahr später die Klammer-Übersetzungen als eigene Balladen und vermerkte lediglich: „nach Villon“.

Es war Alfred Kerr[321], der Brechts Plagiat an Ammer als Erster öffentlich angriff. Im Berliner Tageblatt vermerkte er:

„I. Die hübsche ‚Dreigroschenoper', getragen von Weills ausgespartlockender Musik, entschlief nicht für immer: im wunderschönen Monat Mai soll sie zu neuem Dasein erwachen. Sie ist ein Werk Brechts, das John Gay vor zweihundert Jahren schrieb.

II. Für die eingelegten Balladen zeichnet Bert Brecht ebenfalls. Er hat sie nun bei Kiepenheuer herausgegeben. Doch bei wem hat er sie herausgenommen? Sind leichte Verse der Erholung; Brecht spannt aus. (Aber wem?)

III. In seinem Buch (Brecht: Die Songs der Dreigroschenoper Copyright 1929) steht manchmal unter einer Ballade schlicht: „Nach F. Villon". Das ist alles. Brecht hat Verse von Villon kaum gesehen. Es gibt aber deutsche Verse des Villon in der Übertragung durch den treuen Dolmetscher K. L. Ammer. Dessen Arbeit ist verschollen, vergriffen, im Buchhandel nicht zu haben.

IV. Brecht hat dem wirklichen Nachdichter des Villon verhehlt. Die volkstümlich gewordenen Refrains der ‚Dreigroschenoper', copyright, stammen von dem nie genannten K. L. Ammer."

Am 31. August 1928 feierte „Die Dreigroschenoper"[322] im Berliner Theater am Schiffbauerdamm ihre triumphale Uraufführung.

Auf Kerrs Plagiatsvorwurf in Bezug auf Klammers Villon-Balladen erwiderte Brecht in der Juli-Ausgabe 1929 der Zeitschrift Die schöne Literatur: „Eine Berliner Zeitung hat spät, aber doch noch gemerkt, daß in der Kiepenheuerschen Ausgabe der Songs zur Dreigroschenoper neben dem Namen Villon der Name des deutschen Übersetzers Ammer fehlt, obwohl von meinen 625 Versen tatsächlich 25 mit der ausgezeichneten Übertragung Ammers identisch sind. Es wird eine Erklärung verlangt. Ich erkläre also wahrheitsgemäß, daß ich die Erwähnung des Namens Ammers leider vergessen habe. Das wiederum erkläre ich mit meiner grundsätzlichen Laxheit in Fragen geistigen Eigentums."

So einfach kam Brecht jedoch auch im Urteil seiner Zeitgenossen nicht davon.

In der Satirezeitung Ulk spöttelte Hans Bauer am 21. Mai u.a.: „Vor seinem [Brechts] Schreibtische sitzt er in seiner Klause. Das fremde Dichterische, das paust er ohne Pause."

Klammer selber betrachtete die ganze Angelegenheit durchaus entspannt und zeigte wenig Interesse an juristischen oder publizistischen

Disputen mit Brecht. Um die öffentliche Diskussion um das Plagiat Brechts gegenüber Klammer zu beenden, wandte sich der Bühnenverlag Felix Bloch Erben an Klammer und bot ihm freiwillig einen Tantiemenbetrag an. Klammer nahm die Offerte vom 3. Juni 1929 schließlich an. Sie bestand darin, dass er berechtigt war, „aus den Bühnenaufführungen des Werkes in deutscher Sprache einen Anteil von 2,5 % zu beziehen."[323] Dieser Anteil war dem von Brecht abgezogen worden.

„Die vereinbarten Tantiemen bescherten mir", so Klammer[324] später, „einen derart hohen Betrag, dass ich mir dafür einen Weingarten im Grinzing kaufen konnte. Seine goldflüssige Lese taufte ich pietätvoll ‚Dreigroschenoper'."

1930 publizierte Klammer eine Neuausgabe der Balladen Villons beim Verlag Kiepenheuer, zu der Brecht eigens ein Sonett beisteuerte.

„Die Dreigroschenoper", jene „lustige literarische Operette mit einigen sozialkritischen Blinklichtern" – wie Aufricht[325] sie bezeichnete –, machte Bertolt Brecht weltbekannt. Auch heute noch gilt das Stück um den Ganoven Mackie Messer und die Hure Jenny an den Bühnen als Garant für großen Besucherandrang.

Der große Erfolg der „Dreigroschenoper" bewahrte Brecht jedoch nicht vor den Nachstellungen durch die Nationalsozialisten. Am 28. Februar 1933 verließ der Schriftsteller mit seiner Familie Deutschland. Seine Flucht führte ihn nach Dänemark, Russland, Schweden, Finnland und in die USA. Im Exil verfasste er weitere seiner wichtigsten Werke wie „Mutter Courage und ihre Kinder", „Der gute Mensch von Sezuan" oder „Das Leben des Galilei".

Nachdem er 1947 wegen des Verdachts kommunistischer Betätigung verhört worden war, reiste Brecht einen Tag später über Paris nach Zürich. Zunächst vergeblich bemühte er sich von der Schweiz aus um die österreichische Staatsbürgerschaft. Da ihm die Einreise in die westlichen deutschen Besatzungszonen verweigert wurde, wandte er sich 1948 nach Ostberlin, wo er ein Jahr später zusammen mit seiner Ehefrau Helene Weigel das Berliner Ensemble gründete. Im Westen stieg sein Beliebtheitsgrad erst mit Beginn der Studentenbewegung der 60er Jahre.

Der von Brecht plagiierte Karl Anton Klammer ist inzwischen in Vergessenheit geraten. Nur der Umstand, dass er die textlich ungefragten Übergriffe seines Kollegen als eher „heiteren Zwischenfall"[326] betrachtete, bewahrte Brecht vor einer juristischen Offenlegung seiner persönlichen Doppelmoral.

ANMERKUNGEN

1 Gustave Flaubert, Brief von 1842, in: Helmut Scheffel (Hrsg./Übersetzer), Gustave Flaubert, Briefe, Zürich 1977, S. 33f.
2 Theodor Storm, Briefe. 2 Bände, hrsg. von Peter Goldtammer, Berlin/Weimar 1972, Band II, S. 69.
3 Ludwig Thoma, An die Sittlichkeitsprediger in Köln am Rheine, in: Simplicissimus vom 25.10.1904.
4 Johann Wolfgang von Goethe, Sprüche in Prosa: Sämtliche Maximen und Reflexionen, hrsg. von Harald Fricke, Frankfurt 2005, Nr. 479.
5 Johann Wolfgang von Goethe, Wilhelm Meisters Wanderjahre oder die Entsagenden, Frankfurt/Stuttgart/Tübingen 1821/1829.
6 Rolf Steding, Goethe und die Todesstrafe, NJW 1992, 1293f. (1293).
7 Johann Wolfgang von Goethe, Brief an Susanna Katharina von Klettenberg vom 16.8.1770, zit. nach: Goethes Werke, hrsg. im Auftrag der Großherzogin Sophie von Sachsen, IV. Abteilung: Goethes Briefe, Bd. 1–50, Weimar 1887–1912, Bd. I, S. 248.
8 Elias Stöber, Brief an Hoffmann vom 9.5.1802, zit. nach: Peter Sina, Goethe als Jurist, NJW 1993, 1430ff. (1431).
9 Johann Wolfgang von Goethe, These 53, zit. nach: Peter Sina (s. Anm. 8), S. 1431.
10 Peter Sina (s. Anm. 8), S. 1431.
11 Johann Wolfgang Goethe, Faust. Der Tragödie erster Teil, Berlin/Weimar 1980, S. 127f.
12 Ebd., S. 156f.
13 Johann Wolfgang von Goethe, Brief an Frau von Stein vom 9.9.1780, zit. nach: Peter Sina (s. Anm. 8), S. 1433.
14 Günter Jerouschek, Skandal um Goethe? – Zu Goethes Beteiligung am Todesurteil gegen die Kindsmörderin Johanna Catharina Höhn, NJW 2007, 635ff. (636).
15 Johann Wolfgang von Goethe, Votum 25.10.1783, in: Volker Wahl (Hrsg.), „Das Kind in meinem Leib“. Sittlichkeitsdelikte und Kindsmord in Sachsen-Weimar-Eisenach unter Carl August. Eine Quellenedition 1777–1786, mit einem Nachwort von Rene Jacques Baerlocher, Veröffentlichung aus Thüringischen Staatsarchiven Bd. 10, Weimar 2004, S. 62.
16 Johann Wolfgang von Goethe, Paraphierung vom 4.11.1783, in: Volker Wahl (s. Anm. 15), S. 107.
17 W. Daniel Wilson, German Life and Letters. Blackwell Publishing, Oxford, Heft 1, 2008.
18 Ebd.
19 Ebd.
20 Ebd.
21 Ebd.
22 Christoph Bode, Brief vom 27.11.1783, zit. nach: W. Daniel Wilson, Zum Dichten geboren, zum Spitzeln bestellt, Die Zeit vom 30.12.1994, Nr. 1.

23 Justus Christian Loder, Brief [Datum unbekannt], zit. nach: W. Daniel Wilson (s. Anm. 22).
24 E.T.A. Hoffmann, Brief an Theodor Gottlieb von Hippel (der Jüngere) vom 24.1.1796, in: Julius Eduard Hitzig, Aus Hoffmann's Leben und Nachlass. Berlin 1823, S. 102.
25 Herbert Rosendorfer, Leben und Wirken von drei Dichter-Juristen, NJW 1983, 1158 ff. (1159 f.).
26 E.T.A. Hoffmann, Brief an Theodor Gottlieb von Hippel (der Jüngere) vom 24.6.1820, in: Klaus Günzel (Hrsg.), E.T.A. Hoffmann, Leben und Werk in Briefen, Selbstzeugnissen und Zeitdokumenten, Berlin 1984, S. 405.
27 Rüdiger Safranski, E.T.A. Hoffmann. Das Leben eines skeptischen Phantasten, Frankfurt a.M. 1987, S. 463 f.
28 Ebd., S. 467.
29 E.T.A. Hoffmann, Brief an Hardenberg vom 14.2.1820, zit. nach: Rüdiger Safranski (s. Anm. 27), S. 467 f.
30 Ludwig von Beethoven, Eintrag in ein Konservationsheft vom März 1820, zit. nach: Rüdiger Safranski (s. Anm. 27), S. 472.
31 Karl Albert von Kamptz, Gutachten vom 31.1.1822, zit. nach: Rüdiger Safranski (s. Anm. 27), S. 480.
32 Herbert Rosendorfer (s. Anm. 25), S. 1160.
33 Johann Daniel Woldermann, Protokoll der Vernehmung von E.T.A. Hoffmann vom 22.2.1822, zit. nach: Herbert Rosendorfer (s. Anm. 25), S. 1160.
34 Friedrich von Schuckmann, Brief an Hardenberg vom 4.2.1822, zit. nach: Rüdiger Safranski (s. Anm. 27), S. 481 f.
35 E.T.A. Hoffmann, Meister Floh. Ein Märchen in sieben Abentheuern zweier Freunde. Zum ersten Male Vollständig herausgegeben von Hans von Müller, Berlin, Julius Bard, 1908. Gr. 8. Mit 10 ganzseitigen handkolorierten Zeichnungen von Ernst Stern und einem Titelbild.
36 Friedrich von Schiller, Brief an Campe vom 2.3.1798, in: Fritz Jonas (Hrsg.), Schillers Briefe, Kritische Gesamtausgabe, Bd. V. Stuttgart/Leipzig/Berlin/Wien 1895, S. 353.
37 Friedrich Schiller, Die Räuber. Ein Schauspiel, Frankfurt/Leipzig 1781.
38 Friedrich Schiller, Die Räuber. Ein Schauspiel von Friderich Schiller, zwote verbesserte Ausgabe, Frankfurt/Leipzig 1782.
39 Karl Martin Plümicke, Die Räuber. Trauerspiel von Friedrich Schiller, für die Berliner Bühne bearbeitet von C.M. Plümicke, Berlin 1783.
40 Die Räuber. Kommentar, in: Friedrich Schiller, Sämtliche Werke in 5 Bänden, auf der Grundlage der Textedition von Herbert G. Göpfert hrsg. von Peter-André Alt, Albert Meier und Wolfgang Riedel, Bd. I Gedichte – Dramen 1, München/Wien 2004, S. 955.
41 Friedrich Schiller, Die Räuber. Ein Trauerspiel von Friedrich Schiller, neue für die Mannheimer Bühne verbesserte Auflage, Schwanische Buchhandlung, Mannheim 1782.
42 Gert Ueding, Friedrich Schiller, München 1990, S. 25 f.
43 Hellmuth Hecker, Friedrich v. Schillers französische Staatsangehörigkeit, NJW 1990, 1955 ff. (1955).

44 Ebd.
45 Französische Nationalversammlung, Beschluss vom 24.8.1792, in: Hellmuth Hecker (s. Anm. 43), S. 1956.
46 Hellmuth Hecker (s. Anm. 43), S. 1956f.
47 Sitzungsprotokoll, Archives Parlamentaires, 1. Serie, Bd. 48, 1896 (Reprint 1969), S. 688–691.
48 Ebd.
49 Hellmuth Hecker (s. Anm. 43), S. 1956f.
50 Jean-Marie Roland de La Platière, Begleitbrief, in: Heinrich Hertz, Ehrenbürgerrecht und Ehrenbürger, Ztschr. Vereinig. Hbg. Geschichte, 1951, S. 314. Der Text stammt aus dem Nachlass von Klopstock in der Staatsbibliothek Hamburg.
51 Hellmuth Hecker (s. Anm. 43), S. 1957.
52 Friedrich Schiller, Brief an Theodor Körner vom 26.11.1892, in: Norbert Honsza/Hans-Gert Roloff (Hrsg.), Daß eine Nation die ander verstehen möge, Festschrift für Marian Szyrocki zu seinem 60. Geburtstag, Amsterdam 1988, S. 622.
53 Christian Ludwig Schübler, in: Bernhard Zeller (Hrsg), Schillers Schwabenreise 1793/94, Stuttgart 1959, S. 19.
54 Friedrich Hoven, in: Bernhard Zeller (s. Anm. 53), S. 79.
55 Hellmuth Hecker (s. Anm. 43), S. 1958.
56 Friedrich von Schiller, Brief an Johann Wolfgang von Goethe vom 2.3.1798, in: Schillers Briefe (s. Anm. 36), S. 353.
57 kat' exochen (griechisch, exoche = das Hervorragen, der Vorzug) = vorzugsweise, hauptsächlich, überhaupt.
58 Johann Wolfgang von Goethe, Brief an Friedrich von Schiller vom 3.3.1798, in: Bilder aus der Schillerzeit. Mit ungedruckten Briefen an Schiller, hrsg. von Ludwig Speidel und Hugo Wittmann, Berlin/Stuttgart 1884, S. 372.
59 Friedrich von Schiller, Brief an Joachim-Heinrich Campe vom 2.3.1798, in: Schillers Briefe (s. Anm. 36), S. 354.
60 Reiner Haehling von Lanzenauer, Wirkte Schillers französisches Ehrenbürgerrecht für seine Nachkommen?, NJW 1997, 1139ff. (1140).
61 Ludwig Thoma, Der Vertrag, in: Simplicissimus, 5. Jg., Heft 52 vom 19.3.1901, S. 414.
62 Arbeitsgericht Detmold, Urteil vom 23.8.2007 – 3 Ca 842/07, NJW 2008, 782f.
63 Unterlassungserklärung vom 28.11.2006, LAG Baden-Württemberg, Beschluss vom 24.5.2007 – 9 TA 2/07, BeckRS 2007, 45252 = NZA-RR 2008, 93 L.
64 LAG Baden-Württemberg, Beschluss vom 24.5.2007 – 9 TA 2/07, BeckRS 2007, 45252 = NZA-RR 2008, 93 L.
65 Kurt Tucholsky, Der bewachte Kriegsschauplatz, in: Die Weltbühne, Nr. 31 vom 4.9.1931.
66 Ludwig Thoma, Der Vertrag, in: Simplicissimus, 5. Jg., Heft 52 vom 19.3.1901, S. 414.
67 Ludwig Thoma, Brief an einen Gönner, zit. nach: Otto Gritschneder, Ludwig Thoma und die Justiz, in: Hermann Weber (Hrsg.), Prozesse und Rechtsstreitigkeiten um Recht, Literatur und Kunst, Recht, Literatur und Kunst in der Neuen Juristischen Wochenschrift (3) hrsg. von Thomas Vormbaum, (Juristische Zeitgeschichte, Abt. 6: Recht in der Kunst, Bd. 11, Baden-Baden 2002, S. 12ff. (14).

68 Ludwig Thoma, Der Einser, in: Ludwig Thoma, Der Münchner im Himmel. Satiren und Humoresken, 1965, S. 105.
69 Ludwig Thoma, Einst und jetzt, in: Simplicissimus, 10. Jg., Nr. 37 vom 11.12.1905, S. 434.
70 LAG Baden-Württemberg, Beschl. v. 24.5.2007 – 9 TA 2/07, BeckRS 2007, 45252 = NZA-RR 2008, 93 L.
71 Ludwig Thoma, Der Vertrag (s. Anm. 66).
72 Markus Würdinger, Literarisches vor Gericht: Tucholsky oder Thoma?, NJW 2008, 735f. (736).
73 LAG Baden- Württemberg, Beschl. v. 24.5.2007 – 9 TA 2/07, BeckRS 2007, 45252 = NZA-RR 2008, 93 L.
74 Walter Eigenmann, Ungeheure Träume träumender Ungeheuer. Über »Die Zofen« von Jean Genet, s. http://glareanverlag.wordpress.com/category/jean-genet/.
75 Johann Wolfgang von Goethe, Aus meinem Leben (Dichtung und Wahrheit), Bd. 2, Berlin 1968, S. 58.
76 Vgl. Jürgen Seul, Old Shatterhand vor Gericht. Die 100 Prozesse des Schriftstellers Karl May, Bamberg/Radebeul 2009.
77 Dieter Sudhoff, Einleitung, in: Dieter Sudhoff/Hans-Dieter Steinmetz, Karl-May-Chronik, Bd. I 1842–1896, Bamberg/Radebeul 2005, S. 11.
78 Karl May, Durch Wüste und Harem. Freiburger Erstausgaben, in: Roland Schmid (Hrsg.), Reprint der ersten Buchausgabe von 1892, Bamberg 1982, S. 494f.
79 Dresdner Nachrichten Nr. 31 vom 31.12.1878.
80 Akte Stollberg Nr. 129, Blatt 1, 1b und 2, in: Fritz Maschke, Karl May und Emma Pollmer. Die Geschichte einer Ehe, Beiträge zur Karl-May-Forschung, Bd. 3, Bamberg 1972, S. 139f.
81 Karl Erich Born, Von der Reichsgründung bis zum Ersten Weltkrieg, München 15. Aufl. 1994, S. 127.
82 Königlich Sächsisches Gerichtsamt Stollberg, Protokoll der Aussage von Karl Eduard Huth vom 23.5.1878, Akte Stollberg, Blatt 3–6b (s. Anm. 80), S. 141–143.
83 Königlich Sächsisches Gerichtsamt Stollberg, Protokoll der Aussage von Karl May vom 11.6.1878, Akte Stollberg, Blatt 9–11b (s. Anm. 80), S. 145–148.
84 Karl May, Durchs wilde Kurdistan (s. Anm. 77), S. 286.
85 Ebd., S. 188f.
86 Ebd., S. 203.
87 Heinz Stolte, Die Affäre Stollberg. Ein denkwürdiges Ereignis im Leben Karl Mays, in: Jahrbuch der Karl-May-Gesllschaft 1976, Hamburg 1996, S. 171ff. (188).
88 Königliche Staatsanwaltschaft Chemnitz, Beschluss vom 21.6.1878, Akte Stollberg, Bl. 12 (s. Anm. 80), S. 148.
89 Kgl. Gerichtsamt Stollberg, Vernehmungsprotokoll vom 15.10.1878, Akte Stollberg, Bl. 32–33b (s. Anm. 80), S. 162–163.
90 Königliches Gerichtsamt Stollberg, Urteil vom 9.1.1879, Akte Stollberg Bl. 44–45 (s. Anm. 80), S. 172.
91 Max May, Die Amtsanmaßung. § 132 Str. G.B, Inaugural-Dissertation, Borna-Leipzig 1905, S. 39.
92 Reichsgericht, I. Strafsenat, Urteil vom 13.3.1884, in: RStG Bd. 10, S. 199ff. (200).

93 Karl May, Berufungseinlegung vom 6.2.1879, Akte Stollberg, Bl. 47–47b (s. Anm. 80), S. 174.
94 Königliches Bezirksgericht Chemnitz, Protokoll der Berufungsverhandlung vom 12.5.1879, Akte Stollberg, Bl. 62–65 (s. Anm. 80), S. 186–187.
95 Karl May, Gnadengesuch vom 2.7.1879, Akte Stollberg, Bl. 68–69 (s. Anm. 80), S. 189–190.
96 Königlich Sächsisches Justizministerium, Mitteilung vom 29.7.1879, Akte Stollberg, Bl. 71 (s. Anm. 80), S. 192.
97 Karl May, Durchs wilde Kurdistan (s. Anm. 77), S. 287.
98 Ebd., S. 290.
99 Königliches Gerichtsamt Hohenstein-Ernstthal, Registratur vom 25.8.1879, Akte Stollberg, Bl. 71 (s. Anm. 80), S. 192.
100 Jack London, Abenteurer des Schienenstranges, Büchergilde Gutenberg, Berlin 1928, S. 179.
101 Michael Krausnick, Jack London, München 2006, S. 37f.
102 Jack London, Abenteurer des Schienenstranges (s. Anm. 100), S. 92–95.
103 Ebd., S. 126f.
104 Ebd., S. 127.
105 Hans Fallada, Gedicht „Sind wir nicht zur Trauer hier geboren?“, in: Rudolstädter Akte HFA, zit. nach Jenny Williams, Mehr Leben als eins, Berlin 2002, S. 45.
106 Hans Fallada, Damals bei uns daheim, Hamburg 1955, S. 52.
107 Ebd., S. 54.
108 Paul Vogel, Jahresbericht des Königin-Carola-Gymnasiums in Leipzig für das Schuljahr Ostern 1910 bis Ostern 1911, in: Hans-Fallada-Archiv (s. Anm. 105), S. 32
109 Hans Fallada, Damals bei uns daheim (s. Anm. 106), S. 195.
110 Elisabeth Ditzen, in: Jenny Williams (s. Anm. 105), S. 34.
111 Adelaide Ditzen, in: Jenny Williams (s. Anm. 105), S. 34.
112 Paul Vogel, in: Jenny Williams (s. Anm. 105), S. 35.
113 Hans Fallada, Zum 115. Geburtstag des Schriftstellers, in: http://deu.1september.ru/article.php?ID=200801406.
114 Jenny Williams (s. Anm. 105), S. 38.
115 Dr. Starcke, in: Jenny Williams (s. Anm. 105), S. 39f.
116 Dietrich von Necker, in: Jenny Williams (s. Anm. 105), S. 45.
117 Ebd., S. 46.
118 Otto Binswanger, in: Jenny Williams (s. Anm. 105), S. 49.
119 Strafkammer I des Landgerichtes zu Rudolstadt, Beschluss vom 12.1.1912, in: Jenny Williams (s. Anm. 105), S. 49.
120 Dirk Hempel, Walter Kempowski. Eine bürgerliche Biographie, München 2007, S. 85.
121 MWD ist unter anderem die russische Abkürzung für Innenministerium.
122 Walter Kempowski, Ein Kapitel für sich, München 1978, S. 12f.
123 Ebd., S. 29f.
124 Ebd., S. 13f.
125 Ebd., S. 13f.
126 Walter Kempowski, Tagebuch vom 28.12.1992, Stiftung Archiv der Akademie der Künste, Berlin, Walter-Kempowski-Archiv (WKA) 500.

127 Walter Kempowski, Brief an Ursula und Ib Kai-Nielsen, Bautzen vom 6.7.1949, Stiftung Archiv der Akademie der Künste, Berlin, Walter-Kempowski-Archiv (WKA) 312.
128 Walter Kempowski, Tagebuch vom 28.12.1992 (s. Anm. 126).
129 Walter Kempowski, Im Gespräch mit Dirk Hempel, in: Dirk Hempel (s. Anm. 120), S. 82.
130 Ebd., S. 51.
131 Walter Kempowski, Im Gespräch mit Dirk Hempel, in: Dirk Hempel (s. Anm. 120), S. 74.
132 Robert Kempowski, in: Erinnern an die Zukunft. Formen des Denkens. Prozess der Aufarbeitung. XI. Bautzen-Forum der Friedrich-Ebert-Stiftung, Büro Leipzig, 14. und 15.9.2000. Dokumentation Michael Parak, Leipzig 2000, S. 52.
133 Walter Kempowski, Interview in Nartum, Januar 1972, in: Volker Hage, Walter Kempowski. Bücher und Begegnungen, München 2009, S. 27.
134 Walter Kempowski, Tagebuch vom 28.12.1992 (s. Anm. 126).
135 Walter Kempowski, In meinem Aquarium […], in: Dirk Hempel (s. Anm. 120), S. 76.
136 Karl Wilhelm Fricke, Der Strafvollzug in Bautzen während der realsozialistischen Diktatur (1950 bis 1989), in: Karl Wilhelm Fricke, Humaner Strafvollzug und politischer Mißbrauch. Zur Geschichte der Strafvollzugsanstalten in Bautzen 1904 bis 2000, Schriftenreihe des Sächsischen Staatsministeriums der Justiz Bd. 10, Dresden 1999, S. 118 ff. (131).
137 Walter Kempowski, Telegramm vom 7.3.1956, in: Dirk Hempel (s. Anm. 120), S. 86.
138 Deutsche Chronik I: Aus großer Zeit (1978); Deutsche Chronik II: Schöne Aussicht (1981); Deutsche Chronik III: Haben Sie Hitler gesehen? (1973); Deutsche Chronik IV: Tadellöser & Wolff (1971); Deutsche Chronik V: Uns geht's ja noch gold (1972); Deutsche Chronik VI: Haben Sie davon gewußt? (1979); Deutsche Chronik VII: Ein Kapitel für sich (1975); Deutsche Chronik VIII: Schule. Immer so durchgemogelt. Erinnerungen an unsere Schulzeit. (1974); Deutsche Chronik IX: Herzlich willkommen (1984).
139 Ray Bradbury, Fahrenheit 451, München 1986, S. 12.
140 Erika Mann, Brief an Thomas Mann, in: Erika Mann, Mein Vater der Zauberer, hrsg. von Irmela von der Lühe, Reinbek 1996, S. 181 ff. und S. 521 ff.
141 Golo Mann, Erinnerungen und Gedanken. Eine Jugend in Deutschland, Frankfurt 1986, S. 522.
142 Ebd.
143 Thomas Mann, Tagebücher 1933–1934, hrsg. mit Vorwort, umfangr. Anm. und Register von Peter de Mendelssohn, Frankfurt 1977, S. 65 f.
144 Korrekt: Villa Castagnola.
145 Vormerkung 10 115. Nr. 118 der Politischen Polizei, in: Gert Heine/Paul Schommer, Thomas-Mann-Chronik. Frankfurt a.M. 2004, S. 247.
146 Schreiben an die Polizeidirektion München vom 29.4.1933, in: Jürgen Kolbe, Thomas Mann in München 1894–1933. Heller Zauber, München 2001, S. 415.
147 Ebd.
148 Edo Reents, Thomas Mann, München 2001, S. 124 f.

149 Thomas Mann, Gesammelte Werke in 13 Bänden, Neudruck der Ausgabe in zwölf Bänden von 1960 mit dem Ergänzungsband, erschien zum 100. Geburtstag des Verfassers, Frankfurt 1974, S. 91.
150 Reinhard Heydrich, in: Hans Wysling und Yvonne Schmidlin, Thomas Manns Leben in Bildern, Zürich 1994, S. 317.
151 Thomas Mann, Brief an René Schickele vom 2. April 1934, in: Hermann Kurzke, Thomas Mann. Ein Leben als Kunstwerk, Frankfurt 2001, S. 400.
152 Thomas Mann, Tagebücher 1933–1934 (s. Anm. 143), S. 65 f.
153 Ebd., S. 253 f.
154 Thomas Mann, Tagebücher 1935–1936 (s. Anm. 143), Frankfurt 1978, S. 149.
155 Thomas Mann, Ein Brief von Thomas Mann [an Eduard Korrodi], Neue Zürcher Zeitung vom 3.2.1936.
156 Erika Mann, Telegramm an Thomas Mann vom 3.2.1936, in: Hermann Kurzke (s. Anm. 151), S. 414.
157 Thomas Mann, Tagebücher 1937–1939 (s. Anm. 143), Frankfurt 1978, S. 251.
158 Hansgeorg Blechschmid, Der Schriftsteller und sein Anwalt – Thomas Mann und Valentin Heins, NJW 2009, 536 ff. (537).
159 Erika Mann, Brief an Thomas Mann, in: Erika Mann, Mein Vater der Zauberer (s. Anm. 140), S. 181 ff. und S. 521 ff.
160 Thomas Mann, Brief an Viktor Mann vom 15.12.1945, in: Thomas Mann, Briefe Bd. II 1937–1947, hrsg. von Erika Mann, Frankfurt 1963, S. 467.
161 Ebd., S. 42 ff.
162 Hansgeorg Blechschmid, Der Schriftsteller und sein Anwalt – Thomas Mann und Valentin Heins (s. Anm. 158), S. 536 ff. (538).
163 Thomas Mann, Brief an Viktor Mann vom 14.8.1948, in: Thomas Mann, Briefe Bd. III 1948–1955, hrsg. von Erika Mann. Frankfurt 1965, S. 42 ff.
164 Hansgeorg Blechschmid (s. Anm. 158), S. 536 ff. (538).
165 Katja Mann, Meine ungeschriebenen Memoiren, hrsg. v. Elisabeth Plessen und Michael Mann, Frankfurt 1974, S. 113.
166 Hermann Kurzke (s. Anm. 151), S. 401 f.
167 Ebd., S. 402 f.
168 Marcel Reich-Ranicki, Das Duell der Toten. Die Schriftsteller sollten gegen das Verbot des Romans „Mephisto" von Klaus Mann protestieren, Die Zeit, Nr. 12, S. 18 f.
169 Klaus Mann, Unveröffentlichter Brief an Katja Mann vom 21.7.1935, in: Klaus Mann-Archiv der Stadtbibliothek München.
170 Thomas Mann, Brief an Klaus Mann vom 3.12.1936, in: Klaus Mann, Briefe und Antworten 1922–1949, hrsg. von Martin Gregor-Dellin, München 1987, S. 273 ff.
171 E.U. Biermann-Ratjen, Klageschrift gegen die Nymphenburger Verlagshandlung, in: Klaus-Mann-Archiv der Stadtbibliothek München, zit. nach: Eberhard Spangenberg, Karriere eines Romans. Mephisto, Klaus Mann und Gustaf Gründgens. Ein dokumentarischer Bericht aus Deutschland und dem Exil 1925–1981, edition spangenberg im Ellermann Verlag, München 1982, S. 163.
172 Klaus Mann, The Turning Point, New York 1942.

173 Landgericht Hamburg, Urteil vom 25.8.1965, in: Archiv Ellermann Verlag, S. 34, zit. nach: Eberhard Spangenberg (s. Anm. 171), S. 168.
174 Leseanleitung, abgedruckt u.a. in BVerfGE 30, 173 (177) = NJW 1971, 1645.
175 OLG Hamburg, Urteil vom 17.3.1965 – 3 U 372/1965, in: Archiv Ellermann Verlag, S. 25, zit. nach: Eberhard Spangenberg (s. Anm. 171), S. 173.
176 Ebd.
177 Ebd.
178 Curt Riess, Rache an Gründgens, Die Abendzeitung vom 23.3.1966.
179 OLG Hamburg, Urteil vom 17.3.1965 – 3 U 372/1965, in: Archiv Ellermann Verlag, S. 25, zit. nach: Eberhard Spangenberg (s. Anm. 171), S. 173.
180 BGH, Urteil vom 20.3.1968 – I ZR 44/66, BGHZ 50, 133 = NJW 1968, 1773.
181 Thomas Henne, Alles schon mal dagewesen? – Parallele zwischen den „Mephisto“-Entscheidungen der deutschen Gerichte und der Debatte um Walser Tod eines Kritikers, NJW 2003, 639 ff. (640).
182 Gerth Arras, Verfassungsbeschwerde der Nymphenburger Verlagshandlung vom 24.7.1968 – 1 BvR 435/68, in: Archiv Ellermann Verlag, zit. nach: Eberhard Spangenberg (s. Anm. 171), S. 181.
183 Mephisto – Die Entscheidung des Bundesverfassungsgerichts und die abweichende Richtermeinung. München, Nymphenburger Verlagshandlung 1971, S. 26.
184 BVerfG, Beschluss vom 24.2.1971 – 1 BvR 435/68, BVerfGE 30, 173 = NJW 1971, 1645 = DVBl. 1971, 684 (m. Anm. Schwabe zum Problem der „Drittwirkung“) = GRUR 1971, 461 = AfP 1971, 1.19 (m. kritischer, aber dem Ergebnis zustimmender Anm. von Forsthoff) = MDR 1971, 821 (ohne Sondervoten).
185 Berthold Spangenberg (Hrsg.), Mephisto: Die Entscheidung des Bundesverfassungsgerichts und die abweichende Richter-Meinung. Der vollständige Wortlaut der Entscheidung vom 24.2.1971, 1971 (74 Seiten).
186 Thomas Henne, Alles schon mal dagewesen? – Parallele zwischen den „Mephisto“-Entscheidungen der deutschen Gerichte und der Debatte um Walser Tod eines Kritikers, NJW 2003, 639 ff. (641).
187 Der Verleger Eberhard Spangenberg vermutet eine Beteiligung des heutigen Grünen-Politikers Daniel Cohn-Bendit (Grüne) und führt als Beleg ein Telefongespräch an, nach dessen von Spangenberg wiedergegebenem Text Cohn-Bendit indirekt seine Beteiligung einräumt. Eine schriftliche Nachfrage bei Cohn-Bendit im Juli 2001 blieb unbeantwortet; vgl. Eberhard Spangenberg (s. Anm. 171), S. 203.
188 Johannes Hager, Die Mephisto-Entscheidung des Bundesverfassungsgerichts, Jura 2000, S. 186 ff. (191).
189 Gisbert Damaschke, Arno Schmidt. Seelandschaft mit Pocahontas, Die Zeit im Internet, 27/2000.
190 Arno Schmidt, s. http://www.kcl.ac.uk/ip/robertweninger/iras1kcl.html.
191 Bernd Erhard Fischer, Arno Schmidt in Bargfeld, Berlin 2006, S. 3.
192 Ebd., S. 14.
193 Karl Panzer, Strafanzeige gegen Eduard Reifferscheid, Alfred Andersch und Arno Schmidt wegen Vergehens nach § 166 StGB und § 184 StGB, Staatsanwaltschaft Berlin-Moabit – 2 P Js. 620.55, in: Jan Philipp Reemtsma und Georg Eyring (Hrsg.), In Sachen Arno Schmidt ./. Prozesse 1 & 2, Arno-Schmidt-Stiftung Bargfeld 1988, S. 99 f.

194 Paul Weimann, Strafanzeige gegen Eduard Reifferscheid und Arno Schmidt wegen Vergehens nach § 166 StGB und § 184 StGB vom 18.4.1955, Staatsanwaltschaft Berlin-Moabit – 2 P Js. 620.55, in: In Sachen Arno Schmidt ./. Prozesse 1 & 2 (s. Anm. 193), S. 103 ff.

195 Polizeipräsidium Berlin, Verhandlungsprotokoll von der Vernehmung von Eduard Franz Reifferscheidt vom 10.6.1955. in: In Sachen Arno Schmidt ./. Prozesse 1 & 2 (s. Anm. 193), S. 116 ff.

196 Amtsgericht Stuttgart, Verhandlungsprotokoll von der Vernehmung von Alfred Andersch vom 7.7.1955, in: In Sachen Arno Schmidt ./. Prozesse 1 & 2 (s. Anm. 193), S. 123 ff.

197 Amtsgericht Saarburg, Verhandlungsprotokoll von der Vernehmung von Arno Schmidt vom 22.8.1955, in: In Sachen Arno Schmidt ./. Prozesse 1 & 2 (s. Anm. 193), S. 129 ff.

198 Staatsanwaltschaft Trier, Anklageschrift gegen Arno Schmidt und Alfred Andersch vom 3.3.1956 – 7 Js 647/55, in: In Sachen Arno Schmidt ./. Prozesse 1 & 2 (s. Anm. 193), S. 146 ff.

199 Hermann Kasack, Sachverständigengutachten vom 21.7.1956, in: In Sachen Arno Schmidt ./. Prozesse 1 & 2 (s. Anm. 193), S. 173 ff.

200 Staatsanwaltschaft bei dem Oberlandesgericht Stuttgart, Verfügung vom 26.7.1956 – Z-AR 127/56, in: In Sachen Arno Schmidt./. Prozesse 1 & 2 (s. Anm. 193), S. 181 ff.

201 BVerfG, Beschluss vom 24.2.1971 – 1 BvR 435/68 (s. Anm. 184).

202 Théodore Agrippa d'Aubigné, Les Tragiques, liv. II. Das Motto war der ersten Veröffentlichung von 18 Gedichten Baudelaires vorangestellt, die im Juni 1855 in der Revue des deux Mondes erstmalig unter dem Titel „Les Fleurs du Mal" erschienen sind. In der Erstausgabe der Buchveröffentlichung 1857 fand sich das Motto auf dem Umschlag und auf dem Titelblatt wieder.

203 Christof Schmitz-Scholemann, Blumen vor Gericht – Baudelaires „Les fleurs du mal", in: Hermann Weber (Hrsg.), Prozesse und Rechtsstreitigkeiten um Kunst, Literatur und Kunst. Recht, Literatur und Kunst in der Neuen Juristischen Wochenschrift, Juristische Zeitgeschichte. Hrsg. von Thomas Vormbaum. Abteilung 6: Recht in der Kunst. Band 11. Baden-Baden 2002, S. 1 ff. (8).

204 Friedhelm Kemp, Anmerkungen, in: Charles Baudelaire, Die Blumen des Bösen – Les Fleurs du mal. München 2007, S. 418.

205 Ebd.

206 Begleittext zu Charles Baudelaire, Les Fleurs du Mal, Revue des Deux Mondes vom 1.7.1855, zit. nach: Friedhelm Kemp (s. Anm. 204), S. 419 f.

207 Le Figaro vom 13.11.1856.

208 Friedhelm Kemp (s. Anm. 204), S. 420.

209 Le Figaro von Ende Juni 1857, zit. nach: Friedhelm Kemp/Claude Pichois/Wolfgang Droste (Hrsg.), Charles Baudelaire. Sämtliche Werke-Briefe, übersetzt von Guido Meister, Friedhelm Kemp u.a., 8 Bde., München 1977 ff., Bd. 4, S. 214.

210 Charles Baudelaire, Brief an Aglae-Apollonie Sabatier vom 20.7.1857, in: Christof Schmitz-Scholemann (s. Anm. 203), S. 1 ff. (4).

211 Aktenauszug, zit. nach: Friedhelm Kemp/Claude Pichois/Wolfgang Droste (Hrsg.) (s. Anm. 209), S. 170 ff.

212 Podest.
213 Gemeint waren zu jener Zeit damit anzügliche, ins Pornografische reichende Schriften.
214 Ebd.
215 Ebd., S. 213.
216 Christof Schmitz-Scholemann (s. Anm. 203), S. 1 ff. (8).
217 Charles Baudelaire, Brief an Alphonse de Calonne vom 10.11.1858, in: Baudelaire, Correspondance, texte etabli, presente et annote par Claude Pichois, avec la collaboration de Jean Ziegler, Bd. I, Bibliotheque de la Pleiade, Gallimard, Paris 1973, S. 522 f.
218 Ebd., S. 114.
219 Charles Baudelaire, Brief an Ancelle vom 18.2.1866. in: Baudelaire, Correspondance (s. Anm. 215), Bd. II, S. 608 ff.
220 Friedhelm Kemp/Claude Pichois/Wolfgang Droste (Hrsg.) (s. Anm. 209), S. 423 f.
221 Gesetz vom 25.9.1946, zit. nach: Yves Florenne (Hrsg.), Charles Baudelaire, Œuvres Completes, Paris 1966, S. 1336.
222 Strafkammer des Kassationshof, Beschluss vom 31.5.1949, zit. nach: Jaques Hamelin, La réhabilitation, judiciaire de Baudelaire, Paris 1952, S. 71 ff.
223 Karl May, Mein Leben und Streben, Reprint der Ausgabe Freiburg o.J. (1910), hrsg. von Hainer Plaul, Hildesheim-New York 1975, S. 223.
224 Statistisches Reichsamt, Zahlen über Verurteilungen wegen durchgeführter Duelle im Deutschen Reich zwischen 1884 und 1913, zit. nach: Bernhard Schlink, Das Duell im 19. Jahrhundert – Realität und literarisches Bild einer adligen Institution in der bürgerlichen Gesellschaft, NJW 2002, 537 ff. (542).
225 Marcel Reich-Ranicki, Zehn Gebote für Literaturkritiker, aufgezeichnet von Thomas Anz zum 2.6.2003, in: Literaturkritik.de URL: http://www.literaturkritik.de/reich-ranicki/index.php?content=http://www.literaturkritik.de/reich-ranicki/content_themen_literaturkritik_10_Gebote.htm.
226 Landgericht München, Urteil vom 21.5.2008 – Az. 21 O 15192/07, ZUM 2008, 709.
227 Oberlandesgericht München, Urteil vom 12.11.2009 – Az. 6 U 3595/08, MR-Int 2009, Nr. 4, 111.
228 Airen, Strobo, hrsg. von alle3, Nachwort von Bomec, Berlin 2009.
229 Helene Hegemann, zit. nach: Felicitas von Lovenberg, Vorwürfe gegen Helene Hegemann. Originalität gibt es nicht – nur Echtheit, s. http://www.faz.net/s/RubD3A1C56FC2F14794AA21336F72054101/Doc~E2554FF3EE0594DA09A14DAAF6A135A68~ATpl~Ecommon~Sspezial.html.
230 Thomas Mann, Rezension zu Fontanes Effi Briest, Berliner Tagblatt vom 25.12.1919, in: Thomas Mann/Harry Matter, Aufsätze, Reden, Essays 1919–1925, Bd. 3, Berlin und Weimar Aufbau Verlag 1986, S. 28.
231 Theodor Fontane, Effi Briest, Stuttgart 1981, S. 337.
232 Theodor Fontane, Brief an Joseph Viktor Widmann vom 27.4.1894, zit. nach: Hans Werner Seiffert, Studien zur neueren Deutschen Literatur, Berlin 1964, S. 256.
233 Theodor Fontane, Brief an Hans Hertz vom 2.3.1895, in: Fontanes Briefe in zwei

Bänden, ausgewählt und erläutert von Gotthard Erler, Bd. II. Berlin und Weimar 1869, S. 368.

234 Else Baronin von Ardenne ... erzählt aus ihrem Leben. Handschriftliche Aufzeichnungen in 2 Teilen, in: Manfred Franke, Leben und Roman der Elisabeth von Ardenne – Fontanes „Effi Briest", 1994, S. 24.

235 Ebd.

236 Ebd., S. 63 f.

237 Hans Werner Seiffert (s. Anm. 229), S. 263 f.

238 Justizrat Teichert, Ehescheidungsklage im Verfahren Armand Leon von Ardenne ./. Elisabeth von Ardenne vom 5.12.1886, in: Manfred Franke (s. Anm. 232), S. 148.

239 Vgl. Stenographische Berichte über die Verhandlungen des Reichstags, VI. Legislaturperiode, IV. Session, Berlin 1887, S. 173 ff.

240 Armand Leon von Ardenne, Brief an die Mutter vom Dezember 1886, in: Manfred Franke (s. Anm. 232), S. 162 f.

241 Kaiser Wilhelm II., Gnadenerlass gegenüber Armand Leon von Ardenne vom 22.12.1886, s. http://www.schneid9.de/literatur/ardenne.html auf der Grundlage von Horst Budjuhn, Fontane nannte sie „Effi Briest". Das Leben der Elisabeth von Ardenne, Berlin (Quadriga) 1985.

242 Klaus Kastner, Urbild und Abbild: Fontanes „Effi Briest", NJW 1998, 1351 ff. (1354).

243 Manfred von Ardenne im Gespräch mit Elisabeth von Ardenne vom 26.10.1943, zit. nach: Klaus Kastner, Urbild und Abbild: Fontanes „Effi Briest", NJW 1998, 1351 ff. (1354).

244 Elisabeth Freiin von Plotho-Zerben, Brief an Manfred von Ardenne vom November 1943, zit. nach: Klaus Kastner (s. Anm. 240), S. 1354.

245 Christian Grawe, Fontanes Novellen und Romane, Stuttgart 1991, S. 218.

246 Theodor Fontane, Brief an Hans Hertz vom 2.3.1895, in: Fontanes Briefe in zwei Bänden (s. Anm. 231), S. 368.

247 Ebd., S. 383 f.

248 Ebd., S. 370.

249 Robert Gernhardt, Gedichte – 1954–1994, Zürich 1996.

250 Eckhard Henscheid, Rezension zu Heinrich Böll, Und sagte kein einziges Wort, in: Der Rabe, Nr. 30, 1993, S. 181.

251 Eckhard Henscheid, s. http://wapedia.mobi/de/Eckhard_Henscheid#5.

252 http://www.focus.de/auto/neuheiten/autoren-romantiker-und-rammbock_aid_197881.html.

253 Ebd.

254 Ebd.

255 Ebd.

256 Ebd.

257 Ebd.

258 Jean Paul, Jeder Satz ein Menschengesicht. Schriftsteller über ihren Beruf, hrsg. von Heinz Piontek, München 1987, S. 130.

259 Vgl. Entscheidungen Bundesverfassungsgericht Kammerbeschlüsse, NJW 1993, 1462 f. (1462).

260 Ebd.
261 Vgl. zuletzt BVerfGE 85, 1 (14f.) = NJW 1992, 1439.
262 Vgl. BVerfGE 66, 116 (151) = NJW 1984, 1741; BVerfGE 82, 43 (51) = NJW 1990, 1980.
263 BGHZ 45, 296 (310) = NJW 1966, 1617.
264 Vgl. BVerfGE 30, 173 (194) = NJW 1971, 1645.
265 Vgl. BVerfGE 82, 272 (284) = NJW 1991, 95.
266 Ebd.
267 Brockhaus Enzyklopädie 2000, inszeniert von André Heller, komplett in 24 Bänden (A-Z), 20. überarbeitete und aktualisierte Aufl. München 2000, Begriff „Satire".
268 Johann Gottfried Herder, „Adrastea", in: Johann Gottfried Herder, Werke in zehn Bänden, Frankfurt a.M. 2000, Bd. 10, S. 731.
269 Eckhard Henscheid, in: Eckhard Henscheid/Gerhard Henschel/Brigitte Kronauer, Kulturgeschichte der Mißverständnisse. Studien zum Geistesleben, Reclam Bibliothek Bd.1689, Leipzig 1997, S. 188.
270 RGSt 12, 141; RGSt 62, 183f.; RG, JW 1924, 1526.
271 BVerfGE 30, 173 (188f.) = NJW 1971, 1645 - Mephisto.
272 Georgios Gournalakis, Freiräume und Grenzen politischer Karikatur und Satire, NJW 1995, 809ff. (811ff.).
273 Albert Schäffer, Literatur, Kritik und Justiz, FAZ Nr. 94 vom 23.4.1993, S. 35.
274 Herbert Rosendorfer, Das Denkmal hält es aus, Der Spiegel, Nr. 14 vom 5.4.1993
275 Theodor Maunz/Günter Dürig (Hrsg.), Grundgesetz. Kommentar, Loseblattsammlung seit 1958, München, Rz. 27 zu Art. 5 Abs. 3 GG.
276 T.S. Eliot, Einführung in Huckleberry Finns Abenteuer, in: Mark Twain, Gesammelte Werke in fünf Bänden, hrsg., mit Anmerkungen und einem Nachwort versehen von Klaus-Jürgen Popp, Bd. 1, Zürich 1985, S. 938.
277 Mark Twain, Tom Sawyers Abenteuer, Zürich 1989.
278 Mark Twain, Die Abenteuer und Fahrten des Huckleberry Finn, in: Alles über Huckleberry Finn, hrsg., eingeleitet und annotiert von Michael Patrick Hearn, Hamburg 2003, S. 28f.
279 Joel Chandler Harris, Der gestohlene weiße Elefant (Rezension), in: Atlanta Constitution vom 11.6.1882.
280 Mark Twain, in: Milton Meltzer, Mark Twain himself, Columbia 2002, S. 194.
281 Mark Twain, Brief an James R. Osgood vom 21.12.1883, in: Mark Twain's Letters to his Publisher's, hrsg. von Hamlin Hill, Berkley/Los Angeles 1967, S. 165.
282 James R. Osgood, Brief an Mark Twain vom 8.12.1883, in: Alles über Huckleberry Finn (s. Anm. 276), S. XXXIII.
283 Mark Twain, Undatierter Bruef an Charles L. Webster, in: Mark Twain Letters (s. Anm. 279), S. 266.
284 Mark Twain, Brief an Orion von 1889, in: Alles über Huckleberry Finn (s. Anm. 276), S. IV.
285 Mark Twain, Brief an Pamela Moffet, zit. Nach: Charles H. Gold, What Happened to Charley Webster?, Mark Twain Journal, Herbst 1994, S. 20.
286 Mark Twain, Brief an Charles L. Webster, in: Mark Twain Letters (s. Anm. 279), S. 273.

287 Ebd., S. 284.
288 Ebd., S. 284f.
289 Ebd., S. 289.
290 Mark Twain, Brief an Estes & Lauriat vom 7.1.1885, in: Alles über Huckleberry Finn (s. Anm. 276), S. viii.
291 Olivia Clemens, Brief an Mark Twain vom 2.1.1885, in: Justin Kaplan, Mr. Clemens und Mark Twain, New York 1966, S. 264.
292 Mark Twain, Brief an Frank A. Nichols vom März 1885. in: Alles über Huckleberry Finn (s. Anm. 276, S. viii.
293 Concord Public Library, Erklärung im Globe-Democrat vom 17.3.1885.
294 Mark Twain, Brief an Charles L. Webster vom 18.3.1885, in: Mark Twain Letters (s. Anm. 279), S. 452f.
295 Mark Twain, Brief an Pamela Clemens Moffett vom 15.4.1885, zit. nach: Samuel L. Webster, Mark Twain, Business Man, Boston 1946, S. 317.
296 Lotte Lenya, Brief an Kurt Weill vom 19.4.1942, in: Lys Symonette/Kim H. Kowalke, Sprich leise, wenn Du Liebe sagst. Der Briefwechsel Kowalke/Lotte Lenya, Köln 1998, Brief Nr. 275.
297 Die Dreigroschenoper (The Beggars Opera). Ein Stück mit Musik in einem Vorspiel und acht Bildern nach dem Englischen des John Gay. Übersetzt von Elisabeth Hauptmann. Deutsche Bearbeitung von Bert Brecht. Musik von Kurt Weill. Berlin-Wilmersdorf 1928.
298 Bertolt Brecht, Die Dreigroschenoper. Nach John Gays „The Beggar's Opera", Zweiter Akt, Edition Suhrkamp, Berlin 1968, S. 70.
299 Vgl. u.a. Philipp Theisohn, Plagiat. Eine unoriginelle Literaturgeschichte, Stuttgart 2009; Jürgen Seul, Plagiate in der Literatur – ein juristischer Streifzug, M-Int 2009, Heft 4, 105–111.
300 Johann Peter Eckermann in Gesprächen mit Goethe, in: Goethes Gespräche, hrsg. von Woldemar Freiherr von Biedermann, Bd. 1–10, Leipzig 1889–1896, Bd. 6, S. 359.
301 Ebd.
302 Carl Gustav Jung, Zur Psychologie und Pathologie sogenannter okkulter Phänomene, Diss. Zürich 1902, S. 110.
303 Friedrich Nietzsche, Also sprach Zarathustra. Ein Buch für Alle und Keinen, Chemnitz 1883–1885.
304 Martialisis, Epigramm I, 52, in: Klaus Kastner, Das Plagiat – literarische und rechtliche Aspekte, NJW 1983, 1151ff. (1151); vgl. auch Katharina Schickert, Der Schutz literarischer Urheberschaft im Rom der klassischen Antike, Mohr Siebeck, Tübingen 2005, S. 69f.
305 Wilhelm Nordemann/Axel Nordemann/Jan Bernd Nordemann (Hrsg.), Urheberrecht. Kommentar zum Urheberrechtsgesetz, Verlagsgesetz, Urheberrechtswahrnehmungsgesetz, Stuttgart 10. Aufl. 2008, S. 416 Rz. 59.
306 Klaus Kastner (s. Anm. 303), S. 1151.
307 Wilhelm Nordemann (s. Anm. 305), S. 416 Rz. 59.
308 OLG Köln, Urteil vom 18.3.2002 – Az. 6 W 108/01, in: GRUR-RR 2003, S. 26ff. (27).

309 Gesetz über Urheberrecht und verwandte Schutzrechte (Urheberrechtsgesetz) vom 9.9.1965.
310 Wilhelm Nordemann (s. Anm. 304), S. 416 Rz. 60.
311 Ulrich Fischer, Die Dreigroschenoper – ein Fall für (mehr als) Zwei. Weill, Brecht et al. in den Untiefen des Gesellschafts- und Urheberrechts – Zum Gedenken an Kurt Weill (2. März 1900–3. April 1950), in: Hermann Weber (Hrsg.), Prozesse und Rechtsstreitigkeiten um Recht, Literatur und Kunst. Recht, Literatur und Kunst in der Neuen Juristischen Wochenschrift (3). Juristische Zeitgeschichte. Hrsg. von Thomas Vormbaum Abteilung 6: Recht in der Kunst, Bd. 11, hrsg. von Gunter Reiß und Thomas Vormbaum, S. 72–98 (75). Erstabdruck des Beitrags in NJW 2000, 2158–2167.
312 Gesellschaftsvertrag vom 26.4.1928 zwischen Bertolt Brecht, Kurt Weill und der Fa. Bloch Erben, in: Ulrich Fischer (s. Anm. 309), S. 78.
313 Ulrich Fischer (s. Anm. 309), S. 79.
314 Gesellschaftsvertrag vom 26.4.1928 zwischen Bertolt Brecht, Kurt Weill und der Fa. Bloch Erben. in: Ulrich Fischer (s. Anm. 309), S. 79.
315 Ebd., in: Ulrich Fischer (s. Anm. 309), S. 77.
316 Stephen Hinton, Kurt Weill – The Three-Penny-Opera, Cambridge 1990, S. 19f.
317 Elias Canetti, Die Fackel im Ohr, Lebensgeschichte 1921–1931, München 1980, S. 290.
318 François Villon, Des Meisters Werke, ins Deutsche übertragen von K.L. Ammer (Leipzig, Julius Zeitler, 1907), Titel und Einbandschmuck von Walter Tiemann. Die Ausgabe wurde 1918 vom Berliner Hyperion-Verlag unverändert nachgedruckt. 1931 wurde sie neu aufgelegt unter dem sehr unzutreffenden Titel Balladen bei Kiepenheuer in Berlin und vom selben Verlag 1949 in Weimar unverändert nachgedruckt. 1955 erschien sie neu in Leipzig als Reclam-Bändchen, das unter dem Titel Die sehr respektlosen Lieder des François Villon mindestens sieben Auflagen erlebte. 1987 wurde sie mit dem wiederum veränderten Titel Lieder und Balladen vom Diogenes-Verlag in Zürich übernommen. [Klammers] Übertragung umfasst etwa 80 % des Werkes von Villon und kann nach wie vor als eine der akzeptabelsten gelten.
319 Klaus Kastner (s. Anm. 303), S. 1154.
320 Ebd.
321 Alfred Kerr, Brechts copyright, Berliner Tageblatt vom 3.5.1929.
322 Bertolt Brecht, Die Dreigroschenoper, Theaterstück mit Musik. Nach einer literarischen Vorlage von John Gay und Johann Christoph Pepusch, The Beggar's Opera mit der Musik von Kurt Weill. Uraufführung, 31. August 1928; Bertolt Brecht, Die Dreigroschenoper. Frankfurt 1968.
323 Ulrich Fischer (s. Anm. 309), S. 81.
324 Karl Anton Klammer, Erinnerungen, in: Hochland 48 (1955), S. 359.
325 Ernst Josef Aufricht, Erzähle, damit Du Dein Recht erweist, Berlin 1966, S. 65.
326 Karl Anton Klammer (s. Anm. 322), S. 352.

PERSONEN- UND WERKVERZEICHNIS

Aufgeführt sind die wichtigsten erwähnten Personen und Werke. Die Werke sind kursiv gesetzt.